자폐
스펙트럼과
하이퍼월드

자폐 스펙트럼과 하이퍼월드

가상 공간에서 날개를 펴는
신경다양성의 세계

ハイパーワールド
共感しあう自閉症アバターたち

이케가미 에이코 池上英子 지음

김경화 옮김

일러두기

1. 이 책은 이케가미 에이코池上英子가 쓰고 일본 NTT출판에서 2017년에 출간한 『ハイパーワールド: 共感しあう自閉症アバターたち』를 완역한 책이다.

2. 주요 인명과 서명, 용어와 개념어는 처음 한 번에 한해 원어를 병기하되, 문맥상 필요한 경우에는 반복하여 병기했다.

3. 책 제목은 겹낫표(『 』), 학술 저널과 신문 제목은 겹화살괄호(《 》), 논문 제목은 홑낫표(「 」), 단편소설과 희곡, 영화 등 작품 제목은 홑화살괄호(〈 〉)로 각각 구분했다.

4. 원서의 편집 방침을 따라 지은이 주를 각주(#으로 표시)와 미주, 두 가지로 나누어 달았다. 옮긴이 주는 각주(*로 표시)로 두었다.

차례

성인이 된 자폐 스펙트럼 당사자는 세계를 어떻게 볼까

자폐 스펙트럼 당사자의 내면 세계에 대한 객관적인 기록

독자 중에 자폐 스펙트럼으로 진단받은 당사자인 경우, 혹은 자폐 스펙트럼 당사자의 가족이나 지인이 있는 경우가 적지 않을 듯하다. 2022년에 방영된 인기 드라마 〈이상한 변호사 우영우〉를 애청하고 이 주제에 관심이 생긴 독자가 있을지도 모르겠다. 이 책을 집어 든 동기는 다양하겠지만, 책을 읽고 자폐증autism 혹은 자폐 스펙트럼autism spectrum에 대해 더 잘 알 수 있으리라는 공통의 기대를 갖고 있을 것 같다.

자폐증은 의학적으로도 사회적으로도 제대로 규명되지 않았다. 용어만 보아도 자폐증, 자폐 스펙트럼, 자폐 스펙트럼 장애 등 다양한 단어가 혼용된다. 가장 기본적이라고 할 수 있는 개념의 정의에 대해서도 사회적 합의가 완전히 이루어지지 않은 것이다. 이런 상황은 자폐증의 주요 증상 중 하나가 '의사소통이 어렵다'는 점과 관계가 있다. 당사자가 증상을 인지할 때까지 시간이 걸릴 뿐 아니라, 증상을 인지해도 타인이 이해할 수 있도록 설명하는 것이 매우 어렵다.

그러다 보니 자폐증에 관한 담론의 대부분이 당사자보다는 주변 사람들의 관점에 입각해 있다. 예를 들어 '자폐 스펙트럼을 가진 아이를 어떻게 키우면 좋을까?', 혹은 '학교는 자폐 스펙트럼을 가진 학생을 위해 무엇을 해야 할까?' 등 양육과 교육의 주체인 부모나 교사의 의무나 고충에 초점을 맞춘 질문이 자폐증 관련 사회적 담론의 중요한 축이다. 반면, '자폐 스펙트럼을 가진 아이는 어떤 친구를 사귀고 싶을까?', '자폐 스펙트럼을 가진 아이는 학교에서 어떤 것을 배우고 싶을까?', '어른이 된 자폐 스펙트럼 당사자는 생활하면서 어떤 점이 가장 불편할까?', '자폐 스펙트럼 당사자가 편하게 일할 수 있는 근무 환경은 무엇일까?' 등 당사자의 생각이나 경험에 대한 질문은 상대적으로 잘 던져지지 않았을 뿐 아니라, 실제로 해답을 찾는 것은 불가능에 가깝다고 여겨졌다.

2000년대 이후 자폐 스펙트럼 당사자들이 자신의 경험과 생각을 적극적으로 표현하기 시작하면서, 변화의 계기가 생겼다. 영미권에서 당사자들의 자서전 출판이 활발해졌고, 동영상 플랫폼 등에서 거침없이 자신을 드러내는 당사자도 하나둘 생겨났다. "자폐증을 '치료할' 수 있는 방법이 있다고 해도 치료하고 싶지 않다. 자폐증은 나의 개성"이라고 주장하는 당사자도 있었다. 오로지 타인의 관점에서 자기 자신을 정의 내리고 판단하는 것을 거부하겠다는 목소리가 나오기 시작한 것이다. 이런 변화의 반영으로서, 특정한 병리 증상을 뜻하는 '자폐증'이라는 용어 대신 다양한 증상과 강도가 공존한다는 뜻을 시사하는 '자폐 스펙트럼'이라는 용어가 지금은 더 선호되고 있다.

당사자들이 적극적으로 자신의 내면세계를 드러내기 시작하면서 자폐증에 관한 뿌리 깊은 오해나 편견을 정정할 수 있는 길이 열린 것은 사실이다. 하지만 모든 당사자가 글이나 음악 등으로 표현할 수 있는 것은 아니다. 동영상 사이트에 자신을 드러낼 정도로 결의가 굳은 당사자는 많지 않다. 일부 당사자들의 주관적인 기술을 자폐증 전체의 특징으로 일반화할 수는 없는 것이다.

그런 점에서 이 책은 특별하다. 자폐 스펙트럼을 가진 성인들의 내면세계에 대한 이야기이지만, 그 이야기를 들려주는 주체는 관찰과 분석을 업으로 삼는 연구자이기 때문이다. 저자는 자폐 스펙트럼 당사자가 아니다. 이 연구를 본격적으로 수행하기까지 자폐증에 대해 잘 몰랐다고도 고백한다. 저자는 가상공간에서 연구를 수행하던 중 우연히 자폐 스펙트럼 당사자들과 만났고, 독자적인 관점에서 그들과의 만남을 기술하고, 분석했다. 어떻게 보자면 부모와 자식, 의사와 환자, 교사와 학생 등 특정한 사회관계로 규정된 틀에서 당사자를 만난 것이 아니었기 때문에, 가상공간에서 만난 당사자들과 편견 없이 교류하고 신뢰를 쌓을 수 있었을지도 모른다.

이 책은 제삼자의 눈과 입을 통해 자폐 스펙트럼 당사자의 증상과 어려움, 다른 사람들에 대한 생각과 감정 등을 기술한다. 당사자들의 자기표현과는 달리 **숙련된 연구자가 자폐 스펙트럼 당사자의 내면세계를 객관적으로 관찰하고 취재해, 과학적인 언어로 기술했다는 점**

에서 자료로서 높은 가치를 지닌다.

가상공간을 생각하는 새로운 관점, 신경다양성

일본에 있는 대학에서 교편을 잡고 있던 2019년에 이 책의 근거가 되는 연구에 대해 처음 접했다. 일본 공영방송(NHK)에서 2부작 다큐멘터리 〈자폐증 아바타의 세계自閉症アバターの世界〉가 방영된 것이 계기였다. 현실 공간에서는 사회 활동에 어려움이 있지만 가상공간에서는 활발하게 소통하고 교류하는 자폐 스펙트럼 당사자들의 모습이 TV 전파를 타면서 일본에서도 큰 화제를 불러일으켰다. 인터넷 연구자인 내게는 가상공간에서 인간의 인지적, 심리적 실천이 상이한 방식으로 실현된다는 사실이 매우 흥미롭게 느껴졌고, 이 주제가 디지털 문화 연구에 미래지향적인 통찰력을 더해주리라고 직감했다. 처음에는 자폐 스펙트럼보다도 디지털 문화, 혹은 본문에 등장하는 '**신경다양성**neurodiversity'이라는 개념에 대한 관심 때문에 이 책을 한국어로 번역하겠다고 마음먹었다.

본문에서 중요하게 다루어지는 신경다양성이라는 개념에는 자폐 스펙트럼을 가진 사람들을 장애인이 아니라 사회적 소수자로 자리매김하자는 실천적 주장이 담겨 있다. 2000년대 이후 이른바 '발달장애'를 바라보는 대안적 시선으로서 주로 영미권에서 거론되어왔는데, 최근 한국에서도 본격적으로 논의가 진행되기 시작했다. 신경다양성을 배려하는 통합교육의 역할에 관한 관심이 높아지고 있으며,

실제로 교육 현장에서 실천하는 열정적인 교사들도 늘어나고 있다고 하니, 그처럼 반가운 일이 없다.

저자가 연구를 수행한 가상공간 '세컨드라이프 Second Life'는 2003년에 오픈한 3차원 가상 세계로 소위 '메타버스 metaverse'의 효시라고 할 수 있다. 한국에서는 온라인 게임의 일종으로 인식하는 경향도 있지만, 시나리오나 특정한 룰 없이 이용자가 자신의 아바타를 만들고 다른 아바타들과 자유롭게 교류하며 생활하는 플랫폼인 만큼 게임과는 명백하게 다르다. 포털 중심의 독자적인 인터넷 생태계가 구축된 한국에는 이용자가 적지만, 전 세계적으로는 역사상 가장 성공한 메타버스 플랫폼이다. 한때 전 세계의 액티브 유저(서비스를 실제로 이용하는 사용자)가 90만에 달했을 정도이고, 지금도 그곳에서 가상의 삶을 영위하는 온라인 주민이 적지 않다. 북미나 유럽 등에서는 세컨드라이프에서 수행된 가상공간 연구가 상당히 축적되어 있다.

신경다양성이라는 개념은 인터넷과 가상공간이라는 점에서도 시사하는 바가 크다. 자폐 스펙트럼 당사자들은 물리적 공간보다 가상공간이 감각적으로도 사회적으로도 훨씬 생활하기 편한 정보 환경이라고 입을 모았다. 이렇게 느끼는 것이 과연 자폐 스펙트럼을 가진 사람뿐일까? 누군가를 직접 만나고 이야기하는 것보다 인터넷 게시판에서 댓글로 의견을 주고받는 것이 더 편하다는 사람도 있다. 물리적 공간에서는 사교 생활에 소극적인 '아싸'이지만, 소셜미디어에서는 누구보다 정보 공유에 적극적인 '인싸'로 활약하는 사람도 있다. 이런 상황에 대해서 "인터넷은 거짓이 판치는 곳"이라는 편견이 강해지기도 하고, 기성세대 중에는 "인터넷 때문에 아이들의 사회성이 저하되었다"라며 걱정하는 사람도 있다. 하지만 물리적 공간과 가상공간에서 요구되는 감각이 다르고, 사회성을 발휘할 수 있는 방식도 다르다. 신경다양성이라는 관점에서 보자면, 이런 일들은 매우 자연스러운 현상인 것이다.

실제로 인터넷 연구 분야에서 '자폐증적 문화autistic culture'라는 개념이 언급된다. 물리적 공간에서의 커뮤니케이션은 종종 모호하고 복잡하다. 언어의 직접적 의미뿐 아니라, 상대방의 표정과 분위기, 몸가짐 등 수많은 비언어적 표현의 맥락을 인식하고 해석할 필요가 있기 때문이다. 이에 비해 가상공간의 커뮤니케이션은 명시적이며 직접적이다. 대부분의 메시지가 문자를 통해 전달되고, 표정이나 감정 등 모호한(적어도 자폐 스펙트럼 당사자들에게는 명확하게 전달되지 않는) 요소는 이모티콘 등으로 표현된다. 화면에 표시되는 문자나 기호를 해독하는 것만으로 문제없이 의사소통이 성립한다. 이런 특징은 자폐 스펙트럼 당사자들이 일반적으로 가상공간을 더 편하게 느끼는 요소다.

하지만 자폐 스펙트럼이 아니어도 누구나, 복장이나 몸가짐, 표정 등 주고받는 메시지 이외에 신경 쓸 일이 한두 가지가 아닌 대면 만남보다 이메일이나 채팅앱이 훨씬 편하다고 느꼈던 경험이 있을 것이다. 가상공간이 더 편안하다고 느끼는 것은 자폐 스펙트럼 당사자뿐 아니다. 그런 측면을 반영한 온라인 공간의 실천도 늘어나고 있다. 바로 이런 특성을 '자폐증적 문화'라고 부르는 것이다.

가상공간의 사회적 역할은 앞으로 더욱 커질 것이다. 세컨드라이프와 같은 메타버스가 삶의 일부가 되는 날이 정말로 올지도 모른다. 가상공간(메타버스)에 대한 거의 모든 담론은 사회 다수파의 입장에 초점을 맞추고 있다. 하지만 오프라인 사회에서 다양한 주체를 껴안으려는 노력이 필요한 것처럼, 가상공간을 이끌어가는 주체의 다양성에 대해서도 생각해볼 때가 되었다. 특히 가상공간의 사회적 역할을 어떻게 정의할 것이며, 어떤 방식으로 앞으로의 가상공간을 설계해나갈 것인가라는 점에서 신경다양성이라는 키워드가 시사하는 바가 크다. 이 책이 **사회적 다수파의 입장이 아닌 관점에서 가상공간(메타버스)의 사회적 역할과 문화적 정체성을 숙고하는 기회가 되기를** 바란다.

이 책의 원저작은 2017년 NTT출판에서 출간된 일본어 연구서 『ハイパーワールド : 共感しあう自閉症アバタたち(하이퍼월드: 공감하는 자폐증 아바타들)』다. 저자 이케가미 에이코池上英子는 뉴욕의 뉴스쿨대학의 월터 A. 에버스탯 기념 강좌 교수로 재직하며, 미국 뉴욕을 거점으로 활동하는 사회학자다. 가상공간과 발달장애에 관한 연구로 건강과 공중위생 분야에서 권위 있는 로버트 우드 존슨 재단the Robert Wood Johnson Foundation에서 수여하는 보건 정책 연구자 상Investigator Award in Health Policy Research을 수상하는 등 독창적이고 시사적인 연구로 주목받고 있다. 병리학적 혹은 교육학적인 측면에서 자폐 스펙트럼의 전문가가 아닐뿐더러, 인터넷이나 메타버스를 전공으로 삼은 연구자도 아니지만, 전공자가 아니라는 점이 오히려 대담한 고찰과 분

석을 가능케 한 힘이 되었다. 저자의 전공 및 주요 연구 분야는 역사 사회학과 일본문화론. 이전에 집필한 영문 저서 *The Taming of the Samurai: Honorific Individualism and the Making of Modern Japan* (Harvard Univ. Press, 1997), *Bonds of Civility: Aesthetic Networks and the Political Origins of Japanese Culture*(Cambridge Univ. Press, 2005) 등은 일본의 사무라이 문화나 에도시대의 미학에 대한 논고로 미국에서도 높은 평가를 받았다. 한 분야에서 전문성이 깊어지면 다른 분야에 대한 통찰력도 생긴다는 것을 몸소 보여주었다.*

연구자 개인의 높은 관심과 열정을 직접적인 계기로 삼아 폭넓게 조사하고 고찰하는 연구를 '호기심 주도형 curiosity-driven' 연구라고 한다. 일반적으로 연구라고 하면, 기존의 학문적인 범주 속에서 미해결 문제에 대한 해답을 탐색하는 것을 의미한다. 가능한 한 객관적인 관점에서 연구 과제를 정하고 과학적으로 접근하는 것이 중요한 것이다. 그런데 호기심 주도형 연구는 연구자의 호기심과 직관에 근거해서 연구 과제를 설정하는, 다소 주관적인 접근법을 취한다. 연구 과정에 객관성이 결여되었다는 비판으로부터 자유롭지 못하지만, 연구자의 정신세계에 축적된 경험과 직관력을 풀가동하는 과정에서 예상치 못한 성과가 나오는 경우도 있다. 일본 문화사와 네트워크 이론, 자폐 스펙트럼, 가상공간 등 동떨어진 주제를 대담하게 오가는 이 책이야말로 호기심 주도형 연구가 번득이는 통찰력을 발휘한 성과라고 생

---

* 이케가미 에이코에 대한 더 자세한 정보는 일본어로 된 홈페이지 http://www.eikoikegami.com에서 확인할 수 있다.

각한다.

　일본어 원문에는 자폐증, 자폐 스펙트럼, 자폐증 당사자, 자폐증이 있는 사람, 자폐 스펙트럼을 가진 사람 등의 표현이 혼용된다. 번역에서는, 일반적인 맥락에서 증세를 뜻할 때에는 '자폐증'이라고 쓰고, 증상을 가진 사람은 당사자들이 가장 선호하는 방식인 '자폐 스펙트럼 당사자'로 쓰는 것을 기본으로 삼았다. 한국에서는 '자폐인'이나 '자폐성 장애인' 등의 말도 쓰이고 있으나, 자폐증을 질환이나 병리적 현상으로 보는 관점에 반론을 제기하는 책의 취지를 감안해서, 이런 용어는 지양했다. 다만, 2장은 자폐증이라는 카테고리가 자폐 스펙트럼으로 변천하는 역사적 경위에 대해 설명하고 있다. 당시의 시대적 상황을 현실감 있게 전달하기 위해 2장에서는 '자폐증 당사자' 혹은 '자폐증 어린이'라는 표현을 그대로 살렸다.

2023년 1월

김경화

고기능 자폐 스펙트럼 당사자인 존과의 만남

벌써 이래저래 10년도 넘은 일이다.

우리 부부가 교토에서 몇 달 동안 머물렀을 때의 일이다. 실리콘밸리에서 창업한 미국인 친구로부터 "대학생인 아들 존이 처음으로 일본 여행을 하는데, 도중에 교토에 들른다고 하니, 한번 만나줄 수 있겠어?"라는 이메일을 받았다.

나는 뉴욕에 있는 대학에서 사회학을 가르치고, 네덜란드 출신인 남편은 프린스턴대학에서 우주물리학을 연구한다. 둘 다 대학에서 일하는 만큼 대학생과 이야기하는 것에는 익숙하다. 친구의 아들은 일본을 처음으로 방문하는 것이라 하고, 게다가 혼자 여행 중이라니 바빠도 거절할 이유가 없었다.

"물론 괜찮다"라고 답하자, "고맙다"라는 말과 함께 "그런데 아들은 아스퍼거 증후군이야"라는 한마디가 덧붙여진 이메일 답장이 왔다.

아스퍼거 증후군이 고기능 자폐증 중 하나라는 것은 알고 있었다. 컴퓨터 관련 산업 관계자가 많은 실리콘밸리에서는 돌을 던지면 맞을 정도로 많다는 아스퍼거. 모차르트나 아인슈타인도 아스퍼거였으리라는 이야기를 들어본 적도 있었다. 하지만 우리의 지식은 딱 거기까지였다.

일말의 불안감을 느끼며 교토 시내의 한 레스토랑에서 점심 식사를 하기로 했다. 소박한 느낌이지만 일본 전통 가옥을 리뉴얼한 레스토랑의 분위기가, 일본을 처음 방문하는 여행자에게는 재미있을 것이라고 생각했다.

그리고 존이 교토에 나타났다.

불안은 기우였다. 오래된 민가의 분위기가 남아 있는 레스토랑의 인테리어에는 흥미가 없었는지 별 반응이 없었고, 세상 사는 이야기나 음식에 대한 감상도 없었다. 하지만 식사 자리는 문제없이 흘러갔다. 대화에 활기가 넘친 것은 아니었지만, 예의 바르고 성실한 젊은이와 이야기를 나누며 마음속 어딘가 안도감이 들었다.

존은 관광객이 일반적으로 화제에 올리는 주제에는 흥미가 없었다. 영어로 '스몰 토크'라고 부르는, 세상살이에 대한 그저 그런 이야기가 꽃피는 일은 없었다. 존이 일본으로 나홀로 여행을 떠난 것은 전국시대*의 전쟁터를 돌아보려는 의도에서였다. 교토에 오기 전에는

---

* 일본 무로마치시대 이후 15세기 말부터 약 100년간 계속된 전란의 시기.

세키가하라 전투*가 벌어졌던 전쟁터를 돌아보았고, 남쪽으로 이동해서 역사 속 전쟁터를 몇 군데 더 섭렵할 예정이라고 했다. 그저 역사적인 장소에 한번 가보고 싶다는 감상적인 이유는 아니었다. 무엇보다 역사 속 전쟁에 관한 지식과 호기심이 상당한 수준이었다.

나는 사회학 중에서도 역사사회학을 전공했고,『명예와 순응―사무라이 정신의 역사사회학The Taming of the Samurai: Honorific Individualism and the Making of Modern Japan』(1997)이라는 책도 썼다. 원래 하버드대학 출판부에서 나온 영어책인데 훌륭한 번역가 모리모토 준森本醇 씨의 힘을 빌려 NTT출판에서 일본어 번역판(2000)이 나왔다. 말하자면 사무라이의 역사에 대해서라면 나 역시 조금은 전문가다. 그런데 역사 속 전쟁에 대한 존의 지식에는 두 손을 들었다. 며칠 뒤에 가볼 예정이라는, 규슈의 옛 전쟁터에 대해 제대로 아는 일본인도 많지 않을 것이다. 또, 아는 것이 많다고는 해도, 일본을 처음 방문한 외국인이 일본인도 잘 모르는 전쟁터의 흔적을 돌아보는 나홀로 여행을 효율적으로 계획하고 실행하는 일은 결코 쉽지 않았을 것이다.

그런데 존은 사무라이의 문화나 역사 전반에는 전혀 흥미가 없었다. 이야기를 나누다 보니 어딘가 어긋나는 듯한 느낌이 들었다. 그는 역사 속 전쟁터와 관련한 역사적 사실이나 상황을 곧이곧대로 받아들여 생각하는 듯해서, 소위 '문화'에는 도통 흥미가 없었기 때문에 대화가 미묘하게 어긋났다. 아무튼 존은 씩씩하게 다음 목적지로 떠

---

*   1600년 기후현 세키가하라 들판에서 벌어진 전투로, 도쿠가와 이에야스가 승리를 거두어 에도시대의 막을 여는 계기가 되었다.

났다. 이것이 성인 고기능 자폐 스펙트럼 당사자와의 첫 자각적 만남이었다.

돌이켜보면 그때 나는 자폐증에 대해 정말로 아무것도 몰랐다. 타인과의 커뮤니케이션이 어렵다는 것이 자폐증 증상의 핵심이라는 것, 존처럼 하나의 대상에 집중적으로 흥미를 갖는 사람이 많다는 것, 모든 자폐증이 그런 것은 아니지만, 보통의 대화를 지속하기 어렵다든가 상대방과 시선을 잘 맞추지 않는 것 등의 증상에 대해서도 몰랐다. 지금은 일반적으로 받아들여지는 '자폐 스펙트럼'이라는 개념, 즉 자폐증이 나타나는 방식과 증상이 실로 다양하다는 것도 들은 적이 없었다. 사실, 당시에는 이 개념이 전문가들 사이에서도 제대로 정착되지 않았다. 또, 존의 경우에는 생각했던 것보다 보통 사람처럼 행동했기 때문에, 장애라기보다는 개성이 강한 사람과 만났다는 인상이 더 강했다.

아바타로 만난 자폐 스펙트럼 당사자들

존과의 만남 이후 시간이 흐른 뒤, 나는 우연치 않게 컴퓨터와 아바타를 매개로 소통하는 가상 세계 연구에 발을 들여놓게 되었다.

처음에 우리 팀은 가상공간에서 사람들이 가상의 아바타를 사용하는 경험과 사회관계를 구축하는 방식에 연구의 초점을 두었다. 그런데 연구 과정에서 가상 세계에 수많은 장애인 그룹이 존재한다는 사실을 알았고, 가상 세계에서 서로 돕고 지지하는 장애인 자조 그룹이 많다는 사실에 깊은 인상을 받았다.

가상 세계를 연구하면서 아바타의 형태로 사람들과 부지런히 교류하는 자폐 스펙트럼 당사지들을 많이 만났다. 자폐 스펙트럼 당사자들은 일반적으로 타인과의 커뮤니케이션에 어려움을 느끼는 경우가 많다. 그런데 컴퓨터를 매개로 하는 가상공간은 그들에게 꽤 친숙한 듯, 다양한 자폐 스펙트럼 당사자들이 아바타로 활동하고 있었다. 나도 이미 아바타로서 가상 세계에서의 관찰을 시작한 터였다. 가상공간에서 자폐증 자조 그룹에 오랫동안 참가해온 아바타들과 만났고, 매주 그들의 모임에도 참가했다. 자폐 스펙트럼 당사자 아바타들의 대화에 참가하면서, 그들의 다채롭고 복잡한 세계에 눈을 떴다.

이 경험이 계기가 되어 역사사회학과 버추얼 에스노그래피*라는 서로 다른 두 관점에 근거해 자폐증을 연구하게 되었다. 가상공간의 자폐증 자조 그룹에서 오랫동안 활동해온 사람들에게 허가를 얻어, 그들과의 대화에 참여했다. 가상공간에서 만나고 교류한 그들에게서 자폐증의 세계에 대해 많은 것을 배웠다.

내가 아바타로 가상공간에서 만난 그들은 모두 성인이었다. 일상생활

---

* 이 책에서는 'virtual ethnography'를 '버추얼 에스노그래피'로 번역했다. 일본어 원문은 '仮想(ヴァーチャル)エスノグラフィー'다. 여기에서 버추얼 에스노그래피란, 연구자가 스스로 아바타 또는 디지털 페르소나가 되어 가상공간에서 참여관찰을 수행하는 특정 방법론을 뜻한다. 'virtual'을 '가상'으로 번역할 경우 가상공간과 관련한 일반적인 질적 연구인 디지털 에스노그래피digital ethnography와 구분이 어려우므로 이질적인 어감을 감수하고 '버추얼'로 했다. 또, 전통적인 인류학적 연구 혹은 문화 연구와는 계보를 달리하는 이 책의 맥락을 중시하는 의미에서, 'ethnography'는 '민족지' 혹은 '문화기술지'가 아니라 '에스노그래피'로 번역했다.

에서는 다양한 사회 부적응 문제를 안고 있었지만, 아바타로서는 자신의 경험이나 생각을 정확하게 표현했다. 대화의 주된 주제는 자폐 스펙트럼 당사자가 일상에서 느끼는 곤란함이나 해결법 등이었는데, 무엇보다 그 표현 방식이 솔직했다. 대부분은 일상의 평범한 체험담이지만 그 속에는 '아, 그랬구나. 자폐 스펙트럼 당사자들은 이런 식으로 느꼈구나'라고 생각할 만한 것이 많았다. 그러면서 자폐 스펙트럼 당사자들을 이해하는 것이 나 스스로를 아는 것이기도 하며, 더 나아가 불가사의한 인간의 뇌를 이해하는 방법일 수도 있다고 느꼈다. 자폐증이라는 개념의 역사, 뇌신경과학 분야에서 자폐증이 다루어져온 역사 등에도 관심을 갖게 되었다. 그러면서 점차 '신경회로의 패턴이 다르다', '사물을 보는 방식이나 느끼는 스타일이 다르다'는 자폐 스펙트럼 당사자들의 정신세계의 심오함에 매료되었다. 가상공간의 자폐 스펙트럼 당사자 아바타들의 말에는, 상식을 뒤흔드는 신선한 놀라움이 가득했다.

나는 소위 말하는 자폐증 전문가가 아니고, 자폐 스펙트럼 당사자도 아니며, 자폐 스펙트럼 자녀가 있는 부모도 아니다. 나처럼 자기는 자폐증과는 아무런 관계가 없다고 생각하는 사람들이 많을 것이다. 내가 가상공간에서 느낀 것을 나 같은 사람들에게 전달하는 것이 유의미하다고 생각했다. 이 책에서는 버추얼 에스노그래피라는 방법론에 근거해, 나 스스로 아바타가 되어 자폐 스펙트럼 당사자들의 자조 그룹에 참가하거나 인터뷰한 내용, 혹은 가상공간의 거리에서 만난 자폐 스펙트럼 당사자들과 나눈 대화에서, '정형발달인'*으로서 느낀

점을 정리하고자 한다.

'자폐증'이라는 용어는 1940년대에 사용되기 시작했다. 자기 내면으로 숨어들거나 한 가지 행위에 집착하고 그것을 반복적으로 수행하는 등의 행동 경향을 보이며, 언어 발달이나 인지능력 발달이 늦은 유아가 발견된 것을 계기로 쓰이기 시작한 용어다. 하지만 지금은 증상의 다양성을 인정하기 위해 '자폐 스펙트럼'이라고 부른다. 지능이 평균이거나 그 이상이고, 언어 발달도 지연되지 않은 고기능 자폐 스펙트럼(소위 아스퍼거를 포함한) 당사자들이 존재한다는 것도 알려졌다. 하지만 일반적으로는 '자폐'라는 용어가 주는 인상이 있다.

그런데 내가 가상공간에서 조우한 자폐 스펙트럼 당사자들이 들려주는 내면세계는, 일반적 이미지와는 오히려 정반대였다. 뇌 속에서는 폭풍우가 몰아치는 듯한 강렬한 체험을 하면서, 과도한 정보를 과잉한 채로 수용하는 '하이퍼월드hyper-world'**를 경험하는 사람이 많았다. 자폐 스펙트럼 당사자 아바타들은 가상공간에서 정확한 언어로, 스스로의 놀라운 감각·지각 경험, 심적 체험, '느끼는 법'과 '보는 법'의 소수파로서 곤란했던 체험을 표현하고 공감하며 서로를 지지하고

---

*   자폐증이나 발달장애를 갖지 않는, 뇌신경 발달에 있어서 '다수파'를 뜻하는 단어로, 영어로는 '뉴로티피컬neurotypical'에 상응한다. '신경전형인'으로 번역하는 경우도 있으나, 자폐 스펙트럼의 발현에 있어서 뇌가 발달하는 동적 과정에 주목하는 책의 취지를 감안해, 일본어 원문 표현의 '定型発達者'의 어감을 살려 '정형발달인'이라고 번역했다.

** 저자는 '과도함', '흥분됨' 등을 의미하는 '하이퍼hyper'라는 영단어를 사용해 자폐 스펙트럼을 가진 사람들의 정신세계를 기술하고 있다. 저자에 따르면, 자폐 스펙트럼을 가진 사람들은 감각·인지적으로 과도한 정보량을 수용하고 처리하는 경향이 있으며, 이 때문에 정형발달인보다 훨씬 더 강렬한 방식으로 외부 세계를 경험한다. '하이퍼월드'는 그러한 세계를 상징적으로 묘사한 단어다.

있었다. 자폐증이 커뮤니케이션 능력의 결여이자 사회성 장애로 여겨져왔다는 점에서 주목할 만하다.

내가 만난 자폐 스펙트럼 당사자 아바타의 이야기만으로 자폐증 세계를 일반화할 생각은 없다. 다만, 내면에 갇혀 있거나 심각한 커뮤니케이션 문제가 있는 듯 보이는 자폐증의 경우에도 사실은 풍부한 정서와 인지능력을 가진 사람이 있다는 사례가 알려지고 있는 것은 사실이다. 그런 사람들의 경험이나 세계를 알기는 쉽지 않다. 그런 면에서 내가 가상공간에서 만나고 교류한 자폐 스펙트럼 당사자 아바타들은, 그들의 뇌 속 세계와 자폐증적 경험을 알려주는 귀중한 대변자라고 생각한다.

이 책은 내가 우연히 아바타라는 수단의 도움을 받아 가상 세계에서, 자폐 스펙트럼 당사자들의 세계와 만난 기록이다. 이는 마치 이상한 나라로의 길이 열린 듯한 놀라움이 가득한 경험이었고, 내가 지금까지 얼마나 고정된 시점에서 그들을 보았는지 새삼 돌이켜보게 되었다. 내가 어쩌다 가상 세계의 자폐 스펙트럼 당사자 아바타들과 만나게 되었는지에 대한 이야기를 시작으로, 하이퍼월드로의 여행에 동참해주기를 부탁한다.

제1장

자폐증과의 만남

'가상 뇌'로의 여행

자폐증은 뇌의 불가사의함으로 이끄는 문

자폐증이 나타나는 방식은 실로 다양하다. 어렸을 때에 말 배우는 것이 늦거나, 의식이라도 올리는 것처럼 한 가지 행동에 강하게 집착하는 등, 내면으로 숨는 듯이 보이는 '고전적 자폐증'도 있다. 그런 경우와 비교하자면, 내가 이 가상 세계 연구를 통해 만난 자폐 스펙트럼 당사자들은 우선 컴퓨터 사용에 아무런 문제가 없으므로, 비교적 고기능 자폐 스펙트럼이라고 할 수 있다.[#]

가상 세계에서 만난 이들이 자폐증의 모든 것을 설명하는 것은 아니라는 점을 처음에 확실하게 해둘 필요가 있다. 증상의 차이가 크기 때문에 '자폐 스펙트럼'이라고 부르는 것이다.

사실 고기능 자폐증이라고 말은 하지만, 대부분의 현실은 고기능이라는 단어의 이미지와 다르다. 일반적으로 지능이나 언어 구사에 문제가 없는 고기능 자폐 스펙트럼 혹은 아스퍼거인 사람들도, 타인과의 대화는 그 자체로 큰 스트레스인 경우가 매우 많다. 타인과의 교류에서 녹초가 될 정도로 지치기도 한다. 그 정도는 아니라고 해도 신변 잡담이나 수다처럼 목적이 불분명한 대화를 대단히 힘들어해서 사회적으로 쉽게 고립되는 타입이 적지 않다.

[#] 일반적으로 자폐증 중에서도 언어 사용에 문제가 없고 평균 혹은 그 이상의 지능을 가진 경우를 '아스퍼거'라고 부른다. 미국의 최신 진단 기준 DSM-5에서부터 '아스퍼거'라는 카테고리 대신, 고기능 자폐증이라는 명칭을 쓰게 되었다. 다만, 그 이전에 아스퍼거로 진단받은 사람도 많아서, '아스피aspie'라는 사실을 자신의 개성으로 강하게 자각하는 사람도 적지 않은 만큼 이 책에서는 아스퍼거라는 단어를 사용하겠다.

언뜻 보면 감정이나 정서가 없는 듯 보이는 타입도 상당히 많다. 논리적인 이야기나 이성적인 추론 능 사회를 시스템으로 파악하는 데에는 재능을 발휘하지만, 애매한 감정이나 미묘한 정서를 느끼는 것이 어렵다고 자인하는 아스퍼거도 적지 않다. 말 그대로 그런 것에 그저 서투른 사람도 있지만, 자폐 스펙트럼 당사자들의 실상은 더 복잡하다. 감정을 느끼는 것과, 보통 사람들이 알 수 있도록 적절한 타이밍에 표정이나 신체 표현으로 감정을 드러내는 것은 다른 문제이기 때문이다. 자폐 스펙트럼 당사자들의 표현방식은 때때로 정형발달인에게 이질적이라는 느낌을 강하게 준다. 어떤 자폐 스펙트럼 당사자 아바타는 "겉보기에는 감정이 없는 것처럼 보일지 몰라도 실제로 우리가 감정을 느끼지 않는 것은 아니라는 사실은 알아주었으면 한다"라고도 말했다.

감정 표현만의 문제는 아니다. 예를 들어, 보통의 언어로는 말을 안 하지만, 훌륭한 시집을 출판해서 모두를 놀라게 했던 자폐 스펙트럼 소년이 있었다. 인도에서 태어난 티토 무코파디야이Tito Mukhopadhyay는 3살 때에 자폐 스펙트럼으로 진단받았다. 이 소년은 구어를 적절하게 구사하지 못한다. 하지만 그의 마음속에는 풍부한 감정이 넘쳐흐를 뿐 아니라, 자신의 감정과 성찰을 유려한 시적, 철학적 어휘로 문장화하는 능력이 있다. 펜이나 키보드를 사용해 스스로 쓸 줄은 알지만, 소년은 어머니의 도움을 받지 않고는 일상생활이 불가능하다.

《뉴욕타임스》의 기자는 그가 엄마의 손에 이끌려 검사를 받기 위해 신경과학 연구실로 들어왔을 때의 상황을 다음과 같이 묘사했다.

"방에 들어오자마자 티토는, 리듬에 맞춰 몸을 흔들거나 앉은 자리에서 일어나 빙글빙글 돌기도 하고 큰 소리를 내기도 했다. 팔을 펄럭거리기도 하고, 마치 상태가 안 좋은 꼭두각시 인형 같았다."[1]

자폐 스펙트럼 어린이에게 자주 나타나는 상동 동작(동일한 단어나 동일한 동작을 반복하는 것)이었다. 그는 특이하게도 그런 동작을 하면서 그 행동의 의미를 노트에 써서 설명했다. 제삼자의 눈에는 외부 세계에 흥미를 보이지 않으며 이상한 동작을 하거나 빙글빙글 돌아다니는, 고전적인 자폐증 증상으로 보일 뿐이었다. 하지만 자신의 내면을 기록한 문장이나, 곧바로 노트에 쓴 소통의 기록에서 그는 정형발달인과 다름없이 적절하고 정확하게 논리를 펼쳤을 뿐 아니라, 깊이 있는 정서를 시적인 문장으로 표현했다. 겉모습만으로는 이 소년의 내면에 풍부한 감정과 언어의 세계가 존재한다는 것을 상상하기 어려운 것이다.

사회적 다수파인 정형발달인들은 다양한 신체적 지각을 느끼면서, 동시에 상대의 표정이나 제스처를 무의식적으로 읽고 자신이 느낀 바를 순식간에 통합하면서, 타인과의 대화나 교류를 수행할 수 있다. 그리고 그 지각과 인지를 통합하는 순간에, 설혹 무의식적일지라도 성장 과정에서 익힌 문화적 습관이나 사회적 가치관을 참조할 수 있다. 무의식적인 작용이라고 해도, 이런 일들이 동시에 이루어진다는 것은 사실 대단한 일이다. 예를 들어, 지각 중 어떤 한 요소에 이상이 있거나 지각이 과하게 민감할 경우, 정보가 너무 많아 통합이 제대로 이루어지지 않거나 통합에 시간이 걸려 대응할 타이밍을 놓치기 쉽다. 사실, 자폐 스펙트럼 당사자 중에는 과민하게 정보를 받아들이는 경우가 많다.

자폐증은 풀기 어려운 수수께끼다. 그리고 그 수수께끼는 뇌의 불가사의함과 직접 연결되어 있다. 나와 다른 사람, 특수한 장애가 있는 사람이라고 선을 긋고, 이 심오한 수수께끼를 드러내는 이들에 대해 잘 알려고 하지 않는 것은, 어떻게 보면 정말 아까운 일이다.

자폐 스펙트럼 당사자가 경험하는 지각의 특징

가상공간에서 자폐 스펙트럼 당사자가 외부 세상을 느끼는 방법을 조금씩 알아가면서, 지금까지는 너무 당연해서 이야기 소재조차 되지 않았던 뇌의 작용이나 신체감각 등이 실은 당연한 것이 아니라는 점을 알게 되었다. 마치 뇌나 신체, 의식에 대한 불가사의한 문이 하나씩 열리는 듯한 기분이었다. 청각, 시각, 촉각 등 신체감각이 다르다는 점이 특히 인상적이었다.

예를 들어, 일반적인 감각을 갖고 있는 사람에게는 별것도 아닌 소리가, 자폐 스펙트럼 당사자들에게는 쇠망치로 머리를 두드리는 듯한 느낌으로 받아들여질 수 있다. 그렇게 보자면, 자폐 스펙트럼 어린이가 갑자기 이상한 행동을 하는 것도 외부 소리에 과민하게 반응하기 때문일지도 모른다. 자폐증인 영유아는 시각에 이상이 있어서, 상대의 얼굴을 보거나 눈을 맞추는 것이 좀처럼 어렵다는 보고도 있다. 이런 것이 언어 습득이나 사회성 발달에 크게 관여한다고 생각하는 연구자도 많다.

한편, 자폐 스펙트럼 당사자 중에는 한 번 본 것을 놀라울 정도로 정확하게 기억하는 사람이 있다. 몸 상태가 안 좋을 때에는 마치 낡은 텔레비전 화면처럼 시야가 흐트러진다는 사람도 있다. 매가 먹이를 잡을 때처럼 좁은 범위의 물체를 정확하게 포착하는 사람도 있다. 그렇지만 시각적 기억이 뛰어나다고 해서 얼굴이나 표정을 잘 읽는 것은 아니어서, 제스처나 표정만 갖고 미묘한 감정을 느끼기가 힘든 경우도 많다. 아예 사람 얼굴을 기억하는 것 자체가 어려운 자폐증 당사자가 적지 않다는 보고도 있다.

이런 이야기를 듣거나 이와 관련된 뇌신경과학의 최신 연구 성과를 알면, 시각이 우수하다거나 청력이 좋다는 등의 일반적인 표현의 전제로서, '지각이란 무엇인가'라는 정의가 실은 매우 허술하다는 사실을 알 수 있다. 예컨대, 그냥 시각이나 청각이라고 하지만, 감각에 관여하는 뇌의 기능은 대단히 세분화되어 있어서 실상은 여러 요소로 나누어져 있다. 또, 일반적인 의미에서의 시각 혹은 청각은, 실은 보고 듣는 과정에서 불필요한 정보를 미리 걸러내어 대략적으로 파악한 결과로 성립한다.

예를 들어, 스탠딩 파티가 열리는 와자지껄한 장소에서 누군가의 잡담 속에서 자기 이름이 들리거나 어디선가 자기를 보는 시선이 있으면, 산만한 분위기 속에서도 알아차리곤 한다. 보통 때의 '순항 운전 모드'에서 순식간에 '알아차리는 모드'로의 전환이 일어나는 것이다. 그런데 거꾸로, 들리는 모든 소리에 동일하게 반응한다면 얼마나 고통스러울지 어렵지 않게 상상할 수 있다. 그렇게 생각하면 대충대충 허술하게 살 수 있다는 것이야말로 행복이다.

주위에서 너무 많은 정보를 받아들이고 그 모든 것을 의식한다면, 우리는 너무 자주 폭발 직전의 포화 상태가 될 것이다. 그런데 자폐증 지각의 특징 중 하나는 이처럼 과잉 정보를 과도하게 받아들인다는 점이라고 한다.

소수파가 다수파의 문화에 맞추는 것, 이문화 적응과 비슷하다

자폐 스펙트럼 당사자들의 느낌과 관점, 사회에서 느끼는 어려움을 알면, 다수파인 '정형발달인'의 커뮤니케이션 스타일에 맞추어 사는 것이 그들에게 얼마나 피곤하고 긴장되는 일인지 짐작할 수 있다. 거꾸로, '보통'으로 받아들여지는 많은 것이 당연하지 않다는 사실도 알 수 있다. 일반적으로 보통이라고 여겨지는 것을 당연하게 받아들이고, 또 그에 맞추는 것을 누구도 의심하지 않는 상황이 자폐 스펙트럼 당사자들에게는 때때로 엄청난 스트레스임을 느끼게 된다.

마치 대다수 사람들이 단 하나의 언어를 '국어'로 사용하고, 단일한 문화와 전통이 있다고 굳건하게 믿는 나라로 이민 온 인종적 소수자의 입장과 비슷하다. 그들도 적응 때문에 매일같이 어려움을 겪는다. 일본에 온 외국인의 문제만도 아니다. 일본인이지만 어쩌다 보니 미국에서 대부분의 사회생활을 해온 내 경험도 이와 깊이 연결되어 있다.

개인적인 이야기이지만 나는 다른 사람들보다 훨씬 늦은 나이에 유학을 떠났다. 뇌의 신경회로나 문화적 축적이 '메이드 인 재팬'으로 성숙된 뒤에야, 미국에서 사회학자로서 경력을 쌓았다. 말하자면, 문화적으로도 언어적으로도 소수자인 채로, 미국 사회의 관습과 문화, 대학이라는 직장에서의 규칙과 문화에 일방적으로 맞추지 않으면 안되는 입장이었다. 많은 사람의 조언과 협력으로 어떻게든 수행할 수는 있었지만, 적지 않은 스트레스가 있다. 미국은 이민 국가라서 일본보다는 외국인에게 개방적이다. 그럼에도 대학교수 직업군에서는 동화 압력이 상당히 강한 편이다.

일반적으로 미국은 문화적 동질성을 전제할 수 없는 이민 사회다. 그렇기 때문에, 법률과 계약으로 게임의 방법을 확실히 정해두는 경향이 있다. 모두 다르다는 것을 전제하기 때문에, 직업상 규칙이나 커뮤니케이션 방식이 매우 까다로운 측면이 있다. 특히 커뮤니케이션에서는 미국에서 태어나고 자란 사람들, 즉 다수파의 암묵적인 생활양식과 문화적 규칙에 맞추지 않으면 상대방을 효과적으로 설득할 수 없다.

직장에서 살아남기 위해 적응하지 않으면 안 되는 사항이 많았다. 뭐니 뭐니 해도 언어도 문화도 뇌의 형성도 모두 메이드 인 재팬이다 보니, 일본과 미국을 왔다 갔다 하면서 문화적 멀미를 느끼곤 했다. 일본에 '돌아오면'—매우 자동적으로—일본인답게 행동하지만, 미국으로 '돌아오면',—그것도 그것대로 스트레스이지만—어떻게든 뉴욕에 사는 전문인답게 행동하려는 자신을 발견한다. 머릿속에 또 다른 내가 있어서, 다른 나를 관찰하는 때도 있다.

하지만 많은 경우 분명한 자각에서 기어를 바꾸는 것은 아니다. 장소와 사람들이 내가 그렇게 행동할 것을 자연스럽게 요구하고, 내 몸과 머리가 무의식적으로 그에 반응한다.[2] 마치 지하철역 플랫폼에 벤치가 있으면 나도 모르게 앉고 싶어지고, 벽이 있으면 무심코 기대고 싶어지는 것처럼. 태어나고 자란 환경에서 비롯된 문화적·언어적인 뇌의 설정은 보통 때에는 좀처럼 알아차릴 수 없는 무의식의 영역이다. 다른 문화 속에서 타인과 교류하면서 차이를 느낄 때에야 의식하게 되는 경우가 많다.

개인이 자라온 환경이나 다양한 심리적·문화적 배경은 무의식적인 커뮤니케이션 스타일에 영향을 미치고, 또 각각의 집단에는 그 나름의 커뮤니케이션 문화가 존재한다. 그에 맞춰서 기어를 바꾸다 보면 누구나 눈에 보이지 않는 스트레스를 느낀다. 물론 대부분의 사람들이 타인과 교류하면서 성장한다. 나도 그렇다. 일본의 섬세한 문화와 감각도 훌륭하지만, 다른 문화 속에서 '헤엄치려 애썼던' 경험이 생각지도 못한 방향과 깊이로 나의 가능성을 확실히 넓혀주었다고 생각한다.

자폐증은 최고의 거울이다

그런데 자폐 스펙트럼을 가진 사람들과의 만남을 통해, 타인과의 교류에서 느끼는 어려움이 단지 문화적 문제만은 아니라고 느끼게 되었다. 타인은 자기 자신의 거울이고, 인간은 어차피 타인과 맞부딪지 않으면 자기 자신에 대해 알 수 없는 존재다. 대부분의 '정형발달인'들에게 신경회로의 구조가 다른 자폐 스펙트럼 당사자들은 최고의 거울과도 같은 타인이다.

태어나고 자란 문화의 차이 때문에 느끼는 이문화와 비슷한 측면도 있다. 하지만 자폐 스펙트럼 당사자들이 이방인으로서 느끼는 골은 훨씬 깊다. 동일한 언어로 말하고, 동일한 문화에서 성장했기 때문에, 그런 어려움은 겉으로 잘 드러내기가 더욱더 어렵다. 그러한 차이를 지각하기를 바라는 마음에서, 어떤 자폐 스펙트럼 당사자들은 자신들을 정형발달인들과 신경회로가 다른 '뉴로 트라이브neuro-tribe(신경 부족)'이라고도 표현한다. 이 개념을 받아들일 것인가라는 문제와는 별개로, 타인의 존재를 이해하고 느낌을 알아가는 것은 대단한 경험이다. 자폐증의 치료나 교육, 복지에 관여하는 사람들에게만 중요한 문제가 아닌 것이다.

자폐 스펙트럼 당사자와 직접적인 접점이 없다고 해도, 일반 교양으로 자폐증을 이해할 필요가 있다. 자기 자신과 스스로의 뇌에 대해 더 잘 아는 방법이기 때문이다. 자폐증적인 뇌의 작용을 일종의 개성으로 인식하고, 그것이 발현되는 다양한 방식을 '스펙트럼'과 같은 연속체로서 파악하려는 사고방식은 잘 알려져 있다. 만약 이런 사고방식이 타당하다면, 실제로는 자폐 스펙트럼으로 진단받는 경우보다 훨씬 많은 사람이 뇌의 일부에 자폐증적 경향을 갖고 있음에 틀림없다. 자폐증에 대해 아는 것은, 자기와는 다른 방식으로 사는 타인의 감각과 커뮤니케이션 방법에 더 섬세하게 감응할 줄 아는 것과 연결되지 않겠는가?

한편, 성인 자폐 스펙드림 당사자 중에는, 고생 끝에 커뮤니케이션의 기어 체인지를 비교적 능숙하게 할 수 있는 사람도 있다. 언뜻 보면 사회에 잘 적응하는 듯 보여도, 그들 역시 스트레스를 느낄 수밖에 없다. 그들은 지능이나 언어능력에 아무런 문제가 없지만, 신경회로가 다수파의 지각과 인식 패턴과 다른, 소수자로 살고 있다. 다수파인 '정형발달인'에 적합한 형태로 발달한 문화와 커뮤니케이션 규칙에 억지로 끼워 맞춰져 있는 것이다.

나는 신경회로적으로는 소위 '정형발달인'이라는 다수파에 속하지만, 언어적·문화적으로는 소수자로서 미국 사회에서 생활한다. 그런 입장에서 자폐 스펙트럼 당사자들이 주장하는 '뉴로다이버시티neuro-diversity(신경다양성)'라는 개념에 공감한다. 뉴로다이버시티란 뇌의 작용 방식에는 다양성이 있다고 보는 생각을 반영한 개념으로, 이렇게 인간의 신경회로가 다양하기 때문에 사회 전체적으로 창조성이 생긴다고 본다.

심리학 등에서는 다수파의 구조로 뇌가 발달한 대다수의 사람을 '정형발달인', 자폐 스펙트럼을 가진 사람을 '비정형발달인'이라고 말한다. 이 용어들의 어감에 다소 저항감이 있다. '정형'적으로 발달한 신경회로를 가진 사람들 중에도 다양한 스타일이 있으므로, 정형발달인과 비정형발달인을 확실하게 선을 긋듯이 구분할 수는 없다고 생각한다. 다양한 신경회로의 스타일이 공존한다는 사고방식이 사람들의 다양한 잠재력을 더 제대로 평가할 수 있을 것이다. 이분법적인 어휘에 대해서는 좋은 인상을 갖기 어렵다.

하지만 '정형발달인'은 실재하는 보통 사람들을 가리킨다기보다는 사회과학에서 이론적으로 사용하는 이상형의 허구 개념이다. 이를 대체할 용어를 찾기가 쉽지 않으므로, 이 책에서는 발달 형태상의 다수파라는 정도의 의미로 사용하고 싶다.

가상 세계에서 자신과 만나는 사람들

'세컨드라이프'라는 가상공간

자폐 스펙트럼 당사자에게 컴퓨터로 접속하는 가상 세계가 상당히 친숙한 공간이라는 사실은, 가상 세계에서 놀아본 경험이 없는 사람에게는 감각적으로 알기 어려운 측면이 있다. 물론, 모든 가상공간이 자폐 스펙트럼 당사자에게 친숙한 것은 아니다. 우선, 자폐 스펙트럼 당사자 아바타를 만난 일을 포함해, 내가 경험한 가상 세계가 어떤 곳인지 구체적으로 소개하고 싶다.

내 경우, 다른 가상공간도 이것저것 경험했지만, 언제부터인가 '세컨드라이프'라는 가상 세계가 아주 마음에 들기 시작했다. '레지던트(주민)'라고 불리는 플레이어가, 마음대로 집이나 동네를 설계하는 가상공간이다. 세컨드라이프는 샌프란시스코에 본사가 있는 린든 랩Linden Lab이 제작한 플랫폼으로, 컴퓨터 화면에 실제와 유사한 3D 환경을 만들고 개인을 대신해 아바타를 움직여 다른 회원들과 교류하는 가상 세계다.

가상 세계에서 내 아바타 이름은 '키레미미 타이거포Kiremimi Tigerpaw'다. 심오한 뜻은 없다. 이 이름을 지을 즈음이 마침 오키나와의 야에야마 열도八重山列島*를 여행한 직후였는데, 그때에 이시가키섬石垣島**의 서점에서 동물 사진가인 요코쓰카 마코토横塚眞己人의 에세이를 구입했다. 그 책에 등장하는, 기가 세고 우아한 이리오모테 살쾡이***의 이름이 키레미미였다. 다툴 때 쓰는 영어를 잘 모르다 보니 미국에서는 온화하고 부드러운 동양인이라고 멋대로 생각되어지기 일쑤였다. 그러다 보니 그 암살쾡이를 닮고 싶었던 것 같다. 오랫동안 세컨드라이프에서 활동한 사람들 중에는 아바타를 스스로 디자인하는 사람도 있다. 하지만 나는 그럴 능력도 시간도 없었기 때문에 '기성품'의 요소를 나름대로 조합했다. 세컨드라이프에는 '숍shop'이 많은데 우연히 일본인이 경영하는 숍에서 신체의 기본 요소를 '구입했기' 때문에 몸집이 아담한 아바타가 되었다.

사실 조금만 재주를 부리면, 아바타 얼굴이나 몸을 마음대로 디자인할 수 있다. 원래 미국에서 탄생했기 때문인지 세컨드라이프에는 일본산 아바타 교류 사이트에서 흔히 볼 수 있는 평면적이고 '귀여운' 캐릭터와는 달리, 남녀 불문 섹시하고 탄력 있는 육체의 아바타가 많다. 동물이나 상상 속의 생명체와 기발한 로봇풍의 다양한 아바타가

---

*   일본 오키나와현 남서쪽 작은 섬이 모여 있는 지역.

**   야에야마 열도의 중심이 되는 섬.

*** 야에야마 열도에 서식하는 희귀종 야생고양이.

키레미미(저자의 아바타)

있어서, 틀에 박힌 가상공간은 아니다. 공상 속의 르네상스풍 건물에서 귀족이 된 기분으로 화려한 코스튬을 입은 아바타가 되어보기도 하고, 우주 공간 속 미지의 혹성을 만들어 그곳에서 태극권을 연습하기도 한다.

마치 미래 세계에 온 듯한 묘사이지만, 기술 면에서는 최근 개발이 급속도로 진전되고 있는 VR*과 비교하면 2003년에 세상에 나온 세컨드라이프는 꽤 원시적이다. 3D라고는 하지만 평평한 컴퓨터 화면에서나 그렇다. 아바타가 화면 밖으로 튀어나오는 것이 아니라, 풍경이나 아바타가 입체적인 모양을 한 정도다. 반면에 유저가 스스로 건물을 만드는 것 등이 가능해서 자유도가 높다.

VR 이라고는 해도 아바타를 통해 촉각을 느끼는 것은 불가능하고,

---

*   가상 현실을 뜻하는 Virtual Reality의 준말.

얼굴 표정을 바꾸기도 어렵다. 하지만 여러 아바타가 동시에 로그인해서 마치 길모퉁이에서 이야기를 나누는 듯한 분위기로 실시간 교류하는 것이 가능하다. 누군가 미리 만들어놓은 룰에 따라 틀에 박힌 듯 플레이하는 게임이 아니라, SNS(트위터, 인스타그램, 페이스북 등 소셜 네트워크 서비스)처럼 흥미가 맞는 다양한 그룹을 스스로 만들어 교류한다는 점이, 사회학자인 나의 흥미를 끌었다. 마치 현실 사회의 커뮤니티 생성을 연구하는 것과 비슷하지 않은가.

VR 게임에서는 운영 회사가 만든 시나리오나 역할, 게임의 룰에 따라 플레이하는 것이 일반적이지만, 세컨드라이프에서는 정해진 게임의 시나리오가 없을 뿐만 아니라 서로 경쟁할 필요도 없다. 집도 거리도 아바타 자신도 스스로 디자인하는 것이고, 오히려 그렇게 자주적으로 움직이지 않으면 참가하기 어렵다. 친구도 스스로 만들어야 한다. 보통의 온라인 게임과는 스타일이 전혀 달라서, 그런 게임에 익숙한 사람은 거꾸로 무엇을 해야 할지 알 수 없어서 당황스러워한다.

아무튼 황야에 도시가 생겨나듯이, 창의적인 주민들 덕분에 그곳에 술집이나 바(물론 술이나 맥주를 실제로는 마시지 않지만) 등도 생겼고, 댄스클럽이나 교회, 학교, 조금 수상쩍은 장소나 독특한 고층빌딩 등도 출현했다. 예상치 못했던 다양한 단체가 조직되고, 이방인이 서로 마주치는 길모퉁이도 생겼다. 사회학자의 상상력을 자극하는 '대체 사회'가 그곳에 생겨난 것이다.

가상 세계의 아바타들 ─ 성장하는 분신들

아바타라는 단어는 할리우드 영화 〈아바타〉로 유명해졌지만, 지금은 게임이나 SNS 등에서 자기 자신을 대신해서 만화 캐릭터 등 다양한 형태의 '아바타'를 사용해본 사람도 많을 것이다. 아바타는 원래 인도어로, 우주의 존재가 인간 등의 형태로 세속에 나타난 모습을 뜻한다. 부처가 다양한 모습으로 현세에 출현한다고 보는 불교의 분신 개념도 영어로 아바타라고 한다. 힌두교도 동일하다. 인간의 모습을 하고 땅으로 내려와 악과 싸우고 사랑에도 빠지는 등 대활약을 하는 초월적 존재를 아바타라고 부른다.

　이 말은 예전부터 영어 단어로도 자리 잡았다. 미국의 미술관에 가면, 인도, 중국, 일본, 티베트 등에서 불교의 세계관을 나타내는 상징으로 통용되는 만다라에 대한 설명에서 분신불分身佛을 'avatar'라는 단어로 해설한다. 디지털 세계의 분신을 아바타라고 명명한 것은 실로 심오하다. 이 경우의 아바타란 인간이나 동물 등 다양한 형태의 분신이 디지털 공간에서 자신의 대리처럼 움직이는 존재다. 특히 미국에서 시작된 세컨드라이프에서는, 아바타들이 입체적이고 실감나는 육체로 표현되는 경우가 많아서 분신이라는 느낌이 강하게 든다.

　처음에 내 가상공간 연구는 장애를 가진 사람에게만 초점을 맞추었던 것이 아니라, '가상'이라는 개념에 대한 폭넓은 흥미에서 시작되었다. 또한, 가상의 환경과 사회에서 아바타라는 대역을 활용해, 두번째 세번째 어떨 때에는 그보다도 많은 정체성을 만든다는 것이, 어떤 의미인지에도 흥미가 있었다.

디지털 세계의 아바타는 자신의 분신이다. 하지만 가상 세계에서 만나는 다른 '주민'의 언어나 행동에 촉발되어 오프라인의 자신으로서는 생각하기 어려운 행동을 한다. 보통 때와는 전혀 다른 자신을 발견하기도 한다. 내가 아바타를 사용하는 것이 아니라, 아바타가 혼자 새로운 생명으로 점점 자라나는 느낌을 받는다. 등장인물을 만들고 그의 생활이나 행동을 써 내려가다 보면, 어느새 그 등장인물이 혼자 생명력을 가진 듯 이야기가 저절로 전개된다는 소설가의 경험을 들은 적이 있다. 아바타도 때때로 그를 조종하는 '타이피스트typist' (아바타를 조작하는 실제 개인을 뜻함)의 의사를 초월하는 것처럼 생각지도 못한 성장을 한다. 가상의 육체와 마음으로 가상 환경에서 타인과의 관계 속에서 성장하는 감각이란 도대체 무엇인지 늘 궁금했다.

문명을 창조하는 가상의 힘

가상 사회라는 말은 곧잘 컴퓨터 게임을 연상시킨다. 어린이를 위한 세계라는 생각, 혹은 어른이 참여할 만한 곳이 아니라는 인식이 있는 것 같다. 사실 가상 세계가 특히 어린이나 젊은이에게 유해하다는 거부반응을 보이는 지식인도 적지 않다. 어린이의 발달 과정에는 현실 세계에서 신체를 움직이는 것보다 더 좋은 성장환경이 없기 때문에 그런 마음도 이해할 수 있다. 하지만 그렇다고 가상 세계의 문명사적 의미를 경시해도 좋은 것은 아니다. 현시대의 지식은 과거의 경험이 축적된 결과이며, 때때로 눈높이에 한계가 있다. 당장 문제가 있다고 해서, 인간과 가상 세계의 불가사의한 관계, 그리고 테크놀로지의 힘을 빌려 새롭게 구축한 가상 세계의 가능성과 의미를 무시해서는 안 된다.

인간은 디지털이 존재하지 않던 매우 오래전부터 상상력을 이용해 마음의 날개를 펼쳐왔다. 예컨대, 글쓰기는 상상력을 활용하는 행위다. 글이라는 형태로 자신의 의식을 외부에 두는 행위라고도 할 수 있다. 자기의 성찰, 생각, 혹은 시적·정서적인 감각을 일단 글로 옮기기 시작하면 머릿속에서는 어렴풋이 존재했던 생각과 의식이 객관화된다. 그 과정에서 스스로의 감각을 뚜렷하게 알게 되기도 한다. 보이지 않는 독자를 가정해서 글을 쓰기 시작하면 더욱 재미있다. 마음속에서 2명의 자기 자신이 대화하는 것, 그것이야말로 가상의 세계다.

마음속에 있는 가상의 타인을 촉매로 하여 마음속 날개를 펼칠 수 있는 여지가 더더욱 커지는 것이다. 『겐지이야기源氏物語』*에서 셰익스피어까지, 풍요로운 상상력의 발휘를 가능케 하는 가상의 세계란 얼마나 대단한가. 히카루 겐지에서 무라사키,** 햄릿에서 리어왕까지, 생기 넘치는 등장인물들은 글이라는 테크놀로지를 빌려 속세에 강림한 아바타들이다.

더 나아가 인간은, 실제로는 볼 수도 만질 수도 없는 존재들을, 그

---

* 무라사키 시키부紫式部라는 이름의 여성이 쓴 것으로 추정되는 소설로, 11세기 초 헤이안시대의 일본 고전 문학을 대표하는 작품이다.
** 히카루 겐지는 『겐지이야기』의 남자 주인공, 무라사키는 여자 주인공이다.

것을 느끼는 힘이나 그것을 생각하는 힘에 근거해서 실존하는 것으로 간주해왔다. 예를 들어, 신이나 호토케사마仏様* 등 이름은 다양하지만 보이지 않는 존재, 만질 수 없는 존재가 신성하다는 느낌을 갖는 것은 공통적이다. 신이나 부처처럼 존엄하고 귀한 존재는 만질 수 없고, 악수도 할 수 없고, 이야기도 나눌 수 없고, 인사도 할 수 없다. 다만 그렇게 존엄하고 귀한 존재이기 때문에 더더욱 어떻게든 한번 영접하고 싶다는 마음이 강해진다.

가상 세계에서는 그것이 가능하다. 눈에 보이지 않는 존엄한 존재를 마치 인간과 같은 형태로 상상한 수많은 성스러운 이미지들, 만다라에 그려져 있는 분신불이나 성자聖者를 영어로 아바타라고 부르는 것도 그 때문이다. 분신불이나 보살들은 인간에게 다가와 가상 세계에서 구원을 준다. 이 역시 추상적이고 지고한 존재가, 가상 세계에서 구체적인 모양을 가진 형태로 나타난 결과다.

그 무엇보다 소중한 '나'라는 존재도, 스스로의 몸과 마음에서 벗어날 수 없는 인간이 쉽게 만나거나 객관적으로 관찰할 수 있는 대상이 아니다. 그렇기 때문에 이는 고대부터 철학자들이 지속적으로 고민해온 주제이기도 하다. 글을 쓰거나 성찰하는 것은 가능하지만, 더 심오한 세계를 관찰하기 위해서는 가상의 타인이 필요하다.

고대 그리스의 소크라테스, 플라톤의 시대에서부터, 철학자는 대화 형식으로 생각을 표현하는 것을 즐겼다. 불경도 부처와 제자의 대

---

* 불교에서 부처를 뜻하는 호칭이지만, 일본의 전통 신앙에서 사물에 스며 있는 혼령을 부르는 말이기도 하다.

화 형식으로 쓰여 있다. 실제 대화를 그대로 기록한 것은 아니라고 해도, 상상력으로 만들어낸 마음속의 타인과 대화하는 것이 막연한 생각이나 감각을 바로 문장으로 옮기는 것보다 더 확실하게 전달하는 방법이었을 것이다. 말하자면 자기 안의 타인과의 대화를 '촉매'로 삼은 것이다. 자기를 객관화해서 내 내부에 있는 또 한 명의 자신과 이야기를 나누는 것. 이것이야말로 깊이 있는 내적 성찰과 논의를 가능케 하는 출발점이다.

아바타로 철학하는 법

하지만 그런 철학적, 종교적인 심오한 성찰은 추상적이다. 누구나 간단히 실천할 수 있는 종류가 아니다. 상당한 상상력과 생각의 폭이 필요하기 때문이다. 그런데 세컨드라이프의 주민 중에는 사이버 공간 속 아바타를 통해서 자신의 대리를 상상하고 투영하는 모험을 하는 사람들이 있었다. 글쓰기나 성찰을 통해 스스로를 객관화하고 다른 상황에 대입해보는 행위와 유사하다.

그런데 사이버 공간에서 가상의 '나'에 대한 실험은 글쓰기나 성찰과는 명백하게 다른, 또 하나의 차원이 추가된다. 실제로 타인이 존재한다는 차원이다.

처음에는 가벼운 기분으로 만든 분신 아바타도 가상의 커뮤니티에서 활동하다 보면 다른 아바타들과 교류하면서 그 정체성이 원래 의도를 넘어서 '성장'해갈 때가 있다. 이는 마치 또 하나의 삶을 사는 듯한 경험이다. 또, 단체활동을 하다 보면 그 아바타는 믿을 만하다는 '신용'이 생기기도 한다. 그러다 리더로 성장한다. 어떻게 보면, 아는 사람이 아무도 없는 새 동네로 이사하고, 새로운 헤어스타일과 옷차림으로 이전의 자신과는 다른 분위기로 새 출발 하는 감각과 비슷하다. 가상 세계에서 생각지도 못했던 자신을 키우는 감각은, 어쩌면 영적으로 새로이 태어난다는 그리스도교인들의 '본 어게인^{born again}' 경험과 같을지도 모른다. 아바타가 되어 가상공간에서 날개를 펼치는 사람들 중에는 현실 사회에서는 다양한 형태로 자신을 구속하는 카테고리로부터 자유로워지고 싶다는 사람이 많았다.

왜 가상 세계에서 사람들은 때때로 홀가분하고 자유로운 기분이 들까? 현실 세계에서 우리는 스스로를 속박하는 여러 가지 '이름'을 지고 산다. 사회적, 경제적인 카테고리로 분류된 이름을 의식하는 것은 누구에게나 조금은 버거운 일이다. 어쩌면 내게 다른 잠재력이 숨어 있을지도 모른다고 생각하는 순간이 있다. 행복한 얼굴로 귀여운 아기를 안고 있는 엄마, 또는 오래전에 인생에 대한 깨달음을 얻은 듯한 중년 남성. 하지만 엄마, 중년 남성이라는 이름 뒤에는 오래전에 포기했던 꿈이 숨어 있을지도 모르고, 제대로 발휘한 적 없는 대단한 능력이 숨어 있을지도 모른다. 사회적인 호칭과 카테고리가 마치 단단한 껍데기처럼 그 가능성을 막고 있다. 장애인 혹은 자폐증이라는 카테고리도 마찬가지일 것이다. 가상공간에서 전혀 다른 모습의 아바타가 되어 의외의 자신을 발견하고 싶은 사람도 많은 것이다.

실제로 가상공간에서는 아바타를 사용하기 때문에 전혀 다른 겉모습을 시도해볼 수 있다. 현실 세계에서 성별을 바꾸는 것보다 훨씬 가벼운 기분으로 남성이 여성 아바타가 되는 것도 가능하다. 판다나 고양이 등 동물 아바타를 사용할 수도 있다. 일본에서는 이런 부분에 큰 저항이 없지만, 그리스도교 세계에서는 신이 만든 인간은 동물과 엄격히 다른 존재로 둘 사이에 엄연한 서열 관계가 있다고 보기 때문에 인간과 동물을 동일시하는 것에 저항감이 있다. 하지만 세컨드라이프에서는 이 부분에 대해서도 꽤 유연하다. 동물 머리에 인간 몸을 한 아바타를 '퍼리furry'라고 하는데, 그런 아바타를 좋아하는 그룹도 다수 존재한다.

복수의 아바타를 사용하기도 한다. 잘 모르면 그런 사람을 다중인격이라고 생각하기 쉽다. 사실 이 플랫폼은 아바타를 새로 만들 때마다 과금하는 시스템이 아니다. 무료로 새로운 아바타를 만들 수 있기 때문에, 가벼운 마음으로 여러 개의 아바타를 만들어버린다.

겉모습과 인상이 다른 아바타를 사용하면 상대의 반응도 당연히 달라진다. 한 연구자는 흑인 아바타를 사용한 경우와 백인 아바타를 사용한 경우에 사람들의 반응이 어떻게 달라지는지를 연구했다. 그 결과는 상상하던 대로였다.[3] 한편, 자기와 성별이 다른 아바타를 사용하면, 다른 사람의 반응뿐 아니라 스스로의 기분에 변화가 생기는 일도 흔하다.

연구 초기 단계에 세컨드라이프에서 아바타 여러 개로 활동하는 사람들에게 어떻게 느끼는지 물어보았다. 예를 들어, 꽤 근사하고 친절한 여성 아바타 '월Wol'. '플레이 애즈 빙play as being'이라는 토론 그룹에서 알게 되었다. '윌'은 아바타의 '본명'이다.

"출판을 할 것이면, 가명이 아니라 '윌'이라고 불러달라"라고 그녀
가 부탁했다. "내게는 윌이라는 캐릭터는 현실"이라는 것이다. 현실
사회에서 그는 유럽에 사는 50대 남성 '토니(가명)'다. 세컨드라이프
에서 윌로서 활동할 때에는, 100퍼센트 윌이 된 기분으로 교류한다
고 한다.

처음에는 자기 실제 나이와 얼추 비슷한, 통통한 중년 남성의 아바
타로 활동했었다. 그다음에는 자기의 이상형 여성과 비슷한 이미지
로, 패션 감각 있고 눈처럼 흰 피부색의 미인 아바타도 만들었다. 차
분한 중년 여성의 아바타나 아이돌처럼 젊은 남성 아바타도 만들어
보았다. 그런데 완벽한 미인은 아니지만 누구나와 친해지기 쉬운 윌
의 캐릭터가 스스로도 받아들이기 쉬웠고, 친구들로부터도 신뢰받는
인기 아바타로 진화했다고 한다.

실제로 그는 좀처럼 사람들과 잘 사귀지 못하고, 오로지 일만 하
며 생활한다. 하지만 윌이 되었을 때에는 자연스럽고 친절하게 사람
들과 이야기 나누고, 다른 사람을 보살펴주거나 고민을 들어주는 것
이 가능하다고 한다. 토니가 일본에 놀러 왔을 때에 실제로 만났는데,
"윌이라는 캐릭터 덕분에, 더 좋은 인간이 될 수 있었던 것 같다"라고
말했다.

신체적 겉모습을 바꿀 수 있는 가상 세계의 특징은, 그 자체로도
참으로 흥미롭지만, 조금만 '관점'을 바꾸어 생각하면 고정된 세계관
이나 자기 이미지로부터 잠시 자유를 얻는다는 의미에서 철학적인

행위라고도 할 수 있다. 관점을 바꾸는 것은, 고정된 정체성에서 자유로워지는 것을 의미한다. 그런 행위는 첨예한 명상의 실천, 예를 들어선 수행이나 티베트 불교의 명상 수행과도 통한다. 상식적으로는 무의미해 보이는 선 수행의 화두도, 사회적으로 굳어져버린 관점에서 벗어나 고정관념을 순식간에 뿌리쳐보는 '가상'적 행위다.

고정적이고 단일한 시각에서 세계를 본다는 것은 보고 싶어도 볼 수 없는 사각지대가 생긴다는 의미도 된다. 원근법처럼 하나의 시점에서 보면, 보이지 않는 곳이 반드시 있다. 그런데 여러 시점에서 세계를 볼 수 있다면, 사물의 뒷면을 보는 것도 가능하다. 어떤 아바타의 말을 빌리자면, "안전하다는 것을 알아도, 깊은 곳에 잠들어 있는 스스로의 내면을 직시하는 것은 무섭다". 확실히 그렇다. 하지만 가상 세계에서 즐기면서 여러 개의 아바타를 조종하면, 비교적 안전하게 자기 안에 있는 타인과 만날 수 있다. 복수의 아바타를 갖거나, 아바타의 형태를 계속 바꾸는 사람들도 이상한 사람은 아닌 것이다.

스탠퍼드대학의 인류학자 타냐 루어먼Tanya M. Luhrmann은 복음주의 그리스도교인 그룹에 대해 심층적인 참여관찰을 수행했다.[4] 어떻게 해서든 신과 만나고 싶다고 절실하게 염원한 신도들은 황홀경 속에서 신의 목소리를 들었다고 주장한다. 신의 목소리가 들린다는 그들의 주장은, 복음주의 교회와 그 교회를 기반으로 활동하는 정치단체의 보수적인 정치관과 맞물려, 세속적이고 진보적인 지식인들 사이에서는 정신병에 가까운 것으로 받아들여진다. 루어먼은 세속적 진보파의 그런 생각과 선을 긋는다. 복음주의 그리스도교 단체는 미국

토니의 여러 아바타: 오른쪽부터 월의 아바타, 패션 감각 있는 미녀 아바타. 가운데 중년 남성이 처음에 본인과 비슷한 모습으로 만든 아바타 우지. 단, 월과 우지 이외의 아바타는 이후 캐릭터가 별로 진화하지 않았다고 한다.

의 정치를 움직이는 보수파 세력을 형성하고 있지만, 루어먼은 그런 정치적인 측면이 아니라 한 명 한 명의 경험 그 자체에 흥미가 있었다. 그리고 신의 목소리가 들린다고 하는 사람들의 체험 그 자체를 탐구했다.

내 입장도 루어먼과 유사하다. 다수의 아바타를 조작하거나 인격에 빙의한 것처럼 보이는 사람들에 대해, 정신이 병들었다거나 그런 경향이 있다고 보면 이야기가 간단하다. 하지만 단적으로 그런 관점은 맞지 않는다고 말할 수 있다. 적어도 사물의 한 측면밖에 보지 않는 관점이다. 개인을 자세하게 조사하다 보면, 현실 사회에 대한 각각 나름의 고민이나 부적응 상황이 있어서, 그 때문에 가상 사회에서 또 다른 자기를 실험해보고 싶다는 동기가 생길 수도 있다. 예전부터 종교 지도자, 수행자, 철학자가 그 길에 들어서게 된 동기에는, 무엇인가에 대한 부적응, 고뇌, 이질감 등의 고민이 있기 마련이었다. 그런 이질감이야말로 고정관념에서 벗어나 자유를 추구하는 행동으로 연결되었던 것이리라.

장애인이나 자폐 스펙트럼 당사자들은, 건강한 사람이나 정형발달인의 단일하고 정형적인 관점으로만 자신이 규정되는 것이 당황스러울 수밖에 없다. 그런 관점을 바꾸는 장치로서 가상 사회가 기능할 수 있다는 점이 그들을 가상공간으로 끌어들이는 요인인 듯했다. 적어도 가상 사회에 모이는 사람들 중에는, 건강 여부와는 상관없이 다수파의 고정관념과는 다른 세계가 존재한다는 것을 인식하는 사람이 많다고 해도 좋지 않을까?

가상 세계의 현장감과 일본 전통 문예

아바타가 되어 무릎을 맞대고 나누는 대화에는 이메일이나 SNS와는 달리, 동일한 시간과 장소를 공유한다는 현장감이 있다. 서재나 선원에서 성찰을 하거나 상상력을 발휘해 글을 쓰는, 고독함 속에서 자신을 발견하는 것과는 다른 종류의 고조된 느낌을 느낄 수 있다.

실제로 나 역시 가상공간의 키레미미가 되어 대화할 때에는 기대 이상의 고양감을 느끼기 때문에 상대의 말에 진심으로 납득하곤 한다. 현장감을 느끼며 대화에 집중하면 상대방한테서 심오한 무엇인가를 받은 기분이 된다. 나중에 시간이 지난 뒤 채팅 기록을 다시 읽을 때에는 그때의 고조되었던 기분이 좀처럼 다시 살아나지 않기도 한다.

이전에 나온 책『아름다움과 예절의 끈: 일본 교제 문화의 정치적 기원美と礼節の絆:日本における交際文化の政治的起源』*에서 일본 전통 문예를 감각과 협업을 중시하는 사교 문화의 하나로 재검토했다. 일본 중세나 에도 시대의 전통 문예는 신분, 연령, 직업, 젠더 등의 벽을 일시적으로 걷어내고 평등한 교제를 가능케 하는 장이었다. 문예를 겨루는 자리座는 다양한 사회적 네트워크가 교차하는 일종의 '퍼블릭권public 圈'**으로 자리매김할 수 있다고 주장했다.[5] 가상공간에서 아바타로서 느끼는 현장감과 사교법을 관찰하다 보면, 일본 문화의 전통 문예에서 중시하는 '자리'의 현장성이 떠오른다. 일본의 전통 문예에서는 동일한 '자리'에서 집단적 협업을 통해 함께 무엇인가를 창조하고, 그 과정에서 서로의 마음이 공명하는 것이야말로 미학의 진수다. '공간'을 중시하는 문예의 전통과 정신은, 와카和歌나 하이카이俳諧***에서 다도茶道 등의 세계까지, 다양한 분야에서 폭넓게 받아들여지던 사교 문화이기도 했다.

예컨대, 참가자들이 짧은 노래나 구절을 이어받아 차례로 만들어가는 렌가連歌는, 하이쿠俳句**** 등과는 달리 현대인에게는 낯설지만

---

* 2005년 NTT출판에서 출간되었다.
** 다양한 개인이 서로 만나고 의사소통을 통해 역동적으로 정체성을 형성하는 '장場'을 저자는 '퍼블릭권'이라고 부른다. 네트워크 이론을 역사에 원용하기 위해 저자가 독자적으로 전개하는 개념이다. 사회학, 저널리즘 연구 등에서 자주 거론되는 공공권 개념과 구별할 필요가 있다고 판단해 '퍼블릭권'이라는 표현을 사용했다.
*** 와카는 일본의 전통적인 단가 형식이고, 하이카이는 일본 에도시대에 꽃폈던 일본 문학의 형식이다.
**** 5·7·5 음운으로 엮는 일본의 정형시.

예전에는 인기 있는 놀이 형식이었다. 바쇼芭蕉*도 원래는 중세시대 '자리'에서 펼쳐지는 문예의 전통을 이어받은 '하이카이의 렌가'야말로 히이카이의 진수라고 보았고, 자리의 즉흥성, 현장감, 협동성을 중시했다. 집단적인 협업의 장인 '자리'에서, 어떤 때에는 역동적이고 도전적으로, 어떤 때에는 은밀하게 그 장소에 함께 있는 사람들이 읊는 구절을 이어받아 연결해가는 과정에서, 참가자들 사이에 함께한다는 감각이 더욱 고조된다. 그렇게 고양된 기분은 언젠가는 꿈처럼 사라진다. 하지만 바쇼는, 현장감이 사라지는 그 시간이야말로 사람들은 타인과 연결되어 있었다는 기분을 실감하고 그 느낌을 소중하게 여기는 계기라고 말한다.

그렇기 때문에 바쇼는, "하이카이의 진수는 모두가 책상을 빙 둘러앉아 있는 바로 그 순간이다. 노래가 한 곡 끝나고 그것을 기록한 종이를 독서대에서 거두면, 그것은 그저 휴지 조각에 불과하다"라고 말한다. 에도시대의 하이쿠는 문예라는 가상 세계에서 사람과 사람이 신분이라는 현실적 장애를 넘어서 교류할 수 있는 장치였다. 가상 세계는 디지털 플랫폼 속에만 있는 것이 아니다.

일본의 전근대사회는, 태어날 때 결정되는 신분이라는 유일한 요소에 의해 모든 것이 구성되는 사회라고 생각하기 쉽다. 그런데 놀랍게도 일본 전통 예능이나 문예의 세계는, 신분 사회라는 무대 뒤에 다양성이 기능하는 사회적 장치를 숨기고 있었다. 전통적인 문예 공간

---

* 에도시대의 유명한 시인.

에서 필명이나 예명 등 별도의 이름을 사용하는 시스템도 그중 하나였다. 마치 가상 세계에서 아바타의 정체성을 만들어서 사용하는 것과 닮았다. 퍼블릭권은 전통 문예의 장의 전매특허가 아니다. 가상공간의 아바타 역시, 어느 사이엔가 퍼블릭권을 만들었던 것이다.

아바타들이 가상공간에서 대화하고 교류하는 것도 그 순간에는 재미있고 깊이 있게 느껴지지만 점차로 현장감과 고양된 기분은 사라진다. 하지만 그렇기 때문에 좋은 점도 있다. 때로는 말 그대로 오직 딱 한 번만 성립하는 심오한 대화가 이루어지기도 한다.

아바타를 사용하는 현실의 사람을 '타이피스트'(텍스트로 채팅을 하는 사람이 많으므로)라고 부른다. 가상 세계에서 타이피스트와 아바타의 정체성은 별개다. 아바타의 세계에서는 현실 세계에서 중요한 재력, 학력, 직업 등을 스스로 공개한다고 해도 큰 의미가 없다. 명품 가방이나 고급 의류도 커피 한 잔 값에 살 수 있고, 해변가에 고급 주택을 세울 때에도 큰돈이 들지 않는다. 이 세계에서 지위를 구성하는 것은, 가상 세계에 대한 헌신과 정열, 그 무엇보다 소중한 시간을 들이는 것, 디지털 테크놀로지를 구사해 멋진 가상공간을 만드는 힘이다. 가상 세계에서는 이런 것들이 멋져 보인다. 무엇보다 아바타로서의 행동이 쌓이고 쌓여 신용이 된다.

몸과 마음, 환경까지도 가상 세계에서는 새로운 조건으로 재구성할 수 있다. 그 세계에서 그 자체로 새로운 또 하나의 나를 키운다. 셰익스피어 같은 재능 없이도 이런 일이 가능해진 것은 역시 테크놀로지의 힘이 컸다. 가상 세계에서 타인과 교류하면서 아바타가 성장한다. 그리고 그 모습을 감탄하며 지켜봐주는 사람들이 있다. 나는 그 문명적 실험을 지켜보고 싶었다.

세컨드라이프는 이 세계의 개척자이지만, 실험치고는 규모가 작다. 비슷한 시기에 시작된 페이스북이 비즈니스로서 큰 성공을 거둔 것과 비교하자면, 규모가 커지지 못했다. 페이스북은 어디까지나 현실 세계와 관련된 네트워킹 수단이고, 시간을 절약하면서 사람들과 연결할 수 있는 수단이다. 그에 비해 세컨드라이프는 꿈을 대체하는 수단이며, 동시에 아바타가 되어 로그인하지 않는 한 소통이 불가능하기 때문에 시간이 오래 걸린다. 가상 세계에 푹 빠질 만한 여유가 없는 바쁜 사람들에게는 간단하게 사람들과 교류가 가능한 SNS가 효율적이고 쓰기 편할 것이다. 하지만 인간이 자기를 대체할 몸과 마음, 가상의 환경을 만들고 그 속에서 교류하는 이 가상공간의 실험에 사회학자로서 매료될 수밖에 없는 것도 사실이다.

버추얼 에스노그래피, 모든 일의 시작

가상 연구소 '라 사쿠라'의 탄생

키레미미가 된 나는 우선 흥미로워 보이는 그룹이나 단체를 하나씩 방문했다. 예를 들어, 세속적인 기성 종교로는 충족되지 않는 정신적 가치를 탐구하는 사람들의 모임이 있었다. 기상천외한 모습을 한 다양한 아바타가 일본식 정원枯山水*에 둘러앉아 진지하게 좌선하는 광경에는 놀랄 수밖에 없었다. 바, 댄스클럽, 음악을 즐기는 장소 등에서는 모르는 아바타와 친구가 될 수도 있다. 너무 넓기 때문에 걸어서는 다 돌아보기 어렵지만, 이곳은 가상 세계. 하늘을 날면서 세계를 조감할 수도 있고, 순식간에 텔레포트해서 원하는 곳으로 이동할 수도 있다.

그러던 중에, 내 연구 프로젝트가 미국 국립과학재단NSF의 연구비

---

*   돌과 흙만 사용해 산수 풍경을 재현한 일본 정원 양식.

대상에 선정되었다. '인간 중심 컴퓨터 과학'이라는, 미국의 학계의 진취성이 풍부하게 발휘되는 분야에서였다.

이렇게 다양한 모습의 아바타들과 잡담도 나누고, 때로는 춤추고 날아다니기도 하면서 그들의 상상력으로 만들어진 가상 세계를 즐기게 되었다. 그러면서 인간이 가상의 몸과 마음으로 가상의 환경 속에서 산다는 것의 의미를 생각하기 시작했다. 한때는, 이 연구에 관심이 있는 대학원생 조교가 10명도 넘었다. 젊은 대학원생들에게 디지털 세계는 낯익은 존재다. 또, 세컨드라이프는 주제를 한정해도 흥미진진한 연구 대상 그룹이 수십 개가 존재할 정도의, 상당히 다양한 문화와 사람들이 공존하는 도시이기 때문에 혼자서는 좀처럼 전체를 파악하기 어려웠다.

버추얼 에스노그래피는 새로운 분야다. 방법론이 새로울 뿐 아니라, SNS에서 세컨드라이프, 온라인 게임에 이르기까지 연구 대상도 폭넓다.[6] 그래서 예비 조사 이후, 세컨드라이프를 사용하는 방법이나 팀을 이루어 조사하는 방법을 학생들에게 구체적으로 알려주고, 다양한 그룹이나 행사에 파견하기로 했다.[#]

대학이 뉴욕에 본거지를 두고 있었기 때문에, 대학원생 중에는 미

[#] 조사 대상은 처음에는 정치 그룹, 종교 그룹, 인종 그룹, 환경문제나 성정체성, 철학을 탐구하는 그룹, 댄스클럽이나 바 등 사회학적으로 흥미로운 다양한 분야에서 골랐다. 현실 세계에서도 가상 세계에서도 민족지 조사 경험이 없는 학생들이 처음으로 실습하고 체험하는 것이어서, 처음에 무엇을 관찰하고 어떻게 행동해야 하는가를 지도했고, 분야에 따라 관찰하는 데에 도움될 만한 상세한 키워드를 작성했다. 인터뷰를 할 때에는 연구의 목적을 밝히고 허가를 받도록 지도했다. 이 책에서는 디지털 혹은 가상 세계 자체에 대한 사회학적 연구 결과 보고에 초점을 두지 않았다. 가상 세계를 매개로 자폐증을 가진 사람들의 세계와 정신에 대해 기술하는 것이 이 책의 주요 목적이다.

국인뿐 아니라 우르두어를 쓰는 파키스탄인, 아랍어가 모국어인 팔레스타인인, 일본인, 스페인어를 하는 학생들도 있었다. 세컨드라이프의 주민 중에는 영어를 하는 사람이 많기는 하지만, 다양한 지역의 사람들이 있었기 때문에 나쁘지 않은 조건이었다.#

　그런 분위기를 타고 세컨드라이프 속에 '라 사쿠라La Sakura'라는 이름의 가상 연구소를 만드는 데까지 이르렀다. 연구소 건물은 세컨드라이프 속 장애인 단체 '버추얼 어빌리티Virtual Ability Inc.'로부터 '임차'한 토지에 세웠다. 해변에 접한 조용한 동네로, 이웃에는 청각장애를 가진 아바타 주민이 많이 살았다. 연구소 건물은 가상공간에서 친구가 된 영국인 스톰이 디자인해서 순식간에 '세워'주었다. 그는 세컨드라이프에서 알게 된 미국인 여성과 결혼하기 위해 미국 덴버로 이주했다. 가상이 현실이 된 경우인 것이다.

　스톰은 마치 진짜 건축가처럼 "건축가는 건축주가 만들고 싶어 하는 이미지를 갖고 디자인하니까, 뭐라도 좋으니 이랬으면 좋겠다는 내용을 말해달라"라고 부탁했었다. 일본인인 나는 '벚꽃의 이미지'를 생각해냈고, 다른 한편으로는 다양한 나라에서 온 아바타가 있는 만큼 "무국적인 느낌이면 좋겠다"라고도 부탁했다.

　그 결과 '라 사쿠라'는, 인도풍 베란다에 일본의 그림이 걸려 있는 내 연구실과, 소파와 안락의자를 둥그렇게 배치해서 그룹 워크숍을

\#　몇 년 동안 이 연구팀이 작성한 관찰 보고 및 대화 기록 등은 수천 페이지에 달한다. 다양한 방법론과 주제에 따라 데이터를 추출한 뒤, 중점적으로 수행할 관찰 주제의 방향성을 만들어나갔다. 그중에서도 내가 직접 스스로의 아바타를 사용해 수행한 대화, 그룹 관찰, '라 사쿠라'에서의 그룹 활동이, 방향성을 만들어가는 중요한 축이었다.

'라 사쿠라'에서 토론하는 아바타 친구들.

하기 딱 좋은 큼직한 돔 형태의 홀이 함께 있는, 기묘한 원더랜드가
되었다. 아름답게 조경이 된 정원에는 작은 시냇물이 졸졸 소리를 내
며 흐르고, 벚나무도 많이 심었다. 해변이 보이는 '라 사쿠라'의 큼직
한 테라스는 파티나 전시회장으로 쓸 수 있었다. 스톰은 독특한 디자
인 센스를 발휘해, 아주 멋진 꿈의 공간을 만들어주었다.

키레미미와 스톰, 그리고 또 한 명의 아바타 친구 엘리자, 3명의 이
름으로 초대장을 보냈다. '라 사쿠라'의 개소식 날에는 많은 친구 아
바타들이 모였다. 엘리자는 마음이 다정한 아바타로, 현실 세계에서
는 플로리다에서 자녀 3명을 키우는 엄마였다. 또, 영적 그룹에서 만
난 젠은 디제잉을 맡았다. 젠은 지병의 후유증으로 신체장애가 있지
만, 이곳에서는 왕년의 젊디젊은 히피의 모습이다.

현실 세계에서는 남아공에 사는, 여성 아바타 친구 문의 안무에 따라 모두 함께 춤을 추었다.

나는 "개소식에 와주어서 고맙다"라고 인사말을 했다.

디지털 정보로 세워진 건물과 정원, 시뮬레이션으로 만든 가상 세계. 하지만 그 세계도 저녁이 되면 해가 진다. 석양이 점점 어둠에 잠겨갈 무렵, 춤은 점점 더 흥겨워졌다.

파도가 조용하게 밀려오는 해변이 보이는 '라 사쿠라'의 정원에는 마치 반딧불처럼 자그마한 꽃들이 반짝이며 피어 있다.

문과 엘리자가 그 꽃밭에서 춤을 추면 치마가 부드럽게 휘날리고, 이따금 수많은 나비들이 함께 날아오른다. 문이 계획한 연출이다. 정말 즐거운 한때였다.

이렇게 나는 버추얼 에스노그래피를 시작했다.

'가상공간의 마더 테레사', 젠틀 헤런과의 만남

장애를 가진 사람들의 가상 세계 활동이 연구의 주제가 된 것에는, '가상공간의 마더 테레사'(아마도 본인은 싫어할 명칭이지만)라고도 불리는 젠틀 헤런과의 만남이 큰 영향을 미쳤다. 그녀와 동료들은, 가상공간에서 활동하는 장애인 단체 '버추얼 어빌리티'를 주재하고 있었다. 내가 가상 연구소 '라 사쿠라'의 건물을 세울 때 '토지'를 빌려준 단체다. 가상공간 속 소꿉장난 같은 것이 아니라, 콜로라도주에 등록된 공익단체로 기부금 면세 대상이기도 하다. 세컨드라이프에는 대충 가늠해도 100개가 넘는 장애인 관련 단체와 사이트가 존재하는데, 그중에서도 가장 활발하게 활동하는 단체다.

젠틀 헤런(본명은 앨리스 그루거, 이하 '젠틀'이라고 칭함)과 처음으로 현실 세계에서 만난 것은 2008년 샌프란시스코에서 열린 콘퍼런스에서였는데, 지금도 어제의 일처럼 생생하게 기억난다. 가상 세계가 개인에게 얼마나 절실하고 소중한 존재인지 인식한 순간이기도 했다.

그녀가 콘퍼런스에서 가상공간 속 장애인 커뮤니티에 대해 발표한다는 사실을 알고, 나도 그 세션에 참가했다. 발표가 끝난 뒤, 청중의 열렬한 반응에 아직 흥분이 가시지 않은 젠틀에게 말을 걸었다.

"가상공간의 그룹 활동에 대해 연구를 하고 있습니다. 이야기를 좀 나눌 수 있을까요?"

나는 좀 긴장하고 있었다. 그녀가 휠체어에 앉아서 방긋 웃어주었기 때문에 조금 안심되었다.

그녀는 "그렇다면 제 호텔 방으로 함께 가시죠"라며 바로 화답해주었다. 50대 후반 정도의, 푸근한 어머니 같은 모습에 밝고 총명하며 리더십이 있는 사람이었다. 하지만 그녀는 난치병인 다발성경화증multiple sclerosis(중추신경계 자기 면역 질환)을 앓고 있어서, 신경 계통에 상당히 심각한 장애가 있었다. 거주지인 덴버를 떠나 비행기 여행을 한 것이 정말로 오랜만이라는 그녀가, 여행과 발표 때문에 피곤하지는 않을지 걱정하면서 휠체어를 밀어 그녀의 호텔 방으로 향했다. 오랫동안 미국과 일본을 왕복하면서 나이가 드신 어머니의 원거리 간호를 계속해왔기 때문에 다행히 휠체어를 미는 법은 잘 알고 있었다.

그녀를 호텔 방으로 데려다주고 조금 휴식한 뒤에 이야기를 나눌 생각이었다. 그런데 그럴 겨를도 없이 그녀는 곧바로 책상 위의 노트북 컴퓨터를 열었다. 그리고 동료들과 함께 만든 세컨드라이프 속 공간, 버추얼 어빌리티로 곧바로 로그인했다.

빨간 타이트스커트에 재킷과 하이힐로 무장한 커리어 우먼 스타일의 아바타, 젠틀이 훌쩍 나타났다. 컴퓨터 모니터 속에 잘 정리된 버추얼 어빌리티의 부지와 시설 건물들이 보인다. 젠틀의 아바타가 이곳저곳 걸어 다니면서 안내를 시작했다.

"어때요? 여기가 청각장애인들의 카페예요. 로고는 스타벅스와 비슷하지만 분명히 허가를 받았답니다."

다음으로 안내한 광장, 그곳에는 휠체어가 놓여 있다.

"나는 가상공간에서 휠체어를 쓸 생각이 없지만, 장애가 정체성의 일부인 것은 사실이에요. 또, 현실 세계의 자기 모습과 비슷한 아바타를 원하는 사람도 있기에 휠체어를 여기에 놓아두기로 했죠."

젠틀은 훌쩍 휠체어에 올라타서 "휠체어 댄스도 출 줄 알아요"라며, 그 자리에서 빙글빙글 돌기 시작했다.

"그럼 다음에는, 최근에 만들어진, 장애인 아티스트의 작품을 전시하는 아트 갤러리로 안내할게요"라며 날렵하게 일어난다.

괜찮을까, 나는 잠깐 생각했다.

오늘 아침에 덴버공항을 출발해 샌프란시스코에 도착해서 자원봉사자의 도움을 받으면서 바로 콘퍼런스에서 발표를 했으니, 젠틀에게는 정말 긴 하루였을 것이다. 콘퍼런스의 내일 일정도 남아 있다.

그녀의 건강 상태를 생각하면 피곤하지는 않을까?

"이제 그만 실례하겠습니다. 내일 또 뵙는 것으로……"라며 내가 예의를 차렸을 때에 그녀가 한 답변이 지금도 잊히지 않는다.

"에이코, 이것은 말이죠." 모니터 화면을 가리키면서 젠틀이 말했다. "나의 자랑이에요. 바로 지금 당신에게 보여주고 싶다고요!"

아이들이 게임을 하면서 놀 뿐이라고 치부되는 가상공간이지만, 그곳을 사랑하고 자랑스러워하는 한 명의 인간이 있었다. 이 가상공간과 아바타는 그녀에게는 절실한 현실이었다.

젠틀은 건강과 시간이 허락하는 한, 언제나 그곳에 있다. 그곳에는 뇌경색의 후유증으로 고생하는 사람도 있고, 사고로 휠체어 생활을 하게 된 사람, 전쟁에서 다리를 잃은 전직 병사도 온다. 청각장애인의 마을이 있다면, 우울증을 앓는 사람도, 자폐 스펙트럼인 사람도 찾아온다. 새로 오는 아바타에게 손을 내밀고, 조금 짓궂은 젊은이에게는 엄하게 한마디 하는 경우도 있다. 그녀의 버추얼 어빌리티가 주최하는, 건강이나 장애 관련 최신 정보를 전달하는 콘퍼런스가 가상공간에서 열리기도 한다. 때로는 댄스파티도 열리고, 추수감사절 모임도 있다. 젠틀도 때때로 상상의 날개를 펼쳐 세컨드라이프에 있는 일본 온천에 다녀오기도 하고(내가 데리고 갔다), 우주선을 타고 놀기도 한다.

진지한 토론이나 자조 활동도 중요하지만, 인간은 그것만으로 만족할 수 없다. 실제로 다양한 장애나 심각한 질병 때문에 일상생활에서 자유를 누리기 어려운 사람들에게는, 아바타가 되어 훌쩍 날아가

장애인을 위한 댄스클럽 '클럽 억세서블accessible'에서 열린 핼러윈의 댄스파티.

면 되는 곳에 장애와 무관하게 즐길 수 있는 장이 있으니 좋은 것이다. 행정복지센터, 학교, 교회가 있다고 저절로 동네 커뮤니티가 생겨나지 않는다. 오히려 술집이나 카페, 조금 수상쩍은 분위기를 풍기는 놀이터 등 다양한 기능의 장소가 있기 때문에 매력적이다. 일과 가정뿐 아니라, 조금만 노력하면 사람들과 가볍게 교류할 수 있는 제3의 공간이 존재한다는 것은 중요하다. 당시의 세컨드라이프에는 풍부한 다양성을 자랑하는 여러 공간이 존재하고 있었다.

가상공간에 모이는 자폐 스펙트럼 당사자들

나는 이렇게 해서 세컨드라이프에서도, 특히 장애인들의 커뮤니티를 살펴보게 되었다.# 그중에서도 특히 관심이 갔던 것은, 세컨드라이프에서 이상할 정도로 자주 만나게 되는 자폐 스펙트럼 당사자들이었다. 예컨대, 당시 세컨드라이프의 운영 회사 '린든랩'의 스태프 중 자신이 고기능 자폐증의 하나인 아스퍼거 증후군이라는 사실을 공개한 사람이 있었다. 그 사람은 세컨드라이프에 있는 아스퍼거 운동 사이트에서 활동하고 있었다. 또, 1년에 한 번 개최되는 세컨드라이프의 '버닝맨' 축제 등에서도 자폐 스펙트럼이라고 밝히는 아바타를 여럿 만났다.

세컨드라이프에는 실제로 자폐증 관련 단체와 관계 있는 건물이 여러 채 있다. 그중에는 자폐증 박물관 같은 건물도 있다. 2011년 세컨드라이프에서 자폐증과 관계된 '심sim'(가상의 시설, 건물, 토지)이나 그룹, 단체를 조사했을 때에는 전부 41곳이었다. 자폐 스펙트럼 당사자, 자폐증에 관심 있는 사람들(가족 등)이 세컨드라이프에 많다는 것이 분명했다. 이곳저곳 기웃거리다가 만난, 깜짝 놀랄 정도로 흥미로운 아바타들이 자폐 스펙트럼 당사자였다는 사실을 나중에 알게 되기도 했다. 모든 단체가 활발하게 활동 중인 것은 아니어서, 대학의 연구 관련 시설이나 자폐증 가족 단체의 시설 등에는 보통 때에 아바타가 거의 없었다.

세컨드라이프는, 동기화同期化된 SNS이므로 같은 시간대에 로그인

\# 세컨드라이프에 지금까지 존재했던 장애인이나 환자 단체, 장애·건강·질병 관련 정보 사이트의 리스트를 만들어, 그중 당시 활발하게 활동 중이던 20여 개의 장애인 그룹이나 사이트를 방문하고, 활동을 관찰했다.

한 이용자 이외에는 교류할 수 없다. 리얼타임의 SNS인 것이다. 페이스북처럼 동시에 로그인하지 않아도 타임라인에서 정보를 공유하는 서비스와는 다르다. 그렇기 때문에 어떤 이벤트가 있을 때에는 아바타가 모여들어도, 그렇지 않을 때에는 건물이 텅 빈 채로 있는 것이 보통이다.

무엇보다 가상 세계에서 활동하는 자폐 스펙트럼 당사자들이 자폐증과 관계된 건물로 모이리라고 생각하는 것은 오산이다. 자폐 스펙트럼 당사자들도, 모처럼 꿈과도 같은 가상 세계에 온 만큼 자폐증 이외의 토픽이나 오락에 시간을 쓰고 싶어 한다. 나라도 당연히 그럴 것이다. 다만, 아바타의 겉모습으로는 현실 세계에서는 자폐증이라는 것을 알 수 없기 때문에, 세컨드라이프 속 바나 댄스클럽에서 만난 아바타들이 실제로는 자폐 스펙트럼 당사자였다는 사실은 어느 정도 교류가 깊어진 뒤에야 알 수 있다. 실제로 자폐증에 관한 이야기를 나눌 수 있게 되는 경우도 있었지만, 나로서는 어떻게 하면 더 많은 자폐 스펙트럼 당사자들을 만날 수 있을지 궁리가 필요했다.

직감적으로는 세컨드라이프는 자폐 스펙트럼 당사자들이 좋아하는 공간이라는 인상이 예전부터 있었지만, 처음에는 그 이유를 잘 몰랐다. 하지만 젠틀 등이 주최하는 다양한 장애인 모임이나 장애인들의 '댄스클럽' 등에 1년 정도 출입하자 조금씩 정보가 모였다. 그즈음에는 세컨드라이프에서 성격이나 목적이 다른 그룹 수십 개 이상에 드나들고 있었다. 복수의 그룹에서 활동하는 아바타들을 비교하면서 가상 세계의 '정보통'으로서의 감각도 생겼다. 내 아바타도 점차 신뢰를 얻기 시작했다.

그러던 중 한 '심'에 대한 이야기를 들었다. 지금은 세상을 떠난 아바타 'S'가 남기고 간 '심'이라는데, 그녀는 젠틀이나 버추얼 어빌리티 사람들에게는 유명한 인물이었다. 뇌경색 후유증을 앓고 있던 그녀는 세컨드라이프에서 '플라자'라는 이름의 '심'을 오랫동안 운영했는데, 그곳에 다양한 장애나 질병 후유증에 시달리는 사람들이 모이곤 했다는 것이다. 뇌경색으로 그녀가 세상을 뜨자 슬픔에 잠긴 아바타들이 아바타 'S'의 죽음을 추모하는 장례식을 했고, 나도 그 의식에 참가했다. 그 정도로 그녀는 사랑받고 있었다. 젠틀에게도 그녀는 동지였다. 다행히 그 '심'은 자폐 스펙트럼 손자가 있는 한 아바타가 이어받아, 자폐 스펙트럼 당사자들의 자조 그룹 활동이 그곳에서 계속되고 있다고 들었다.

곧바로 연구실 대학원생과 함께 그곳을 방문하기로 했다. 오두막 풍의 단출한 건물이었다. 빙 둘러진 쿠션에 앉아서 10명 정도의 아바타들이 때때로 떠오르는 소재에 대해 말한다. 이 그룹은 자폐증 당사자를 위한 회원제 그룹이지만, 자폐 스펙트럼 손자를 둔, '심'의 계승자도 창립 이래 회원 자격으로 참가하는 등 개방적인 문화였다. 회원이 되고 싶다는 우리의 요청은 다행히 바로 승인되었다. 우리 연구에 흥미를 가져주어서 환영도 받았다.

우리는 회원들의 자연스러운 대화에는 가능한 한 개입하지 않으며, 최소한의 필요한 발언만 하는 방식으로, 주 1회, 평균 2시간 정도의 페이스로 그곳에서 활동했다. 등록된 회원은 100명 이상이고, 그

중 우리가 단골이라고 인정할 만한, 지속적으로 방문하는 아바타는 30명 정도였다. 그중에서도 12~14명이 매달 몇 번이고 그곳을 방문했다. 나는 다른 그룹도 관찰하고 있었기 때문에, 연구팀의 다른 멤버에게 가능하다면 매주 가보도록 부탁했다. 내가 참가할 수 없을 때에는 채팅 데이터를 분석했다. 우리는 4년 넘게 이 그룹에 참여하며 100회 이상 모임을 관찰했다.[#]

이 자조 그룹은 흔히 보는 자폐 스펙트럼 자녀를 둔 부모의 단체가 아니라, 기본적으로는 당사자들의 모임이었다. 자폐 스펙트럼이라고 진단된 사람들이 많이 모여들지만, 개중에는 진단받지 않은 사람도 있다. 예를 들어, 어렸을 때에 학교 성적이 좋으면 조금 독특해도 문제가 없다고 생각하기 때문에 발달장애라는 진단을 받지 않는 경우가 자주 있다. 하지만 그렇다고 해서 자폐 스펙트럼이 아닌 것은 아니다.

우선 자폐증의 진단 기준 자체가 빠르게 바뀌고 있다(이에 대해서는 다음 장에서 소개한다). 또, 어른이 되면 지능이 높은 자폐 스펙트럼 당사자들은 어떻게든 노력해서 사회에 적응하기 때문에, 의사도 진단

[#] 개별적으로 아바타에게 이야기를 듣는 경우에는, 우선 우리의 연구에 대해 설명하고 메시지를 교환하는 세컨드라이프의 기능을 사용해서 승인을 얻었다. 아바타의 이름은 본명이 아니지만, 이 책에서는 아바타 이름 역시 가명으로 쓰는 것을 원칙으로 했다. 다만, 장애인 단체의 리더인 젠틀 헤런과 같이, 이미 가상 사회와 현실 사회 양쪽에서 잘 알려진 사람에 대해서는 아바타의 본명(약간 이상한 말 같지만)을 사용한다. 또한, 아바타 중에는 앞에서 말한 '월'처럼 아바타 이름을 그대로 사용해달라고 요청한 사람도 있었다. 그럴 경우에는 본인의 희망에 따랐다. 이 자조 그룹은 당사자끼리 조용히 이야기를 나누는 것을 중요하게 생각해서 별도로 웹사이트 등을 만들지 않았다. 따라서 단체 이름은 명기하지 않고, 자조 그룹과 관련해서 등장하는 아바타는 모두 가명으로 소개했다.

하기가 상당히 까다로운 경우가 있다.

거꾸로 아바타의 세계에서는 자폐증인 양 행동하는 것이 가능할지도 모른다. 하지만 두세 번 자조 그룹에 참가하는 정도라면 몰라도, 이 그룹처럼 오랫동안 지속하다 보면 오랫동안 '그런 척'하는 것은 매우 어려운 일이다. 몇 년 동안 그들과의 대화에 함께하다 보니, 자폐 스펙트럼 당사자로서 겪은 풍부한 경험과 사회적 곤란함에 대해 그들의 일관된 목소리가 또렷하게 들려왔다.

성인 자폐 스펙트럼 당사자는 세계를 어떻게 인식할까?

이렇게 버추얼 에스노그래피를 시작하면서 가상 세계에서 이루어진 자폐 스펙트럼 당사자들과의 대화 속에 실은 매우 귀중한 정보가 있음을 알게 되었다. '성인' 자폐 스펙트럼 당사자가 세계를 어떻게 인식하는가에 대한 정보는 아직 부족하다. 일반적으로 자폐증은 어린이의 발달장애라고 생각하는 사람도 많은 듯하다. 하지만 당연하게도 어린이는 언젠가는 성인이 된다. 인간의 일생을 생각한다면 어린이 시절이 짧고, 성인의 시간이 훨씬 긴 것이다.

내가 가상공간에서 조우한 자폐 스펙트럼 당사자들은 모두 성인이었다. 세컨드라이프에는 18세 이상이 아니면 회원이 될 수 없다는 연령 제한이 있기 때문이었다. 세컨드라이프 이용자의 평균 연령은 보통 게임보다는 높은 편이라고 한다. 여성도 상당히 많다. 옷을 갈아입히는 인형 놀이처럼 아바타로 다양한 패션을 시도할 수 있고, 가상의 집을 꾸미거나 친구와 댄스클럽에서 춤을 추는 등 일반적인 전투 게임과는 분위기가 다르기 때문일 것이다. 내가 가상공간에서 만난 자폐 스펙트럼 당사자들은 20대 후반에서 30대가 많은 편이었고 50대도 있었다.

한편, 심리학이나 정신의학 분야에서의 자폐증 연구는 아직 어린이들 사례가 중심이다. 이는 원래 자폐증이 유아의 발달장애로서 알려진 역사와도 관계가 있다. 자폐 스펙트럼 어린이를 조기에 발견하고 성장 과정에서 적절한 치료와 교육을 함으로써 사회 적응을 도울 수 있기 때문에, 조기 진단에 특히 힘을 기울여왔다. 하지만 자폐증은, 성인이 되어 일정 방향으로 뇌가 발달된 후에 '고칠 수 있는' 성질의 증상이 아니다. 뇌의 신경회로에 '개성'이 있기 때문이다. 다만, 본인의 노력으로 자신의 지각과 자폐증적 개성을 사회에 적응하는 방향으로 길들이는 경우도 많다.

어렸을 때에 자폐증 진단을 받지 않은 성인도 많다. 예전에는 부모가 자폐증에 대한 지식이 적을 뿐 아니라, 자폐증이라는 개념도 폭이 좁았다. 게다가 지능이나 언어 습득에 문제가 없는, 소위 '고기능' 자폐 스펙트럼의 경우에는, 성인이 되면서 그 나름대로 사회에 적응한다. 이 때문에 자신이 자폐증적이라고 느껴도, 성인이 된 뒤에는 정확하게 진단하기가 무척 어렵다. 성인의 자폐 스펙트럼에 대해서, 임상 가이드는 있어도 기초 연구 자체가 아직 적은 것은 이런 상황과 관계 있다.

물론 최근에는 자폐 스펙트럼 당사자의 자서전이나 수기 등이 세계적으로 많이 출판되고 있다. 나중에 소개하겠지만, 이 분야의 개척자인 템플 그랜딘Temple Grandin의 여러 저작이나, 내면의 갈등을 소설처럼 씨 내려간 노나 윌리엄스Donna Williams 등 자폐 스펙트럼 당사자의 자서전이 전 세계에 번역되어 큰 반향을 일으켰다. 스웨덴에서 태어나고 자란 구닐라 옐란드Gunilla Gerland의 자서전도 유명하다. 최근에는 영국의 천재적인 아스퍼거로, 숫자가 색이나 형태로 보이는 공감각을 가진 대니얼 태밋Daniel Tammet의 자서전이 화제가 되어, 24개국에서 번역되었다.[7] 최근에는 자폐증 당사자 운동을 소개하는 블로그도 당사자들에게 많은 영향을 미치고 있다.

일본에서도 2000년대 후반부터 이런 흐름이 나타났다. 일반적인 발화가 어려운 중증 자폐증이면서도 독자적인 감각과 감정을 솔직한 언어로 표현하여 중학생 때부터 책을 낸 히가시다 나오키東田直樹, 자폐증적인 신체감각과 내면과의 관계, 외부 환경과의 관계를 깊게 성찰하고 철학적으로 분석한 아야야 사츠키綾屋紗月 등이 있었다. 일찌감치 해외의 자폐증 당사자 자서전을 번역하고 소개해온 니키 린코ニキ・リンコ도 스스로의 자폐증적인 경험을 유머러스하게 써 내려갔다.[8]

자폐 스펙트럼 당사자들이 일인칭으로 이야기하는 경험과 성찰, 그리고 당사자 운동의 주장 등은 매우 중요한 정보다. 하지만 자폐 스펙트럼 당사자가 실제로 세계를 어떻게 느끼고 보는가 하는 점, 즉 '당사자의 주관적 기술'과 뇌과학 분야의 연구 성과를 대조하면, 전문적인 뇌신경과학 분야의 논문에서도 당사자 두세 명의 저작이 반복적으로 인용되는 경우가 허다하다.

자폐 스펙트럼 당사자의 감각이나 행동에 대한 정보가 턱없이 모자란다. 자각 증상이 없지만 생명에 지장을 줄 정도의 질병인 경우, 치료 행위를 개입해야만 한다. 장애의 경우에는 본인이 사회생활을 하는 데에 어려움을 느끼고 문제라고 느끼는 자각이 출발점이다. 통상적으로는 본인이 불편이나 부자유를 느끼거나, 혹은 개입을 원할 때에, 간호나 치료 행위가 개입할 필요가 제기된다. 그런데 자폐증의 경우에는 지금까지 어린이 자폐증이 주요 이슈로 다루어졌다는 경위도 있어서, 본인이 크게 곤란하다고 느끼지 않아도 개입이 이루어져 왔다. 어떻게 보자면, 당사자가 진짜로 곤란하게 느끼는 것이 무엇인지 진지하게 검토해왔다고 하기 어려운 것이다.

자폐증은 언어로 표현하지 않고 내면에 숨어버린 듯 보이는 어린이의 증상으로서 1940년대에 처음으로 주목받았다. 어린이의 증상이었기 때문에, 부모나 의사의 외부 관찰에 따라 발달장애나 문제 행동을 특정하고, 진단에 따라서 '치료와 교육'을 하는 것은 어쩔 수 없는 결과였을 것이다. 유아 자폐 스펙트럼의 경우, 조기에 발견해서 적절하게 개입하면 언어나 사회성 발달에 긍정적 영향을 미친다. 이런 이유에서라도 어린이의 행동이나 발달 상황을 관찰해서 조기에 진단하는 수밖에 없다. 자폐 스펙트럼 어린이는 자기 기분을 잘 표현할 수 없기 때문에, 아무래도 외부에서 보는 행동 패턴이나 언어의 발달 정도, 신체 행동의 특징을 특정하는 진단법이 활용된다.

자폐증은 뇌의 발달 패턴이 비정형적이기 때문에 생긴다고 받아들여지지만, 정확하게 이를 계측하고 진단할 기술은 개발되지 않았다.

자폐증 자조 그룹의 이미지. 일러스트는 저자.

자폐증 증상은 사람에 따라 크게 다르다. 외부적인 행동 관찰에만 의존해서는, 특정 기준에 맞는 행동 패턴에 따른 판단만이 가능할 뿐, 개인의 특성을 파악하기 어렵다. 유아의 경우에는 어쩔 수 없다고 하더라도, 지금은 스스로 자폐증이라고 지각하는 성인도 많다. 그들이 자기의 증상을 어떻게 느끼는지, 무엇에 대해 곤란함을 느끼는지 등을 중요하게 고려할 필요가 있지 않을까? 더 나아가 성인 자폐 스펙트럼 당사자들의 자연스러운 의사소통에 대한 정보는 정말로 적다. 자폐 스펙트럼 당사자들이 의사소통에 문제가 있고, 타인과의 공감을 원치 않는다는 오해 때문이기도 하다.

인간은 인생의 대부분을 성인으로 보낸다. 어린이 자폐 스펙트럼에 대해서는 특수교육이나 다양한 치료법, 교육법이 알려져 있다. 그에 비해, 성인 자폐 스펙트럼 당사자의 삶의 질을 어떻게 높일 것인가, 그들이 능력을 활용해서 직업을 갖고 사회적으로 자립하도록 도울 방법은 무엇인가, 하는 관점에서의 연구나 대책은 아직 미흡한 점이 많다.

자폐증 연구의 새로운 과제

최근 20여 년 동안 자폐증 관련 기초 연구에서 정신의학이나 임상심리학뿐 아니라 뇌신경과학이나 유전자 연구의 중요성이 점점 커져왔다. 특히 뇌를 조사하는 다양한 의료기술이 등장했다는 사실이 중요하다. 단순히 외부에서 행동이나 증상을 관찰하는 것이 아니라, 본격적으로 자폐증을 연구하는 시대가 온 것이다. 여기저기 움직이기 좋아하는 아기의 뇌를 조사할 수 있는 다양한 측정 기계가 개발된 것의 영향도 컸다. 외부 행동의 관찰에만 의존하는 단계에서 한 걸음 나아갔다고 할 수 있다.

어떻게 보자면 지금이야말로 성인 자폐 스펙트럼 당사자들이 주관적으로 느끼는 것, 곤란함 등을 파악하기 위한 연구를 추진할 때다. 성인 자폐 스펙트럼 당사자 중에는 자신의 곤란함을 해소하려면 무엇이 필요한지 인식할 능력이 충분한 사람도 많다. 현재, 일본에서 주목받는 소위 당사자 연구(자폐증이나 정신장애를 가진 사람들이 스스로를 관찰하고 연구하는 것)도, 그런 맥락에서 상당히 유효하다.

한편, 자폐 스펙트럼 당사자들의 감각이나 세계관, 인간관계에 대한 연구, 그리고 그것을 뇌가 '정형발달'한 '보통 사람'들이 어떻게 인식하는가 등의 연구는 인류학이나 사회학이 더 잘할 수 있는 분야이기도 하다. 질적 연구의 진면목은 대상으로 삼은 사람들이 세계를 주관적으로 어떻게 이해하고 행동하는가, 그 사람들에게 무엇이 중요한가 등을 관찰자의 시점을 더해 재구축하는 데에 있다.

하지만 사회학자가 일반적으로 사용하는 조사 방법을 그대로 자폐증 연구에 쓰기에는 어려움이 있다. 예를 들어 인터뷰, 사람들을 모아 단체로 이야기를 나누는 포커스 그룹이라는 사회학적 조사 방법은 자폐 스펙트럼 당사자들에게는 불필요한 긴장감이나 스트레스를 줄 수 있다. 참여관찰만 하는 민족지 방법론을 활용한다 해도, 의사소통장애를 넘어서서 자폐 스펙트럼 당사자들의 반복적인 행동이나 세계관을 깊이 이해하는 것은 결코 쉽지 않다.

아바타를 매개로 청취 조사를 하거나 자연스러운 행동이나 대화를 관찰하는 버추얼 에스노그래피 방법은, 만능이라고 할 정도는 아니어도 조사 과정에서 자폐 스펙트럼 당사자가 느낄 수 있는 불필요한 스트레스를 상당한 수준까지 낮출 수 있다. 계획했던 것은 아니었지만 가상 세계에서 자폐 스펙트럼 당사자들과 이야기 나누면서, 이러한 장점에 확신을 갖게 되었다.[9]

조사 과정에서, 가상 세계에 모이는 자폐 스펙트럼 당사자 중에는 신체감각이 놀랄 만큼 과민한 사람이 많다는 사실을 알게 되었다. 예를 들어, 아주 작은 기계음 같은 소리에 반응해서 갑자기 말도 할 수 없고 들리지도 않는 상태가 되는 사람도 있다. 내가 아바타로 접한 대부분의 자폐 스펙트럼 당사자는 다양한 지각 이상을 자각하고 있었다.

또, 자폐 스펙트럼 당사자는 앞으로 일어날 일을 유연하게 예측하고 행동하는 것이 서투른 경향이 있다. 예측 자체에 불안을 느끼거나, 예측하기 어려운 질문에 답하는 것에 어려움을 느끼는 사람이 많다. 사회적인 모임이나 누군가와의 첫 만남이 예정되어 있으면, 머릿속에서 그 상황을 반복적으로 예측하다가 일찌감치 녹초가 되는 사람도 있다.

반대로 처음 접하는 환경에 대한 불안이 순식간에 커지면서 기묘한 행동을 하거나 울부짖고 웅얼거리는 사람도 있다. 이 예측 불안도 지각 과민 때문이다. 사람과 접할 때에 어떻게 행동해야 하는지 모른다는 불안감에서 이런 일이 생긴다. 자폐증의 이런 독특한 경향 때문에, 일반적인 사회학적 조사 방법으로는 그들의 솔직한 속마음을 듣기 어렵다.

다행히도 컴퓨터 채팅을 매개로 하여, 더 나아가 아바타라는 필터를 통하면, 그런 불안감이 덜 조장된다. 익숙한 환경인 자기 집에서 로그인하기 때문에, 불안감을 주는 불필요한 잡음도 차단할 수 있다. 갑자기 악수나 허그를 하자며 다가오는 일도 없다. 디지털이라는 필터가 자신과 타인 사이에 불필요한 정보를 줄이고, 거리를 유지하면서 교류할 수 있게 한다. 안전하다는 감각이 있기 때문에, 타인과의 거리를 줄일 수 있는 것이다.

대화를 나누는 자폐 스펙트럼 아바타들—가상공간 속 자조 그룹에서 안전하게 연결되기

가상공간의 자폐증 자조 그룹의 훌륭한 점은 그곳에 바로바로 반응하는 타인이 존재한다는 것이다. 가상공간에서 당사자끼리 나누는 이야기, 가상공간의 길거리에서 무심코 나누는 대화에는 긴장이 없다. 자폐증적인 스스로의 혼란을 내면적으로 탐구하고 이를 독자들에게 설명하는 당사자 자서전과는 전혀 다른 종류의 언설이다. 채팅으로 나누는 이야기는, 자폐 스펙트럼 당사자들이 깊은 성찰에 근거해 주옥 같은 단어로 집필한 자서전과는 질적으로 다르다. 자폐증 당사자 운동의 웹사이트에 올라온 논리적인 주장과도 다르다. 하지만 그곳에는 편하게 마음을 열 수 있는 타인이 항상 존재한다. 그런 마음 편한 대화에, 정신이 번쩍 드는 귀중한 정보가 들어 있는 경우가 있다. 타인과 교제하는 자폐 스펙트럼 당사자들의 면모를 보여주는 귀중한 정보이기도 하다.

그뿐 아니다. 처음에 참가했던 자폐증 자조 그룹의 채팅에서 대화가 자연스럽게 흘러가는 것을 보고 깜짝 놀랐다. 대화는 자폐 스펙트럼 당사자들이 매일 느끼는 불안이나 문제 등에 대한 것이었다. 하지만 캐치볼이 오가듯 이야기가 서로 잘 맞게 오갔다. 일본에서 활동하는 한 의존증 자조 그룹에서 당사자의 마음을 열기 위해 '말하는 둥, 듣는 둥' 하는 대화를 활동 방침으로 삼아 성과를 올렸다는 이야기를 들은 적이 있다.[10] 하지만 이 가상공간의 자폐증 자조 그룹에서는, 오가는 단어에 서로 집중하고 상대방에 공감하면서 문제에 대해 의견을 나누며 제대로 토론하는 경우가 대부분이다. 스스럼없는 사이버 공간의 채팅이기 때문에 종종 화제가 다른 곳으로 튀기도 하지만 이는 일반적인 채팅 룸에서도 자주 있는 일이다. 이 자조 그룹의 대화 패턴에 대한 내 첫 인상은 지극히 '보통'의 대화라는 것이었다.

커뮤니케이션 장애가 자폐증의 핵심이라고 들어왔던 터라 이 사실 자체가 놀라웠다. 실제로 버추얼 에스노그래피를 수행하면서 사이버 공간에서 만나는 자폐 스펙트럼 당사자들은 깜짝 놀랄 만큼 정상적이고 활기차 보였다. 자폐증은 보통 사람과 다르다는 인식이 어떻게 생긴 것인지 스스로 성찰하고 재인식하지 않으면 안 될 정도였다. 그들의 겉모습이나 신체 표현, 반복적인 행동, 눈길을 주거나 말을 하는 버릇, 대화의 타이밍, 특히 몸을 통해 느껴지는 차이의 감각 등이 얼마나 나 자신의 인식을 좌우해왔는지 깨달았다. 가상공간에서 교류하는 자폐 스펙트럼 당사자 사이의 대화를 예상 외로 보통이라고 느낀 데에는, 그들이 아바타의 모습이기 때문에 자폐증적 신체 표현이나 발화 행동의 버릇 등에 관한 정보가 일시적으로 사라졌다는 점이 크게 작용했을 것이다.

그저 대화가 보통이라고 느낄 뿐이 아니었다. 누군가 현실 생활에서 안 좋은 일이 있었다고 하면(예를 들어, 반려동물이 죽었다든가 부모님 건강이 걱정스럽다든가), 아바타들로부터 공감과 다양한 위로의 말이 되돌아왔다. 당연하다고 생각할지 모르지만, 실은 심리학에서는 자폐 스펙트럼 당사자들은 타인의 마음을 타인의 시점에서 생각하

는 것을 어려워한다는 가설이 유력하다. 자폐증의 다양한 증상 중에
서도 이 점이 특히 중심적이라는 것이다. 사이먼 배런코언Simon Baron-
Cohen을 필두로 하는 연구자들은 자폐 스펙트럼 당사자에게는 '마음
이론'이 없다*는 좀 난해한 표현으로 설명한다. 이를 발전시켜 '마음
의 맹인', 말하자면 타인의 관점을 이해하지 못한다고도 표현한다. 심
리학의 실험에서는 확실히 그렇게 보이는 측면이 있고, 자서전이나
당사자들의 증언에서도 상대방의 진짜 의도가 알기 어렵다는 고민이
자주 언급된다. 한 걸음 더 나아가 '마음의 거울이 부서졌다'는 등 강
한 비유를 가설로 내세운 연구자도 있다.

이런 설명들은 어디까지나 가설에 지나지 않지만, 자폐증 당사자
들이 무엇인가를 결여하고 있다는 것을 시사하는 담론이다. 그렇다
면 가상공간에서는 왜, 적지 않은 장면에서, 배려와 공감의 언어가 오
갈 수 있는 것일까? 우리가 중요한 무엇인가를 간과하고 있는 것은
아닐까? 자폐증과 디지털 세계의 결합에는 수수께끼가 많다.

한편, 오랫동안의 관찰 결과에 근거해(이 책을 집필하는 시점에서 이
미 6, 7년 정도의 관찰 기간을 거쳤다), 가상공간의 자폐증 자조 그룹에 대
해 이야기하면 전문가들은 깜짝 놀란다. 자폐증은 사회적 고립을 뜻
한다는 인상이 있기 때문이다. 사실 자폐증은 애초에 자기 자신 속에
갇혀 있다는 의미에서 이름 붙여졌다. 1940년대 미국의 정신과 의사

---

* "심리학에서 "마음이론"이라는 용어는 다른 사람의 정신 상태(생각, 꿈, 믿음)가 자신의 정신 상태와 전혀
다른 독립적 실체임을 알아차리는 것을 말한다. 마음이론이 없는 사람은 다른 사람이 나름의 지각과 관
점을 갖는다는 사실을 이해하지 못한다." 『자폐의 거의 모든 역사: 자폐는 어떻게 질병에서 축복이 되었
나』(존 돈반·캐런 저커 지음, 강병철 옮김, 꿈꿀자유, 2021) 422쪽.

리오 캐너$^{Leo\ Kanner}$ 박사가 조현병*은 아니지만, 언어 발달이 늦고 타인과의 관계에 어려움이 있는 장애 증상을 주장한 논문에서 처음 알려졌다.(101쪽 참조) 당시에 형성된 고전적 자폐증의 이미지는 보통 때에는 감정과 사회성이 부족해서 홀로 웅크리고 있는 어린이였다.

그런데 실제로는 캐너가 주장한 그런 고전적인 이미지에 딱 맞는, 갇혀 있는 타입의 발달장애인은 일부에 지나지 않는다. 프롤로그에 소개한 일본 전국시대의 역사적 전쟁터를 돌아보기 위해 교토에 왔던 대학생 존처럼, 지능이 높고 계획성과 행동력을 갖춘 사람도 있다. 할리우드 영화 〈레인맨〉을 통해 알려진 것처럼, 지적장애는 있지만 특수한 분야에서 천재적인 능력을 발휘하는 서번트 증후군^{savant} ^{syndrome}도 있다. 좋아하는 것이나 잘하는 것에는 엄청난 집중력과 세부적인 고집스러움을 발휘해서, 컴퓨터 관련 분야나 이과 계열의 일에서 훌륭한 성과를 내는 사람도 많다. 인생에서 한쪽으로 치우친 흥미나 고집스러움이 늘 부정적인 것은 아니다. 어떤 분야에서는 큰 힘을 발휘하는 경우도 있다.

아스퍼거 증상을 가진 천재 이야기는 지금은 일본에도 많이 알려져 있다. 하지만 소위 고기능이라고 진단되는 지능이 높은 자폐증이어도, 지각에 이상이 있거나 배고픔 등의 단순한 신체 반응을 잘 지각하지 못하거나, 타인과의 만남이 부담스러운 나머지 피폐해질 때까지 잠만 자는 사람도 많다. '아스퍼거 증상＝천재'라고 할 수는 없는 것

---

* 원서의 표현은 통합실조증統合失調症이다. 과거에는 정신분열증이라는 용어가 쓰였지만 어감이 부정적이라는 이유로 2002년 일본에서는 정식 명칭을 통합실조증으로 바꾸었다.

이다. 이렇게 다양한 증상이 있을 수 있음을 고려해서, 지금은 '자폐 스펙트럼 장애ASD: Autism Spectrum Disorders'라고 부르는 것이 일반적이다.

자폐 스펙트럼 장애의 핵심은 타인과의 의사소통이 어렵다는 점이라고 말한다. 장애 정도가 가장 심각한 자폐 스펙트럼 어린이의 경우, 말을 전혀 하지 않아 언어를 충분히 습득하지 못한 채 성장한다. 또, 지능이 높고 언어도 습득했지만, 한 가지 행동을 고집하거나 흥미의 폭이 좁은 경우, 고도의 커뮤니케이션이나 타인과 섬세한 대화를 나누는 것이 어려운 사람도 많다. 말로 설명할 경우에는 감정을 이해할 수 있어도, 제스처나 얼굴 표정 등 비언어적인 커뮤니케이션 수단을 통해 암시적으로 표출되는 것은 읽지 못하는 자폐 스펙트럼 당사자도 매우 많다.

사회 적응이나 의사소통에 명백히 장애가 있는 자폐증이지만, 컴퓨터를 통해 자신에게 편한 커뮤니케이션 조건을 컨트롤할 수 있게 되면서 타인과 교류가 가능해지는 경우도 많다. 더 나아가 가상 세계에서는 아바타를 사용해서 주변 환경까지 조절하면서 커뮤니케이션을 하기 때문에, 불안이나 지각 이상을 상당한 정도로 컨트롤할 수 있다. 자신을 대신하는 아바타를 통해 교류함으로써 현장감을 느끼면서도 안전하게 타인과 교제할 수 있는 것이다.

스스로를 자폐증적이라고 밝힌 아바타는 이렇게 말한다. "자폐증적인 인간은 말이지, 속마음을 알 수 없는 사람들과 대화한다는 생각만으로도 스트레스를 느껴. 하지만 그렇다고 해서 갑자기 입을 다무는 것은 에티켓에 맞지 않겠지. 그런데 세컨드라이프에서는 대화 중에 잠깐 휴식해도 누구도 이상하게 보지 않아." 타이피스트(아바타를 조종하는 인간)는 화장실에 갔거나, 잠깐 커피를 마시고 있을지도 모른다. 옆에서 울음을 터뜨린 아이를 달래고 있을지도 모른다. 자폐 스펙트럼 당사자가 팔을 휘두르거나 울부짖고 싶다면 그렇게 해도 좋다. 컴퓨터 속 다른 아바타에게는 보이지도 들리지도 않기 때문이다. 게다가 채팅창에서는 생각을 정리해서 답변을 올리기까지 시간이 걸려도 아무도 신경 쓰지 않는다. "컴퓨터 상태가 안 좋은 순간은 누구에게나 있으니까."

이렇게 채팅의 세계에서는 자폐 스펙트럼 당사자가 당사자끼리의 대화에서뿐 아니라 일반적인 타인과 소통할 때에도, 커뮤니케이션에서 '안전'하다는 감각을 상당한 정도로 유지할 수 있다. 단, 얼마 지나지 않아 이 정도의 관점도 불충분하다는 것을 금세 알게 되었다.

"아바타는 모두 자폐증적이다"

새로운 주제에 대한 역사 연구를 시작하면, 처음에는 혼돈스러운 자료의 무더기에 내던져진 듯한 기분이 된다. 그래도 꾹 참고 조사를 계속하다 보면, 별것도 아닌 것에 '아 그렇구나'라고 무릎을 탁 치는 순간이 있다. 영어로 'Aha moment(아하!의 순간)'이라고도 한다. 이치가 맞아 들어가면서 갑자기 시야가 넓어지는 순간이라고 해야 할지도 모른다. 민족지 연구도 그와 비슷해서, 처음에는 안개 속에 갇힌 듯한 느낌이지만 상황을 견디다 보면 '순간'이 찾아오는 것이다.

바로 그런 '순간'이 왔다.

어느 날 자폐증 자조 그룹에서 있었던 일이다. 아바타인 토머스가 새 양복을 입고 나타났다. 자조 그룹의 단골인 그가 입고 온 새로운 상의에 '아바타는 모두 자폐증적이다ALL AVATARS ARE AUTISTIC'라는 문구가 힘찬 서체로 쓰어 있었다.[11]

"맞다, 정말 그렇다." 실마리가 후련하게 풀린 기분이었다.

지금까지 나는 자폐 스펙트럼 당사자들이 왜 가상공간에서 더 자유롭다고 느끼는지에 대해서만 줄곧 생각해왔다. 그러면서 막상 나 스스로의 모습은 좀처럼 보지 못했던 것이다. 토머스의 말대로다. 가상공간인 세컨드라이프에서는 자폐 스펙트럼 당사자가 쓰는 아바타뿐 아니라, 나를 포함해 그곳에서 교류하고 즐기고 춤추는 모든 아바타들이 '자폐증적'이다. 그렇기 때문에 자폐 스펙트럼 당사자들에게도 사회관계의 규칙이 민주적으로 작용하는 것이었다.

현재 세컨드라이프의 기술로는 아바타의 얼굴 표정이 자연스럽게 표현되지 않는다. 웃음, 큰 웃음, 허그, 손 키스, 노여움, 정중한 인사 등 버튼을 누르면 그럴듯한 모양새는 되지만, 정해진 제스처만 가능한 데다 움직임도 어색해서 적절한 타이밍에 풍부하게 표현하는 일은 불가능하다.

자폐 스펙트럼 당사자들은 얼굴 표정이나 제스처로 상대방의 의도나 숨겨진 의미를 읽는 데에 서투르다. 언어로는 충분히 이해해도 신체적으로 감정을 드러내거나, 적절한 타이밍에 표현하는 것이 어려운 자폐 스펙트럼 당사자도 적지 않다. 하지만 가상공간에서는 그런

'아바타는 모두 자폐증적이다'라는 글이 쓰여 있는 셔츠를 입은 아바타 토머스. 일러스트는 루시아 덩 Lucia Deng.

것을 전혀 걱정할 필요가 없다. 누구나 불가능하니까!

지금까지 그 사실을 알아차리지 못했다니. 웃음이 나올 지경이었다.

예를 들어 강연이나 수업을 할 때에, 앉아 있는 청중의 표정은 강단에서 의외로 잘 보인다. 졸린 얼굴을 한 학생, 고개를 끄덕이면서 열심히 듣는 사람, 인간의 얼굴은 솔직하다. 그런 모습들을 보면 목소리를 조금 높이거나 농담을 던진다. 그런데 세컨드라이프에서 강연을 할 때에는, 적어도 내게는, 그 요령이 매우 달랐다. 아바타 키레미미로 가상공간에서 강연을 하고 있자면, 청중 아바타의 표정에는 자연스러운 반응이 없고, 시선도 정해지지 않기 때문에, 제대로 듣고 있는지 알 수 없다.

하지만 비정형발달인인 자폐 스펙트럼 당사자들에게는 이런 상황이 꽤 편할 것이다. 자폐 스펙트럼 당사자는 얼굴 표정에서 감정을 읽는 것이 어렵다고 하지만, 가상공간에서는 발달장애이든 아니든 모두가 불가능하다. 한 자폐 스펙트럼 아바타는, 표정을 읽지 않아도 되고 잡음도 없기 때문에 언어에만 제대로 집중할 수 있다고 말한다. 현재의 가상공간에서는 자폐 스펙트럼 당사자뿐 아니라, 모든 아바타가 언어 이외의 정보가 적은 상태에서 교류하고 있는 것이다.

과도한 정보를 뺄셈하는 세계

게다가 대화를 나누다가 도중에 갑자기 감격해서(친절한 마음에서였다고 해도), 악수를 청하거나 껴안으려 다가오는 사람도 없다. 자폐 스펙트럼 당사자 중에는 촉각에 대한 지각이 보통 사람과 달라서 실제로 허그를 질색하는 경우가 있다. 최신 가상 기술과는 달리 세컨드라이프에서는 촉각을 재현할 수 없다. 앞으로 다가올 미래의 가상현실 기술은 아바타를 통해서 촉각까지 재현할 수 있다고 한다. 만약 그렇게 된다면 자폐 스펙트럼 당사자들의 낙원은 사라지고 말 것이다.

즉, 세컨드라이프라는 가상공간의 기술적 한계가 자폐 스펙트럼 당사자에게는 상당한 장점이다. 정형발달인도 자폐증 등을 가진 비정형발달인도, 가상공간에서는 모두 동일한 입장이기 때문에. 아바타들은 모두(정형발달인도) 자폐증의 커뮤니케이션 규칙에 따라서 대화를 나눈다고 해도 좋을 것이다. 불가능한 것—자기 취향에 딱 맞는 완벽한 몸에 최신 패션을 걸치는 것, 꿈꾸던 건물을 만드는 것, 하늘을 나는 것 등—이 세컨드라이프에서는 가능하다는 사실이 정형발달인에게 멋진 일로 느껴진다. 그곳에서는 이것도 가능하다, 저것도 가능하다, 하는 식으로 생각한다. 보통의 참가자에게는 현실 사회에서는 불가능한 것이 가능해지는 꿈같은 덧셈의 가상 세계, 증강 현실augmented reality이다. 하지만 자폐 스펙트럼 당사자들에게는, 물론 그런 것을 즐길 수도 있지만, 실제로는 과잉 정보를 필터로 걸러낼 수 있다는 점이 가장 고맙다.

세컨드라이프에서는 의도치 않게 오가는 정보의 범위가 좁기 때문에 대화에 집중할 수 있다. 이 뺄셈의 가상 사회에서 모든 아바타는 시선이 한정적이라는 면에서 자폐증적이다. 자폐증 그룹의 아바타들과 대화를 하면서, 이 뺄셈이야말로 자폐 스펙트럼인 사람에게는 더할 나위 없는 조건임을 알게 되었다. 가상공간에서 덧셈만이 매력은 아니다. 뺄셈의 가상 사회에서 나누는 대화에도 그 나름대로의 매력과 집중력이 있다.

말하자면 정보의 덧셈과 뺄셈의 미묘한 밸런스 덕분에, 비정형발달인인 자폐증의 룰과 가까운 형태로 커뮤니케이션이 '민주화'되었다. 이 미묘한 밸런스는 가상 기술의 진화 과정에서 우연히 출현한 산물이다. 그래서 이 가상공간에 자폐증의 식민지가 생긴 것도 우연에 지나지 않는다. 이 밸런스는 언제 사라질지 모르는 것이다. 내가 이 세계를 기록하고 싶다고 생각한 이유 중 하나다.

세컨드라이프에서는 아바타 대다수가 채팅 기능을 이용해 대화한다. 아바타끼리 음성 대화도 가능하지만 컴퓨터 성능 등이 제각각이다 보니 채팅이 더 안정적이다. 또 본인과 다른 성별의 아바타를 사용

과잉 정보가 억제되는 가상 사회에서는 아바타는 모두 시선이 대상에 고정되지 않고 자폐증적이다. 버추얼 어빌리티가 주최한 회의에 출석한 아바타 패널리스트.

하는 사람도 많기 때문에 타이핑하는 채팅을 일반적으로 선호한다. 꿈과 같은 가상 세계에 몰두하기 위해서는 그 편이 더 좋은 것이다. 아주 오래전 일이지만, 실제로 세컨드라이프 운영 회사인 '린든랩'이 음성으로 말하는 보이스 기능을 추가하려 했을 때에 가상 사회에 오랫동안 살았던 일반 주민들은 그들의 귀중한 '문화'가 사라진다며 진지하게 반대 운동을 펼쳤었다.[12] 물론 세컨드라이프 측은 회원을 더 늘리려는 의도에서, 이들의 반대를 무시하고 보이스 기능을 추가했다. 하지만 지금까지도 많은 사람들이 텍스트 채팅으로 대화를 나눈다. 이는 자폐 스펙트럼 당사자들에게는 상당한 복음이다.

자폐 스펙트럼 당사자 중에는 청각으로 잡음이 들어오거나, 갑자기 큰 소리가 들려오는 것이 고통스러운 경우가 상당히 많다. 보통 사람들은 흘려버리는 소리도 큰 잡음으로 느끼기 때문에 실제로 들어야 하는 대상에 집중할 수 없는 경우도 있다. 일반적으로 상당한 비율의 자폐 스펙트럼 당사자가 청각 과민에 시달린다고 한다. 이 때문에 자폐 스펙트럼 아바타들은 채팅을 선호한다. 음성과는 달리, 언어 내용에 집중할 수 있기 때문인데, 그뿐만은 아니다. 음성 커뮤니케이션에서는 언어 이외의 뉘앙스를 이해하지 않으면 안 된다. 음성의 톤이나 크기, 어느 정도 간격을 두고 말을 꺼내는가 등 자폐 스펙트럼 당사자가 좀처럼 파악하기 어려운 애매한 정보를 해석할 필요가 추가된다. 그에 비해 채팅은 적절한 타이밍에 정확하게 자기 기분을 전달할 수 있다. 불필요한 잡무로 뇌를 괴롭힐 필요가 없다.

지각 과민과 정보의 압축

자폐증적인 뇌를 가진 사람들은 어쩔 수 없이 다수파 신경회로를 가진 사람들의 가치관이나 판단 기준 속에서 살아야 한다. 이 때문에, 정형발달인은 상상하기도 어려운 큰 곤란함을 겪는다. 예를 들어 내가 만난 자폐 스펙트럼 아바타 중에는, 채팅에서는 넘치는 어휘력과 명석한 논리력을 자랑하는데도, 보통 사람들의 대화에 끼어들게 마련인 미묘한 뉘앙스나 유동성, 복잡함이 어렵다는 사람이 적지 않았다. 정도의 차이는 있지만 자폐증 진단을 받았는지 여부와는 무관하게, 우리 주변에는 전형적인 신경회로 패턴과 잘 들어맞지 않는 사람이 꽤 있다.

그렇게 생각하면 다수파의 신경회로를 가진 정형발달인은 타인과 대화를 할 때에 (1) 언어를 듣고 의미를 이해하고 (2) 동시에 언어의 뉘앙스, 긴격, 얼굴 표정이나 목소리 톤 등으로 전해지는 비언어 정보의 의미를 정확하게 읽고, 상대방의 기분이나 언어의 표면적 의미에는 잘 드러나지 않는 감정 등을 순간적으로 판단하고 (3) 그에 맞는 적당한 신체 표현과 생각을 정리해서 언어로 표현하고 (4) 목소리를 사용해 자기 기분을 전달하는(자연스럽게 어느 정도 감정을 싣거나, 제스처를 섞는) 작업을 순간적으로, 또 거의 무의식적으로 수행하고 있음을 알 수 있다. 정형발달인이 아무렇지도 않게 수행하는 이 과정은 실은 신경회로적으로 여러 단계의 작업을 동시적으로 수행하는, 대단히 복잡한 프로세스다. 신경회로가 비정형적으로 발달한 사람의 경우, 이 과정에서 정보의 통합, 평행 처리, 동시 발신이 잘 되지 않는 지점이 존재한다.

우리 주변에는 언어뿐 아니라 정보가 넘쳐나서, 수많은 종류의 다양한 정보가 동시적으로 지각을 자극한다. 대화뿐 아니다. 예를 들어, 오후 늦게 혼잡한 마트에 갔다고 하자. 수많은 상품 더미가 특정 규칙에 따라 진열되어 전체적으로 다양한 정보가 고객들을 자극한다. 수많은 사람들이 그 속에서 움직인다. 여러 가지 냄새나 색, 소리 등이 지각을 자극한다. 어린아이가 울음을 터뜨릴지도 모른다. 오늘의 특별할인 상품을 소개하는 높은 목소리가 들릴지도 모른다. 다른 사람에게 부딪히지 않게 쇼핑 카트를 미는 신체 행위도 필요하다. 잡다한 사람들의 무리 속에서 근처에 사는 지인의 얼굴을 발견한다면 가볍게 대화를 나눌 필요도 있다. 맘에 드는 상품이 평소와는 다른 선반에 진열된 경우도 있다. 이런 상황에서 사람은 어떻게 무사히 쇼핑을 해내며, 때로는 그것을 즐기기조차 할까?

뇌로 들어오는 모든 정보가 동일한 가치를 갖는 것은 아니다. 혼잡한 마트 같은 장소에서는, 불필요한 정보는 무의식 영역에서 처리하고 중요한 정보만 의식의 영역에 남기는, '구분과 압축'이 대단히 중요하다. 우리의 청각, 시각, 촉각, 후각, 미각, 압각 등의 지각은 무의식적으로 처리되는 방대한 정보의 취득과 구분을 전제로 성립한다. 지각 과민을 갖고 있는 자폐 스펙트럼 당사자의 경우, 정보 수용 능력이 너무 뛰어나기 때문에 오히려 방대한 정보의 소용돌이 속에서 멜트다운meltdown*과 유사한 신체 반응을 일으키기 쉽다.

자폐증이라고 하면 한결같이 커뮤니케이션의 어려움이라든가, 반복 행동, 유연성의 결여 등 사회성이나 대인관계에 관해 이야기한다. 사실, 진단 기준에서도 그런 측면이 가장 중요한 증상으로 취급되며, 실제로 양육자나 주변 사람들에게 가장 큰 문제이기도 하다. 사회성이나 대인관계의 문제는 본인의 사회적 자립을 생각해도 과제다.

그런데 자폐 스펙트럼 당사자 중에, 청각이나 시각 등의 지각이 정형적인 반응을 보이지 않는 경우가 많다는 사실도 알려져 있다. 내가 가상 세계에서 만난 자폐 스펙트럼 당사자들이 말하는 곤란함은 매우 다양한데, 지각 이상이나 지각 과민, 신체감각 등에 관한 고민이

---

* 저자는 정신적으로 패닉을 일으켜 행동을 하기 어려운 상태에 빠진다는 뜻에서 이 단어를 쓰고 있다.

아주 많았다. 자폐 스펙트럼 당사자의 대인관계나 커뮤니케이션에 대한 고민은, 가족의 지원 정도나 본인 성격, 각각 놓인 사회적 환경이 다르기 때문에, 문제가 나타나는 방식이 상황에 따라 상당히 달랐다. 하지만 지각 이상 때문에 느끼는 곤란함은 대체로 공통이었다. 물론 지각 이상이라고 해도 증상은 다양하다. 외부 세계와 자기 자신을 연결하는 지각의 이상과 과민 때문에 심리적 불안과 공포를 느끼거나, 이를 통증과 피로로 느끼기도 하고, 때로는 신체 발작을 일으키는 사람도 있다. 또, 예측 불가능한 상황에 유연하게 대응할 수 없어 어려움과 불안을 토로하는 경우도 적지 않다.

자폐증 특유의 사회성과 대인관계에 대한 문제와, 당사자에게는 뼈아픈, 다양한 지각과 신체감각 등에 대한 문제는 어떤 관계가 있을까? 이 질문에 답할 능력은 내게 없지만, 심리학이나 의학, 뇌신경과학 등의 연구 성과를 읽어보아도 이 큰 두 측면의 구조적 관련성에 대한 분석은 찾아보기 어렵다. '마음이론'이 대표적으로 주장한 것처럼 대인관계에서 타인의 마음을 읽는 것에 어려움을 느낀다는 자폐증의 특징은 중요한 발견이다. 하지만 그 자체가 지각이나 감각 이상의 원인이라고 생각하기는 어렵다. 다만, 대인관계나 커뮤니케이션의 기초에, 지각 과민이나 신체감각의 경험이 어떤 식으로든 영향을 미칠 가능성은 부정하기 어렵다. 당사자가 말하는 지각 과민이나 신체감각의 경험은 어쩌면 자폐증적 신경회로라는 보다 기초적인 문제 때문일지도 모른다.

일반적으로 같은 것을 보거나 들어도, 타인과 동일하게 느끼고 동일한 의미로 파악하지는 않는다. 동일한 언어의 흐름을 들어도 동일하게 이해하지는 않는다. 동일한 감각을 공유하는 사람들도 타인에게 동일하게 표현하지는 않는다. 자폐 스펙트럼 당사자들의 목소리에 귀를 기울이다 보면, 당연하지만 자주 잊어버리는 이 사실을 문득 깨닫는다. 더불어 사는 삶에 대해 매우 중요한 문제 제기를 하고 있지 않은가?

신경다양성(뉴로다이버시티)의 시대

지금도 북미, 유럽 각국, 일본이나 호주 등 소위 선진국에서 자폐증은 뇌의 발달 과정에서 문제가 생긴 장애라고 이해된다. 최근에는 자폐 스펙트럼인 사람들의 뇌신경 구조에 다양성이 있다는 점이 확인된 뒤, 이를 자폐증적인 사람의 개성, 혹은 일종의 경향으로 존중하자는 목소리가 커지고 있다. 이것이 신경다양성(뉴로다이버시티neurodiversity)이라는 개념의 기본적인 주장이다. 한 나라에 독자적인 문화를 가진 소수자들이 각각의 문화를 있는 그대로 존중하고 인정해달라고 주장하는 것과 비슷하다.

　신경다양성이라는 주장의 근원에는, 생물에게는 종의 다양성이 중요한 것과 마찬가지로 신경회로의 다양성이 인류의 진보를 위해 중요하다는 생각이 있다. 어떤 신경회로의 형태가 문명 발달에 가장 기여하는지는 그 누구도 알 수 없다. 기존의 생각에 간단하게 동조할 수 없는 신경회로를 가진 사람들이, 인류에게 중요한 혁신을 이룩할 수도 있다. 그러므로 신경회로의 형태가 다양한 것이 오히려 다행이라고 생각해야 할지도 모른다. 진단 기준이나 개념의 변화 때문이라고는 해도, 다양한 발달장애를 가진 사람들의 수는 매년 증가하고 있다. 이렇게 비정형으로 발달한 뇌를 가진 모든 사람을, 단순하게 소수파, 장애인이라고 보는 것이 아니라, 뇌가 일하는 방식은 원래 다양하다는 전제에서 출발하는 것이 좋지 않겠느냐는 사고방식이다.

실리콘밸리의 디지털 산업에서 일하는 유능한 사람들 중에는 자폐증적인 사람이 많다고 한다. 컴퓨터 문화의 발전에는 다소 자폐증적인 마음이 가장 적합할지도 모른다. 하지만 이는 의도했던 것은 아니다. 디지털 시대가 도래한 결과, 처음으로 밝혀진 것이다.

버추얼 에스노그래피를 수행하면서 자폐증 아바타와 대화를 나눌 때에도, 자폐증을 신경회로의 하나의 개성으로 보자는 생각이 자연스럽게 자주 튀어나왔다. 아바타들은 정형적으로 발달한 사람들(즉, 대다수의 보통 사람들)을 '뉴로티피컬neurotypical(신경회로의 정형발달인)', 줄여서 'NT'라고 부르는 한편, 자신들을 '뉴로아티피컬neuroatypical(신경회로의 비정형발달인)'이라고 부른다. 아바타들은 무엇인가에 대해 "NT들은 왜 그런 것을 모를까?"라는 어조로 이야기한다. 예를 들어, "NT는 왜 대상에 대해 돌려 말하고, 실제를 분명하게 말하지 않을까? 그들의 그런 식의 게임은 질색이다"라는 식이다. 언어 뒤에 숨은 의미, 표정, 제스처로 드러나는 감정의 미묘한 맥락이 자폐 스펙트럼 당사자들에게는 보이지 않기 때문이다.

실제로, 말을 문자 그대로 해석하거나, 농담이나 야유, 장난 등을 이해하기 어렵다는 사실은 자폐증을 진단하는 문진 과정에서도 확인하는 사항이다. 하지만 스스로 그런 점에 약하다고 자인하는 자폐 스펙트럼 당사자들의 주장은 다르다. 신경회로의 다수파 사람들 역시 자폐 스펙트럼 당사자들의 감지 방식, 대상을 보는 방식을 이해하지 못하니, 서로 피장파장이 아니냐는 것이다(이런 어긋남에 대해서는 제3장에서 더 상세하게 살펴본다). '뉴로티피컬'이라는 말에는 자폐증적이라는 사실 그 자체를 개성이며 정체성으로 받아들여야 한다는 생각이 들어 있다. 그렇다면 이런 생각은 어떻게 생겨났을까?

버추얼 에스노그래피에서 만난 자폐 스펙트럼 당사자들이 신경다양성을 주장하는 배경을 이해하기 위해서는, 자폐증이라는 카테고리가 왜 출현했고 어떻게 변화했는지, 그 역사를 알 필요가 있다. 그들의 발언의 배후에는 자폐증이라는 용어의 역사가 숨어 있다. 역사를 좋아하는 나로서는 현재 자폐 스펙트럼 당사자들의 상태를 아는 것뿐 아니라, 자폐증이라는 카테고리가 어떤 '경로'로 생성되어 변천해왔는지를 알지 않으면 납득하기 어려웠다.

노래 제목을 빌리자면, 역사는 '흘러가는 강줄기'와도 같다.* 생각지도 못했던 역사적 사건이나 우발적인 장애물, 그리고 수많은 복합적인 요인이 흘러가는 강줄기처럼 섞이고 합치면서, 때로는 흐름의 방향을 조정해서 '지금'이 만들어졌다. 사회과학에는 '역사는 **경로 의존적**으로 변화한다'는, 조금은 어려운 표현이 있다. 즉, 다양한 우발

---

* 일본의 '국민 가수', 미소라 히바리의 〈흘러가는 강줄기같이川の流れのように〉라는 노래에서 따온 표현이다.

적인 사건의 영향을 받으면서, 그 흐름 속의 역사 하나하나가 굽이쳐 온 길의 경로가, 역사가 다음 단계로 진전하는 원인에 영향을 준다. 자폐증의 역사에도, 그런 여러 가지 경위가 있었다.

　미국에서는 과거 다양한 소수자가, 그들 나름의 삶에 대한 존엄의 인증을 요구해온 역사가 있다. 과거에 지적장애나 조현병 등의 정신 장애와 혼동되기도 했던 '자폐증'이라는 카테고리가, 어떻게 해서 신 경회로의 개성에 불과하다는 소수자의 주장으로 성장했는가? 다음 장에서는 자폐증이라는 개념의 역사적 변천을 소개하고자 한다.

제2장

자폐증의
사회사

카테고리가
세상을 어떻게
바꾸었는가?

자폐증이라는 카테고리의 발달

자폐증 역사의 중요성

미국에서 처음으로 '자폐증'이라는 개념을 제창한 사람은 존스홉킨스대학 아동 행동 클리닉의 정신과 의사 리오 캐너 박사였다. 그가 발표한 「정서적 접촉의 자폐적 장애」[1]라는 논문을 계기로, 자폐증이라는 카테고리가 의학계에서 인식되기 시작했다. 자폐증autism이란 그리스어의 자기를 뜻하는 단어 'autos'에서 나온 단어로, 마치 자기 내면에 갇힌 듯이 보인다는 점에 착안한 이름이다. 캐너가 자폐증을 제창한 뒤로 80년 가까운 시간이 흘렀다. 그동안 자폐증의 정의도, 추정되는 자폐증 원인도 크게 변화했다.

일반적으로, 라벨이 붙여지는 것, 어떤 카테고리에 속하게 되는 것은, 그 사람의 생활이나 의식을 크게 변화시킨다. 자폐증 같은 라벨은 특히 그렇다. 자폐증이라는 카테고리의 정의가 변하면서 많은 이의 인생에도 긍정적이든 부정적이든 매우 큰 영향을 미쳤다. 자폐증의 정의를 단순하게 자폐증 연구나 의학 발달의 결과로 생각하는 것은, 사안의 중대함의 절반밖에 못 본 것이다. 자폐증과 관련한 사회적·정치적 배경도 중요한데, 그러한 사회사적인 측면은 잘 알려져 있지 않다.

내게는 연구에 관련된 실질적인 사안으로서, 자폐증이라는 개념의 역사를 이해하는 것이 중요했다. 자폐 스펙트럼 아바타들의 발언이나 그들의 인생을 이해하기 위해 꼭 필요한 지식이었기 때문이다.

자폐 스펙트럼 당사자에 대한 연구를 시작했을 때에, 자조 그룹의 회원 중에는 정식으로 자폐증으로 진단받지 않은 사람도 몇 명 섞여 있었다. 회원들이 그 사실을 대수롭지 않게 여긴다는 사실이 마음에 걸렸다. 물론 이 자조 그룹에서 활동하는 고기능 자폐 스펙트럼 당사자는, 노력을 기울여 사회에 적응해왔기 때문에 오히려 진단이 어려운 측면이 있다. 그런데 다른 한편으로는 자폐증 진단과 관련한 역사적 경위도 꽤 영향을 미쳤다는 것도 알게 되었다. 현재 비교적 연령이 높은 사람들이 어렸을 때에는 자폐증의 정의가 지금과는 많이 달랐다. 또, 언제, 어느 나라에서 태어났는지, 어느 지역에서 살았는지 등에 따라, 자폐증적 경향이 있어도 자폐증 진단을 받지 않는 경우가 있었다.

예를 들어, '영국에서 가장 인기 있는 자폐증 당사자'라고 불린 앨런 가드너Alan Gardner가 있다. 그는 머리를 붉게 염색하고 팔에는 문신을 잔뜩 새겨 연예인 같은 풍모인데, 프로 조경사로서 사람들의 존경을 받았다. 2015년 영국에서 방영된 〈자폐증 정원사The Autistic Gardener〉라는 인기 TV 프로그램에서 일약 유명인이 된 인물이다. 정원을 좋아하는 영국인들을 위해 독특한 재능을 구사해, '문제투성이의 정원'을 멋진 정원으로 바꾸어주는 프로그램이었는데, 독특하게도 정원을 가꾸기 위해 그와 함께 움직이는 팀원 5명 모두 자폐 스펙트럼 당사자다. 실은 가드너가 자폐증(아스퍼거)이라고 진단된 것은 2013년, 꽤 최근의 일이었다.[2] 지금 50대인 그가 태어났을 즈음에 아스퍼거 증후군이라는 카테고리가 당연히 존재하지 않았을뿐더러, 어린 시절이나 청년 시절에 그처럼 수다스럽고 언어능력이 발달한 사람이 자폐증 진단을 받는 경우는 드물었을 것이다.

내가 10년 전에 만난, 역사 속 전쟁터를 좋아하던 대학생 존은 어렸을 때에 아스퍼거 증후군이라고 진단받았다. 존이 가드너보다 20살 이상 어리므로 세대 차이도 있고, 다른 한편으로는 자폐증에 대한 사회적 인식이 선진적인 실리콘밸리에서 태어났다는 점이 영향을 미쳤음에 틀림없다.

내가 연구한 세컨드라이프 자폐증 자조 그룹에서 토론 사회자로 활동하는 아바타 애니스는, 실제로는 50세 정도의 여성으로 가드너와 거의 동세대다. 정식으로 자폐증 진단을 받지는 않았지만,《와이어드Wired》의 기사 등을 읽은 뒤, 자신은 틀림없이 아스퍼거 증후군이라고 생각했다고 한다. 그녀는 대학생 때에 심리학을 전공해서 어느 정도 자폐증에 대한 지식은 있었지만, 이제 와서 진단을 받더라도 달라질 것이 없다고 생각하고 있었다. 그녀는 어떻게 '보통 사람'인 듯 연기해야 하는지에 관한 기술을 이미 익혔다. 만약 어린이라면 여러 가지 교육 지원 제도의 도움을 받을 가능성이 있기 때문에, 부모가 자식을 위해 조기 진단을 받게 하는 것이 큰 의미가 있다. 하지만 이미 중년의 나이이고 자기 나름의 적응법이 생긴 만큼, 그 기분도 이해할 수 있다.

하지만 애니스나 가드너처럼 1960년대에 출생한 사람이 만약 유아기에 진단을 받았다면 무엇이 달랐을까? 나중에 자세하게 기술하겠지만, 아스퍼거 증후군이라는 개념이 영어권에 소개된 것은 1981년의 일이다. 그 전에 어린이 시절을 보낸 그들에게는 당시의 자폐증 개념이 들어맞지 않는다. 유아 시절 운운할 것도 없이 가드너는 말이 많은 수다쟁이다. 애니스도 논리적으로 적확한 단어를 구사한다. 만약 어린 시절에 진단을 받았다면, 언어나 지능에 문제가 없지만 동일 행동을 반복하는 등 사회성에 문제가 있으므로 자폐증이 아니라 어린이 정신장애라는 결론이 났을지도 모른다. 혹은, 유아기의 언어 습득이 늦었다면, '늦은 언어 습득=낮은 지능'이라는 판단이 나왔을지도 모른다. 유아기의 언어 습득이 현저하게 늦었지만, 성장하면서 언어능력이 높아진 자폐증 당사자들도 많다.

만약 유아기에 자폐증이라고 진단되었더라도, 어머니의 양육에 문제가 있다고 보는 당시의 편견은 주위 사람들의 태도에 부정적인 영향을 끼쳤을 가능성이 있다. 차가운 가정환경에서 격리하는 것이 좋다는 의견도 있었기 때문이다. 그로 인해 본인도 자신감을 잃었을지도 모른다. 어떤 어린아이도 자존감을 키우는 것이 잠재적 능력을 키우는 기본이다. 아이러니하지만, 가드너가 유아기에 자폐증으로 진단받았다면, 지금처럼 가정을 꾸리고 자신에 걸맞은, 존경받는 커리어를 쌓는 것이 어려웠을지도 모른다.

카테고리의 영향

인간 사회는 '카테고리'의 변화와 함께 진보한다. 표면화된 적 없었던 카테고리가 급속도로 주목을 받게 되는 때, 이전부터 존재했지만 이름이 붙여지면서 모두 그 중요성을 인식하는 때, 누구도 주의를 기울이지 않았던 대상이었는데 이름이 생기고 사회의 쟁점이 되며 논쟁이 벌어지기 시작할 때, 사람들이 지금까지 부정적인 이미지에 물들어 있던 카테고리를 비판하기 시작하거나 오히려 긍정적으로 재평가해야 한다고 주장하기 시작할 때 등이다.

국민국가라는 개념의 등장이 지금의 사회, 인간의 의식에 얼마나 큰 변화를 불러왔는지 생각하면, 카테고리가 정치에 큰 영향을 미친다는 것을 실감한다. 무연하게 계속되는 대지와 바다 위에 선을 긋고, 여기부터 저기까지는 '○○나라'이고, 거기에 사는 사람들은 '○○나라 사람'이라고 정한다. 이렇게 그은 선은 그 안에 사는 사람들의 의식을 변화시킨다. 내셔널리즘의 등장이다. 선을 긋는 것만으로는 공동체 의식이 생기지 않으니, 그때부터는 서로 대립하는 문화적 카테고리가 치열하게 투쟁하기 시작한다. 인종적 소수자 등이 스스로의 정체성의 근거가 되는 국민국가 속에서 존중과 인정을 요구한다. 즉, 국민국가처럼 강력한 개념이 탄생하면, 개념 그 자체가 관심의 초점이 되어 논쟁이나 비판적 사회운동, 폭력적 저항 등을 불러일으킨다. 개념

그 자체가 놀라운 파워를 가진 자석처럼 힘을 얻는다. 카테고리 그 자체가 커뮤니케이션과 네트워킹의 연쇄 작용을 불러일으키는 구심점이 되어, 개운치 않은 대중의 감정을 한곳으로 집중시키기 때문이다. 이를테면, 카테고리 자체가 일종의 '퍼블릭권'을 창출하는 것이다.

정형발달인에게 강한 이질감을 불러일으키는 타자를 가리키는 개념으로서 자폐증이라는 카테고리도 강력한 구심력을 가졌다. 일단 라벨이 붙으면 사람들은 그것에 구속된다.

그렇다고 하더라도, 옳고 그름과는 무관하게, 장애나 질병 등 건강이나 의료 분야에서는 카테고리를 만들어 선을 긋지 않을 수 없다. 의료나 복지가 발달한 현대사회에서는 장애나 질병의 정의에 대한 사회적 합의가 필요 불가결하기 때문이다. 진단을 위해서도, 치료를 위해서도 중요하다. 또한 어느 정도 표준화된 진단 기준이나 치료방법에 대한 합의가 필요하다. 그런 카테고리가 의료보험이나 복지의 적용이라는 실질적인 문제에도 직접적인 영향을 미친다는 것은 말할 필요가 없다. 즉, 사회가 보유한 한정된 공적, 경제적 자원을 어떻게 사람들에게 적정하게 분배할 것인가 하는 문제와 직결된다.

다만, 자폐증 자녀를 둔 부모나 자폐증 당사자 등 다양한 형태로 관련 있는 관계자들에게는 자폐증을 어떻게 이해하는가가 단순하게 의학적, 과학적 문제에 그치지 않는다. 카테고리의 사회적 의미는, 그 라벨과 함께 살아야 하는 당사자들의 의식에도 영향을 미친다. 당사자나 관계자의 존엄과 자존감에도 깊이 관여한다. 그렇기 때문에 장애나 질병의 카테고리를 어떻게 구분하고, 어떤 의미를 부여할까라는 측면은 결국 사회적, 정치적 문제가 되지 않을 수 없다.

미국에서의 자폐증의 역사

이번 장에서 기술하는 자폐증의 '사회사'는, 내가 사는 미국에서의 자폐증 역사를 중심으로 다룬다는 점을 우선 밝히고 싶다. 동일한 영어권으로 자폐증 연구의 선진국 중 한 곳인 영국에 대해서도 언급하겠지만, 포괄적인 의미에서의 자폐증 역사와는 거리가 멀다. 단, 미국에서의 자폐증 역사는, 자폐증이라는 카테고리의 생성과 변천을 보여준다는 점에서 특별한 의미가 있다. 앞서 말했듯이, 애초에 자폐증이라는 카테고리의 발단은 미국의 아동정신과 의사인 캐너의 논문이었다. 개념의 시발점이 미국이었던 것이다. 그뿐 아니다. 자폐증이라는 카테고리가 발전하는 데에 미국의 시민사회, 특히 핵심적인 한 시민단체가 깊이 관여했다. 자폐증의 정치사회사는 미국 사회 심층부의 역동성을 보여주는 거울이기도 하다.

미국에서 자폐증이라는 카테고리가 발전한 배경에는, 자폐증 자녀를 둔 부모가 참여한 사회단체가, 일본에서는 상상할 수 없을 정도로 큰 힘을 발휘했다. 또, 미국에는 흑인에 대한 인종차별과 관련한 시민권 운동, 페미니즘, 게이·레즈비언의 권리 확대 운동 등, 기존 카테고리에 이의를 제기하고, 스스로에 대한 존엄과 인정을 요구하는 일련의 흐름이 있었다. 자폐증 관련 시민단체는 이런 운동의 후발 주자로 성장했다. 지금까지도 이런 자폐증 관련 시민단체가, 단순히 자폐증에 대한 이해와 복지의 향상, 부모들에 대한 지원을 요구하는 정도에 그치지 않고, 풍부한 자금을 모아서 연구자들에게 연구 자금을 제공하는 등 최첨단 연구의 방향성을 좌우할 성도의 영향력을 행사한다. 그야말로 미국 시민사회의 힘이다. 즉, 위에서부터 내려온 정책이나 시책 때문에 자폐증의 정의나 생각이 바뀐 것이 아니라, 다양한 시민단체의 힘이 사람들 의식을 바꾸고, 법률과 정책뿐 아니라 연구의 방향성에도 영향을 미친 것이다.

자폐증 연구에서 또 하나의 선진국인 영국에서는 미국과는 달리 전후 복지국가의 역사와 자폐증 정의의 역사가 밀접하게 연관되어왔다. 전후 영국에서는 베버리지 플랜에 근거해 소위 '요람에서 무덤까지' 책임지는 체계적인 사회보장제도가 실시되어, 복지국가 제도로는 세계 최첨단이라고 일컬어졌다. 지금도 영국의 의료 시스템은 국민보건서비스NHS가 일원적으로 제공되므로, 필연적으로 자폐증도 의료와 교육의 양 측면에서 이 복지제도와 관련 있다. 사실 자폐증이라는 카테고리의 정의는 이 복지제도의 역동성과 밀접하게 연관되어 있다. 영국병이라고 일컬어지던 경제적 정체를 겪고 1970년대가 끝날 무렵에 등장한 대처 정권하의 영국은, 1980년대에 경제는 물론 교육, 보건 의료 분야까지 시장 원리를 도입한 것으로 잘 알려져 있다. 이는, 당시에 벽에 부딪혔던 복지제도에 대한 안티테제였다. 그렇다고는 해도 영국에서는 미국이나 일본보다 훨씬 빨리 선구적으로, 복지나 의료 분야에 국가의 개입이 진행되었고, 그 위에 추진된 '개혁'이었다는 점을 유의해야 한다.

따라서 영국에서 자폐증이라는 카테고리의 중요성은, 복지국가의 틀의 하나인 의료·보건·복지 제도에서 자폐증을 어떻게 정의할 것인가라는 문제와 밀접하게 연관되어 있다. 말하자면, 연구자가 내리는 자폐증의 정의에 따라, 나라의 의료·보건·복지 제도의 혜택을 받는 사람이 정해진다. 사람들의 일상생활에 직접적인 영향을 주는 것이다. 대처 정권이 들어서기 전, 1970년대 전반부터 자폐증 연구에 열중해, 나중에 '자폐 스펙트럼ASD'이라는 카테고리를 제창한 로나 윙Lorna Wing 같은 영국의 연구자들은, 사회복지의 '후진국'인 미국 등과는 달리, 그들의 연구가 공적인 책임을 진다는 점을 잘 자각하고 있었다. 연구자들의 선 긋기 결과에 따라, 당사자에 대한 교육 지원이나 일상생활의 질이 직접적이고 결정적으로 변한다는 무거운 책임이 있다.

일본의 경우, 정부가 갑작스럽게 교육정책을 주도하는 방식이어서, 자폐증 연구 선진국인 미국이나 영국 등에서 나온 그때그때의 새로운 자폐증 개념이 위에서부터 전달되고 법률에 반영되었다. 물론 이런 조치를 뒷받침하는 자폐증에 대한 의학적 연구 성과가 있었고, 일본의 전문가들의 검토도 거친 결과였다. 하지만 보통 사람들에게는 갑작스럽게 소개된, 자폐증이라는 개념의 전개 과정이 잘 드러나지 않는다. 미국이나 영국 등에서 자폐증이라는 카테고리가 어떻게 발전되어왔는지를 보면, 자폐증이라는 개념의 발달이 단순히 연구의 진전이나 성과에 좌우되는 것이 아니라, 정치적·사회적 요인이 개념의 발달에 큰 영향을 미친 경로를 뚜렷하게 볼 수 있다.

자폐증의 등장

'자폐증'의 등장과 냉장고 엄마

자폐증이라는 용어는 캐너 박사의 논문(1943) 이전에도 사용되었다. 예컨대, 캐너는 스위스의 정신분석가 오이겐 블로일러Eugen Bleuler가 조현병 증상을 설명할 때에 사용했던 용례에서 자폐증이라는 용어를 차용한 듯하다. 보통은 청년기 이후에 조현병이 발현하는데, 어린이 에게서 유사한 증상이 나타나는 것을 보고, 당시의 정신과 의사는 자 폐증을 어린이 조현병의 일종으로 의심했다. 하지만 캐너는 '자폐증' 이라는 새로운 카테고리를 주장하면서 조현병과의 차이를 강조했다. 지금은 둘의 관련성이 부정되고 있다. 하지만 당시에는 자폐증과, 다 른 정신장애 혹은 지적장애와의 구별이 명확하지 않았다. 이 때문에 캐너는 당시 정신의학계의 상식과 싸워야만 했다.

　캐너는 논문에서 어린이 11명의 증상을 상세하게 묘사했지만, 자 폐증의 원인에 대해서는 대체로 언급하지 않았다. 하지만 '자폐증'이라는 용어는 전문가들 사이에서 점차로 유명해졌다. 자폐증 어린이가 자기의 내면에 갇혀 있거나 정해진 루틴에 집착하는 듯 보이는 경향('상동 행동'이라고 부른다)에 근거해서, 이들은 정서나 감정이 발달하지 않았다고 간주했다. 그런 생각에서 애정이 결핍된 육아방법 때문에 자폐증이 생긴다고 간주하는 '냉장고 엄마' 이론이 생겼다. 프로이트류의 정신분석의 영향력이 큰 시대이기도 했다. 자폐증 어린이는 육아방법에 문제가 있어 애착 형성이 부족했다고 보는 것은 당시 정신과 의사들에게 자연스러운 추론이었다.

캐너는 처음에는 그런 생각에 찬성하지 않았고, 유전적 요인이 영향을 미쳤을 가능성을 생각했던 것으로 보인다. 그런데 제2차 세계대전 직후라는 시대 배경상, 유전적인 자질이 정신장애의 원인이라는 생각에 저항이 심했다. 나치 독일이 우생학적인 견지에서 유전적으로 열등하다고 판단한 사람을 배척, 말소, '정화'했던 악몽의 기억이 너무도 선명했다. 정신질환자나 지적장애인 역시 그 정화의 대상이었다. 나치의 만행을 지지했던 것은 독일 정신의학사의 가장 어두운 측면이라고 한다. 많이 알려지지는 않았지만, 실은 미국에서도 전쟁 전에는 우생학적인 견지에서 정신질환자나 장애인의 인권을 제한해야 한다는 주장이 꽤 설득력을 얻고 있었으므로 이는 독일만의 문제는 아니었다.[3] 나치의 악마적 소행에 대한 기억이 생생하던 1950년대 미국에서, 정신장애가 있는 사람들의 유전에 대해 연구하는 것은 의사와 연구자로서 양심에 문제가 있다는 사고방식이 있었다.

이렇게 1950년대부터 1960년대에 걸쳐, 부모 마음의 문제, 자녀와 부모의 관계 등이 어린이의 마음의 발달에 반영되어서 자폐증 증상이 된다는 견해가, 자폐증의 치료 및 양육 지도의 주류가 되었다. 특히 시카고대학을 거점으로 삼았던 정신분석가이자 베스트셀러 작가인 브루노 베텔하임Bruno Bettelheim은 부모와 자녀의 애착 관계가 형성되지 않은 것이 자폐증의 원인이라고 주장하면서 큰 영향력을 갖게 되었다. 베텔하임은 애정이 결핍된 가정에서 어린이를 분리하는 치료방법을 옹호하고 특히 엄마를 문제시했다. 엄마가 충분한 애정을 갖고 양육하지 않았기 때문에 유아기에 애착이 발달하지 않아 결과적으로 정서가 결여된 어린이가 되었다는 주장이었다.

세계대전 이후 피폐했던 유럽과 비교하자면, 전쟁 이후의 미국은 풍요로운 승자의 시대가 계속되고 있었지만, 동시에 보수적인 가족관과 젠더 분업에 대해서는 누구도 의문을 제기하지 않던 시절이었다. 1948년 《타임》이 〈얼어붙은 어린이들〉이라는 특집 기사를 게재했다. 기사에서 캐너 박사는 자폐증 어린이는 냉장고 속에 넣어져 마음이 얼어붙은 존재이며, 그 원인은 감정을 억압하는 부모에게 있다고 주장했다.[4] 처음에는 캐너도 태어날 때부터 이미 자폐증으로 보이는 사례가 있다고 인정하는 등 부모의 양육방법이 문제라는 관점에 전면적으로 찬동하는 듯 보이지는 않았다. 그런데 자폐증이라는 낯선 개념을 정신과 의사들에게 인정받기 위해서인지 점차 다른 정신과 의사들의 의견에 보조를 맞추어갔다.[5]

'냉장고 엄마' 이론은 자폐증 자녀를 둔 부모에게 이중 고뇌를 안겼다. 자녀의 발달장애만으로도 고민스러웠는데, 자녀가 이유를 알 수 없는 행동을 하는 원인이 자기 자신에 있을지도 모른다는 뜻이었기 때문이다. 자식을 도와줄 전문가에게 상담을 해도 엄마의 행동에 문제가 있을지도 모른다는 조언을 들었다. 아이를 의무적·기계적으로 대하지 말고 애정을 갖고 꼭 안아주라는 등의 조언을 받아들여, 사랑하는 마음으로 안아주려 하면 아이는 더욱 스트레스를 받아 문제 행동을 일으키는 경우도 있었다. 타인과 접촉하는 감각이 고통스러운 자폐증 어린이는 상당히 많다. 또, 심리상담사들은 어린이 당사자보다도, 엄마의 행동이나 부부의 대화 등에 더 주목하고자 했다. 양육 방법 때문에 애착이 형성되지 않은 것이 자폐증 원인이라고 생각했던 당시의 의학적 상식으로는 당연할지도 모르지만, 이런 심리상담사들의 태도도 부모들을 고립시켰다.

하지만 탄생 직후부터 아기의 몸이 경직되어, 엄마 품에 안기기 어려울 정도로 엄마에게 몸을 맡기지 못한다든가, 우유 먹이는 일이 고생스럽다든가, 시선이 고정되지 않는 등 자폐증 증상이 매우 이른 시기부터 관찰되는 아이들도 있었다. 양육방법이나 애착 형성과는 무관하게 보이는 경우가 있었던 것이다. 그리고 가장 먼저 그 사실을 알아차린 것은 역시 엄마들이었다.

냉장고 엄마 이론에 대한 의문

이와 같은 상황을 바꾸는 데에 큰 힘을 발휘한 것은, 부모들의 연대와 그들의 에너지였다. 처음에 상황의 돌파구가 된 것은, 심리학 박사 학위를 갖고 있으며, 자폐증 자녀를 두었던 버나드 림랜드Bernard Rimland 박사였다. 가난한 유대인 이민자의 자식으로 태어난 림랜드는 심리학을 전공했고, 해군의 연구 시설에서 근무했었다. 그즈음 태어난 아들 마크는 전혀 말을 하지 않았고, 부모의 품에 안겨도 몸이 경직된 채, 보통 아이처럼 부드럽게 엄마에게 몸을 맡기지 않았다. 마크는 자폐증이라는 진단을 받았다. 그렇지만 림랜드의 부인 글로리아는 냉장고 엄마와는 정반대로 성격이 자상했다. 림랜드는 자폐증에 관한 논문을 닥치는 대로 읽은 뒤, 냉장고 이론을 뒷받침할 수 있는 실험 데이터가 전혀 없다는 사실을 알아차렸다.

그즈음 캐너 박사도 냉장고 엄마 이론에 의문을 가졌다. 처음에 세웠던 가설처럼 자폐증은 유전적·생물학적인 요인과 관련 있다고 생각하기 시작했지만, 아직 이론을 정정할 정도로 확신이 있지는 않았다. 림랜드는 자폐증 연구의 선구자인 캐너에게, 마음을 담은 편지를 써서 연구에 대한 조언을 부탁했다. 캐너는 젊은 림랜드를 격려했고, 나중에 출판된 림랜드의 책 서문에서 냉장고 엄마 이론을 비판했다.[6] 자폐증은 유전적 요인의 영향이 크며, 가족 간의 심리적 문제가 아니라는 주장을 펼친 것이다. 1964년의 일이었다. 림랜드는 책을 읽고 간절한 마음으로 연락을 해오는 수많은 부모들 한 명 한 명에게 긴 답장을 썼다. 림랜드는 자연스럽게 자폐증 자녀를 둔 부모들의 네트워크의 중심이 되었다.

한편, 그즈음 자폐증 역사에 한 여성이 등장한다. 자폐증 아이 조지프를 키우는 엄마, 루스 설리번Ruth Sullivan이었다. 여성 정치단체를 위한 로비 활동 경험이 있는 설리번은 정치력과 조직력이 탁월했다. 자폐증 자녀를 둔 엄마들의 모임에 나가면서, 서로 위로를 주고받는 것에 그치지 않고, 한 명씩 한 명씩 운동으로 끌어들였다. 그 후 오랫동안 그녀는 탁월한 조직력을 자폐증 어린이를 위해 활용했다.

림랜드와 설리번이 협력해 1965년에 '전국자폐증어린이협회NSAC: National Society for Autistic Children'를 결성한다. 림랜드는 창립 대회에서 자폐증에 대한 프로이트적 견해를 폐기하고 새로운 길을 모색하자고 분명하게 제창했다. 그들의 활약으로 1970년대에 들어설 즈음에는 자폐증에는 어떤 형태로든 유전적 요인이 관여되어 있으며 육아의 문제가 아니라는 견해가 전문가들 사이에서도 자리 잡아간다.

자폐증은 스펙트럼

바로 이즈음, 자폐증 연구의 중심 중 하나인 영국에서는, 또 한 명의 자폐증 어린이의 어머니가 자폐증이라는 카테고리의 내용을 바꿀 연구를 하고 있었다. 로나 윙이다. 그녀는 여성 의사가 많지 않던 시대에 연구에 뜻을 갖고 정신의학을 공부했고, 역시 의사였던 존과 결혼해서 딸을 낳았다. 모든 것이 순조로운 듯 보였지만, 사랑스러운 딸 수지는 자폐증이었다.

이를 계기로 자폐증 연구를 하게 된 로나는, 캐너가 묘사한 전형적인 어린이 자폐증과 부합하지 않는 환자 몇 명을 만났다. 예를 들어, 지능은 높은데 몸의 움직임이나 대화는 서툴러서 사회에 적응하기 어려운 사람들이 있다. 일상생활에서도 분명히 도움이 필요한 이들이 자폐증의 진단 카테고리에는 포함되지 않기 때문에 의료나 복지 혜택을 받을 수 없다면, 복지국가 시스템의 근간이 흔들린다. 무엇보다도 로나는 자폐증 딸을 직접 보살핀 체험이 있어서 이를 가족의 문제로 보지 않고, 사회의 도움이 필요하다고 느끼고 있었다. 사회의 도움을 받기 위해서는, 우선 정확하게 진단하는 일이 무엇보다 중요했다.

로나는 딱 한 번 만난 적 있는 한스 아스퍼거Hans Asperger를 떠올렸다. 남편인 존은 이미 아스퍼거가 1944년에 발표한 논문을 알고 있었기 때문에, 로나를 위해 독일어로 된 아스퍼거의 논문을 영어로 번역해주었다. 분명히 로나의 환자 중에는, 아스퍼거의 사례와 닮은, 지능이나 언어의 발달은 고기능이지만 사회에 적응할 수 없는 사람들이 있었다. 로나가 1981년의 논문[7]에 소개한 아스퍼거의 개념은, '아스퍼거 증후군'이라는 개념으로 자리 잡아 기대 이상으로 사회적 인지도를 얻었다. 로나의 표현을 빌리자면 마치 '판도라의 상자'를 열어버린 것 같았다.[8] '아스퍼거'라는 단어가 증상을 뜻하는 하나의 카테고리로 독립해 세계 여행을 떠나버린 것이다.

하지만 로나의 연구는 아스퍼거의 업적을 소개하는 것을 목표로 삼지는 않았었다. 1970년대 로나와 남편 존이 정신과 소장으로 일했던 런던의 병원에는, 다양한 자폐 증상을 가진 사람들이 모여들고 있었다. 그 병원의 지하 사무실에는, 런던 시내의 행정구역 캠버웰Camberwell 지역에서 정신장애 때문에 공적 지원을 신청한 사람들에 대한 자세한 수기 작성 파일이 관리되고 있었다. 존의 리더십 덕분에 축적된 자료로, 영국식 복지국가에서 나올 수 있는 데이터라고도 할 수 있다. 로나는 연구 협력자 주디스 굴드Judith Gould와 함께 이 데이터를 상세하게 분석했다.

그녀들의 연구가 대단한 점은, 애초부터 자폐증이라는 카테고리의 협소한 정의에 근거해 데이터를 수집하지 않았다는 것이다(자료를 사용한 역학 연구는 이미 존재했지만 극단적으로 고립된 증상을 중시하는 등 애초에 자폐증의 정의가 협소했기 때문에, 많은 어린이들이 대상자에 포함되지 않았다). 그 대신 로나 등은 기존의 진단명과는 무관하게, 우선 복지국가의 탐색망을 통해 어떤 형태이든 심신에 장애가 있다고 진단된 모든 어린이를 대상으로 삼았다. 즉, 복지나 교육 지원을 신청한 사람들의 데이터였다. 자폐증으로 진단받기 원했다기보다는, 부모나 교사가 어린이의 다양한 종류의 장애에 대해 고민한 끝에 복지나 특별 교육을 신청한 사례들인데, 이런 어린이들의 데이터를 기록한 카드가 병원에 축적되어 있었던 것이다. 그렇기 때문에 데이터의 범위와 장애의 폭이 넓었다. 그중에서 지능 발달이 늦는지 여부와는 무관하게, 자폐증의 중심 증상으로 알려진 특징이 하나라도 있는 어린이를 특정해 조사해나갔다. 또한, 카드 자료 작성뿐 아니라, 어린이들이나 교사, 가족을 면접 조사 하고, 그 이후의 추적 조사도 수행했다.

이렇게 대량의 데이터를 근거로, 1970년대 후반부터 로나와 동료들은 논문을 한 편씩 발표해나갔다.[9] 그리고 자폐증의 증상은 여러 증상의 조합, 증상의 경중의 조합으로 이루어진 '연속체continuum'라는 주장을 펼쳤다. 이후 로나는 이 연속체라는 단어보다 효과적이고, 단지 증상의 경중을 표현한다는 오해를 피할 수 있는 어휘로 '자폐 스펙트럼'이라는 용어를 고안해, 1990년대 이후에는 이 단어만을 사용했다.[10]

'자폐증이란 무엇인가?'라는 질문에 대한 대답은 끝이 없는 대지나 바다에 선을 긋는 것과 비슷하다. 자폐증이 뇌 신경회로가 어떤 경향의 개성을 보이는 사람들의 증상이라고 한다면, 과거에도 드러나지는 않아도 존재했음에 틀림없다. 묵묵히 논밭에서 농사일에 종사하는 농부 중에 있었을지도 모르고, 기인이라는 말을 듣는 천재적인 예술가 중에 있었을지도 모른다. 하지만 그들의 존재는, 예전에는 지금처럼 구분된 카테고리로 인식되지 않았다. 지금은 자폐 스펙트럼이라는 라벨이 만들어진 덕분에, 자폐증의 증상이 복잡계적이고 전 방향적인 스펙트럼이라는 인식이 생겼다. 자폐증이 증상의 경중에 의해 일렬로 줄지어 세울 수 있는 종류의 연속체가 아니라는 생각도 서서히 자리 잡혔다. 스펙트럼이라면 허공에 뜬 무지개 이미지를 떠올리기 쉽지만, 실제로는 돔 모양 천구의 전 방향으로 배치된 스펙트럼이라고 해야 좋을 듯하다. 무지개에서는 색과 색의 경계가 애매해서 어디부터 어디까지가 무슨 색이라고 분명하게 구분하기 어렵듯이, 다양한 종류의 자폐증도 그 형태를 정의하려고 하면 정말 어렵다.

일반적으로 학술적인 개념을 세상에 널리 알리려면, 그 개념에 설득력이 있어야 함은 물론이고, 특별히 강한 의지를 갖고 활발한 네트워킹을 지속해 수행할 필요가 있다. 로나에게는 이 개념을 세계에 널리 알려야 한다는 강한 동기와, 네트워킹과 활발한 출판 및 강연 활동

등을 수행할 에너지가 있었다. 그리고 그녀 자신이 자폐증 자녀를 둔 부모이며, 또한 존경받을 만한 업적을 쌓아온 과학자였으므로, 부모 단체와 과학자 사이의 중개역을 하기에도 최적이었다. 이후 로나는 미국정신의학회의 〈정신장애의 진단과 통계 매뉴얼DSM: Diagnostic and Statistical manual of Mental Disorders〉의 편집 위원이 되어, 1987년에는 개정판 DSM-3 출판에 참여했다. 자폐 스펙트럼이라는 그녀의 생각이, 미국에서도 영향력을 갖게 된 것이다.[11]

'자폐증'의 커밍아웃

한발 늦게 시작된 자폐증 소수자 운동 ― 미국의 움직임

일본보다 앞서 자폐증이 널리 인지된 미국에서도 1980년대가 될 때
까지 그 개념에 대한 사회적 인지도가 높았다고 말하기는 어렵다. 다
만, 자폐 스펙트럼을 소수자의 한 부류로 인식할 수 있을 만한 사회적
인식은 생겨나고 있었다. 그중 하나는 소수자의 존엄을 요구하는 다
양한 사회운동이 번창해 미국 사회 전체를 뒤덮는 정치적 조류가 되
었다는 점이다.

  의학이나 연구가 자폐증과 관련한 사회적 인식에 영향을 미치는
것은 사실이지만, 그것만으로는 사회가 크게 변화하지 않는다. 1980
년대 후반의 상황은, 당시의 미국, 캐나다, 영국, 오스트레일리아 등
'자폐증 선진국'의 정치적, 문화적인 사회상과 떨어뜨려 생각하기는
어렵다. 소수자 운동은, 흑인에 대한 심각한 인종차별에 문제를 제기
한 1950년대에서 1960년대의 '시민권 운동'에서 시작되어, 1970년대

부터 1980년대에는 여성이나 게이·레즈비언의 권리 운동으로 확대
되었다. 당시 미국의 개혁 성향의 사람들 사이에는, 다양한 소수자의
권리를 지키는 운동은 단순하게 사회적·경제적 불평등을 '바로잡는'
것뿐 아니라, 집단의 정체성을 존중하고자 하는 문화적 승인의 문제
라는 생각이 힘있게 받아들여지고 있었다. 소수자 카테고리에 속하는
사람들의 권리를 존중하고, 있는 그대로의 그들의 문화의 가치를 인
정해야 한다는 사고방식이다. 캐나다의 정치철학자 찰스 테일러Charles
Taylor가 주장한 '존엄의 인정을 요구하는 정치politics of recognition'[12]이자,
정체성의 인정을 요구하는 정치의 등장이었다.

그중에서도 삶의 방식을 그 자체로 문제시한다는 의미에서 게이·
레즈비언 운동은 소수자로서의 자폐증 당사자들의 주장과 닮은 점이
있다. 그리스도교 전통의 미국은 처음부터 동성애에 대해 관용적인
나라가 아니었다. 미국 정신의학회가 동성애를 공식적으로 정신장애
증상의 목록에서 제외한 것은 1973년이었다. 1980년, 미국 민주당 전
국 대회에서 뉴욕의 매디슨 스퀘어 가든을 가득 채운 참가자들 앞에
서 게이의 권리를 인정하고, 인종, 성별, 종교 등에 의한 차별에 반대하
듯이 성적 기호에 의한 차별에 반대한다는 선언이 이루어졌다.

'커밍아웃coming-out'이라는 단어는, 있는 그대로의 자기 자신을 사
회에서 인정받고 싶다, 존중받고 싶다는 희망에서 생긴 말이었다. 정
체성이라면 어감상 개인의 사적인 문제라는 이미지가 있다. 하지만
있는 그대로의 자기에 대한 긍지나 자신감은 역시 사회에서, 더 구체
적으로는 친구나 가족, 주변 사람들의 인정을 받음으로써 생긴다. 그

것이 없으면, 스스로에 대한 자신감이 충만하기 어렵다. 그리고 주변 사람들의 관점은 공공의 도덕, 법률 등 제도의 영향을 받는다.

하지만 자폐증의 경우에는 페미니즘이나 게이·레즈비언의 권리 옹호 운동과는 다른 문제도 있었다. 우선 자폐증이라는 카테고리 자체의 사회적 인지가 확립되지 않았다. 미국에서 자폐증이 의학적으로 타당한 정신장애의 카테고리로서 공적으로 수용된 것은 1980년 무렵으로, 그 이전에는 임상 의료 현장에서조차 다른 정신장애나 지적장애를 가진 어린이와 자폐증 어린이의 구별이 애매했다. 자폐증이라고 진단된 어린이도 있었지만 비율은 현재보다 현저히 작았다. 전문가들조차도 1980년의 DSM-3이 나온 뒤에야 비로소 진단 카테고리에 '자폐증'이라는 용어를 정식으로 받아들일 정도였다. 이 DSM이라는 매뉴얼은 북미에서는 의료 종사자뿐 아니라 교육이나 복지 관계자들에게도 영향력이 있었다. 1980년은 캐너가 이 말을 처음 사용한 때로부터 30년 이상 지난 시점이다.

이즈음 전문가들 사이에서는, 자폐증은 마음가짐이나 부모의 양육 방법 때문에 생기는 문제가 아니라는 생각이 널리 퍼지고 있었다. 어떤 형태로든 유전적 영향으로 인해 뇌신경 구조 자체가 비정형적으로 발달한 결과라는 인식이 생기고 있었다. 자폐증 증상은 정형적으로 발달한 사람들과 함께 생활할 때에는 장애라고 받아들여지지만, 그와 동시에 태어날 때부터 갖고 있는 뇌의 개성이라고 한다면, 장애에 대한 '지원'을 요구하는 한편 개성에 대해서는 '존중'을 요구하는 사고방식도 자연스럽다. 다른 소수자 운동보다 한발 늦었지만, 자폐 스펙트럼 역시 소수자의 특징으로서 존중해야 한다는 사회적 분위기가 생기고 있었던 것은 분명하다.

하지만 그런 생각이 사회의 큰 조류가 되기에는, 또 하나의 큰 장애물을 넘지 않으면 안 되었다. 자폐증은 어린이의 장애라는 인식이다. 앞서 거론한 1980년에 발표된 DSM-3에도 자폐증은 항상 유아의 발달장애라는, 캐너 이후에 생긴 인식이 일부 반영되어 있다. 자폐증이 어린이만의 문제라면, 항상 부모가 자녀의 대변자 역할을 해야 한다. 하지만 아무리 자녀를 아끼고 보살핀다고 해도, 부모 역시 타인이지 본인은 아니다. 게이·레즈비언 운동에서는 당사자가 때로는 부모와 대립하면서 커밍아웃 하고, 자신의 권리와 존엄을 주장했다. 복지뿐 아니라 인간으로서의 존엄성을 요구한다면, 성인인 자폐증 당사자가 스스로 일어나 존엄을 요구할 필요가 있었다. 1980년대 후반, 한 용감한 개인의 힘에 의해 '자폐증'이라는 카테고리 자체가 드디어 사회에 '커밍아웃' 하는 시대가 되었다.

템플 그랜딘의 등장

이 어려운 역할을 처음으로 적극적으로 수행한 사람은 자폐증 당사자이면서 동물행동학 박사 학위가 있는 여성, 템플 그랜딘이었다. 그녀는 자폐증 당사자로서 자신의 이야기를 한 개척자로, 지금까지도 가장 유명한 자폐증 당사자 중 한 명이다. 저작이나 강연 등으로 큰 활약을 하고 있다. 그랜딘의 등장은 사회 활동에서는 자폐증이 장애물일 수는 있지만 그 역시 하나의 개성에 불과하다는 사실을 일깨웠다. 자폐증을 부끄럽게 생각하는 오랜 사고방식과의 결별이었다.

그랜딘을 처음으로 대중 앞으로 끌고 나온 것은 자폐증 자녀의 부모나 연구자의 단체, 전국자폐증어린이협회NSAC의 조직화에 크게 공헌한 루스 설리번이었다. 1980년대 중반 어느 날 설리번은 NSAC 시카고 대회에 참석하기 위해 세인트루이스공항 로비에서 다음 비행편을 기다리고 있었다. 좁은 로비에 NSAC 대회 참가자가 25명가량 있었는데, 그중 내성적으로 보이는 키 큰 젊은 여성이 있었다. 그녀는 설리번과 안면이 있는 대회 참가자들의 말을 조용히 듣고 있었다. 그후 시카고에 도착한 일행은 호텔까지 이동하는 버스에 탔는데, 우연히 설리번 옆자리에 앉은 그 여성이 자신은 템플 그랜딘이라고 소개했다. 이 우연한 만남을 계기로 설리번은 그랜딘에게 다음 대회에서 10명 정도의 소규모 라운드 테이블 세션에서 자폐증에 대해 이야기해달라고 제안했다.[13]

이듬해의 NSAC 전국 대회에 '어른의 자폐증'이라는 제목의 그랜딘의 라운드 테이블 세션이 열렸다. 테이블 주변에 놓인 의자 10여 개가 순식간에 꽉 차서, 이야기를 듣기 위해 테이블 주변에 서 있는 사람들이 세 줄에 달할 정도였다. 작은 방이 소란스러운 상태가 되어, 모두 큰 회의실로 이동했다. 그랜딘이 자신의 경험을 공유한 체험담은 설득력이 있어서 그 자리의 부모 몇 명은 눈물을 흘렸다고, 루스 설리번은 전한다. 성인 여성으로 동물학 박사 학위를 가진 과학자가, 자폐증을 커밍아웃 했다는 소문은 자폐증 자녀의 부모 사이에 조용히 퍼져나갔다. 당시에는 그 정도로 드문 일이었던 것이다.

템플 그랜딘의 자서전 *Emergence: Labelled Autistic*(일본어 번역서 『我、自閉症に生まれて』)*이 간행된 것은 그로부터 얼마 지나지 않은 1986년, 그녀가 39살이던 해다. 냉장고 엄마 이론을 뒤집은 버나드 림랜드 박사가 자폐증 당사자가 일인칭으로 자신의 경험을 들려주는 것은 처음 있는 일로, 정말로 획기적인 책이라고 평가한 서문을 썼다. 다만, '자폐증을 치유 극복한 사람에 의해 쓰인 첫 책'이라는 림랜드가 쓴 서문의 한 구절에 대해 그랜딘은 아무리 마케팅용 문구라고는 해도 정확하지 않은 표현이라고 후에 언급했다. "나는 늘 자폐증이었고, 나의 뇌는 지금도 변함없이 자폐증적으로, 시각적 이미지로 생각하는 방식은 변한 적이 없다"라고. 자폐증적인 뇌는 그녀의 개성이었다. 다만 그녀는 엄청난 노력을 기울여 다수파 사회에 적응하는 방법을 익혔을 뿐이었다.

그랜딘의 자서전은 1950년대와 1960년대의 그녀의 경험을 회상하여 묘사한다. 일본어 번역서의 제목은 다소 비장한 느낌을 자아내지만, 본문의 기술에는 그리운 느낌이나 감정이 드러나지 않는다. 그녀는 항상 놀라운 사실과 노력을 그저 담담하게 묘사한다. 슬프거나 복잡한 감정, 억울함 같은 감정이 전혀 묘사되지 않는다는 점이 인상적이다.

어렸을 때에 템플은 언어 발달이 늦었고, 청각이나 촉각 등에 심한

---

*   한국에서는 『어느 자폐인 이야기』(박경희 옮김, 김영사, 1997;개정판 2005)으로 출간되었다. 일본어 번역서의 제목을 한국어로 옮기면 '나, 자폐증으로 태어나서'다.

지각 과민을 겪었다. 보통 사람들은 알아차릴 수 없는 작은 소리가 그녀에게는 고함 소리 같은 괴로움을 주었다. 큰 소리가 날 때에는, 마치 선로에 꽁꽁 묶인 채, 엄청난 스피드로 달려오는 전차를 마주 보고 선 듯한 느낌이 들었다고 회상한다. 촉각도 다른 사람과 달랐다. 외출할 때에 엄마가 씌워준 모자가 고통스러워 엉겁결에 운전석 창문 밖으로 모자를 벗어 던지는 바람에 접촉 사고가 난 적도 있었다.

엄마는 독실한 그리스도교 신자로, 일요일마다 템플을 교회에 데려갔다. 하지만 그녀는 단정한 옷차림을 위해 엄마가 입혀준 페티코트의 촉각이 싫어서 도망치고 싶었다. 청각에도 문제가 있었다. 모음을 듣는 것에는 문제가 없지만, 자음은 잘 들리지 않았다. 어른이 빠른 말투로 말하면 모음만 들렸기 때문에 무슨 이야기를 하는지 종잡을 수 없었다. 템플은 어렸을 때에 어른들만 쓰는 어른의 말이 따로 있다고 생각했었다. 이런 혼란스러운 지각의 세계를 극복하고, 그녀는 고등학교 선생님의 적절한 지도를 받아, 이과 공부에 몰두하게 되었다.

시원시원한 카우보이풍의 옷차림이 트레이드 마크인 템플은, 소나돼지 등 가축 시설을 설계하는 공업 디자이너로 회사를 운영하면서 콜로라도주립대학에서 교편을 잡을 정도로 커리어를 쌓았다. 그녀에게 언어는, 노력해서 익힌 제2외국어와 같았다. 한편, 그림이 특기인데, 원근법을 따로 배운 적이 없었지만, 해보니 바로 원근법을 활용한 스케치를 할 수 있었다. 템플은 머릿속에서 회화적 이미지를 자연스럽게 그려낼 수 있다. 자서전 이후에 쓴 일련의 저작에서, 자폐증적인 뇌가 개성으로 받아들여지고 능력을 발휘하는 경우 잠재적 가능성이 얼마나 풍부한지 훌륭하게 보여주었다.

　지금은 자서전을 쓰거나 자신의 경험을 묘사해 자폐증을 소개하는 자폐증 당사자가 적지 않다. 하지만 미국에서는 템플이 처음 책을 낸 1986년 당시 성인 자폐증 당사자가 자신의 경험을 스스로 설명할 수 있다고 생각하는 사람은 전문가 중에도 거의 없었다. 따라서 자폐증 당사자가 진지하게 자기 성찰을 하거나 자신의 경험을 심도 있게 추구하고 분석한다는 것은 생각하기 어려웠다. 2015년에 안타깝게 세상을 떠난 정신과 의사이자 작가인 올리버 색스Oliver Sacks도 그중 한 명이었다. 그는 템플 그랜딘의 자서전을 처음 읽었을 때에, 명확하게 기술된 마음과 경험의 깊이, 곳곳에서 보이는 '정상인의 느낌' 때문에, 사실은 집필에 협력했던 저널리스트가 쓴 책이 아닌지 의심을 품었다고 한다. 하지만 그랜딘이 쓴 다른 논문이나 자서전적인 글을 읽은 뒤에는 오직 본인이 썼기 때문에 가질 수 있는 일관성과 직접성을 느끼고, 그런 의심을 버렸다. 이런 과정을 거친 뒤, 색스는 기회를 보아 콜로라도주립대학에 있는 그랜딘의 연구실을 방문했다.

자폐증을 개성으로 활용한 그랜딘

올리버 색스가 쓴 『화성의 인류학자*Anthropologist on Mars: Seven paradoxical tales*』*14라는 훌륭한 에세이집 마지막 장에는, 둘이 처음 대면한 장면이

＊　한국에서는 『화성의 인류학자: 뇌신경과 의사가 만난 일곱명의 기묘한 환자들』(이은선 옮김, 바다출판사, 2005; 개정판 2015)로 출간되었다.

간결하지만 감동적으로 묘사되어 있다. 색스가 콜로라도주립대학에 있는 그랜딘의 연구실을 방문하는 장면에서 이야기는 시작된다. 첫 만남은 꽤 어색했다. 지나치게 정확할 정도로 엄밀하게 언어를 구사하는 그랜딘은 색스를 만나자마자 단도직입적으로 대화의 본론으로 들어갔다. 색스는 덴버공항에서 연구실로 직행한 빡빡한 일정 때문에 피곤한 상태였다. 그녀가 설계한 동물 사육 시설에 대한 이야기를 들으면서, 다른 한편으로는 그녀의 마음 깊은 곳을 심리학적으로 관찰하다 보니 녹초가 될 지경이었다. 커피 한 잔이라도 마시면서 한숨 돌리고 싶은 마음이었지만 이야기를 꺼내지 못한 채 시간이 흘렀다. 그랜딘은 "커피나 차라도 한잔 하시겠어요?"라는 식의 잡담이나 사교적인 대화를 하지 않는다. 마침내 색스는 자기가 나서서 부탁을 해서 겨우 커피 한 잔을 손에 넣었다. 총명하고 윤리관이 투철해서 사회에 잘 적응했지만 사람의 미묘한 감정은 잘 모르는 여성 연구자를 만났다고, 색스는 회상한다.

'화성의 인류학자'라는 제목은 원래 그랜딘이 쓴 말이었다. 그녀는 4살이 될 때까지 말을 못 했던, 상당히 중증이었다. 다행히 사려 깊은 엄마와 현명한 언어치료사 덕분에 언어를 배웠고, 커뮤니케이션에 필요한 암묵적인 상식이나 규칙을 하나씩 배워나갔다. 예를 들어, 길을 건널 때를 대비해 '위험'이라는 개념을 구체적으로 몇 번씩 연습하도록, 엄마와 베이비시터가 끈질기게 가르쳐주었다. 또, 몸가짐에 주의해야 한다는 규칙은 첫 직장에서 상사가 알려주어서 처음으로 알게 되었다. 이는 지능의 문제가 아니다. 보통 사람은 다른 사람의 미묘한 감정 변화, 다른 사람이 나를 보는 시선 등을 현장 분위기를 경험하며 부지불식간에 익힌다. 하지만 자폐증 당사자들은 이런 '읽기'가 자연스럽게 되지 않는다. 미묘한 표정 변화나 제스처로 표현되는 메시지는 더더욱 보이지 않는다. 어렸을 때 템플은 친구들과의 대화나 제스처를 빠르게 주고받는 것을 캐치할 수 없었기 때문에, 다른 어린이들은 텔레파시가 있다고 생각했었다.

그녀는 지금도 보통 사람의 세계가 익숙하지 않다. 특히 복잡하거나 미묘한 감정, 질투, 장난 등 늘 변하는 인간이라는 기계를 이해하기 어렵다고 한다. 그녀는 자신의 지성을 십분 활용해 몇 년이나 노력한 끝에, 인간은 이럴 때에는 이렇게 행동한다는 방대한 라이브러리를 머릿속에 구축할 수 있었다. 그리고 그에 근거해서 타인과 커뮤니케이션을 하고 행동하는 것이다.

그랜딘은 '시각적 기억'이 놀라울 정도로 발달했다. 인간 행동과 관련한 이미지를 마치 동영상처럼 머릿속에서 반복적으로 재생해 연관성을 이해하고, '인간'이라는 종의 행동을 지적으로 예측한다. 말 그대로 시뮬레이션이다. 그렇지만 그녀는 당당하게 색스에게 말한다. "사회적 규칙은 배울 수 있지만, 사람의 마음속에서 변화하는 기분을 느끼는 것은 불가능합니다"라고. 타인을 이해하려는 그녀의 행동은, 마치 지구에 온 화성의 인류학자 같았다. 색스는 며칠 동안 그녀와 함께 지내면서 자신의 인생에 무엇이 결여되었는지 알았다고 한다. 또 "인생의 의미를 납득하고 싶다"라고 말하는 그랜딘의 강인함을 직관적으로 느끼고 친구로서 존경심을 갖게 되었다.

인류학자가 잘 모르는 이문화 속으로 뛰어들어 수행하는 관찰 행위와, 나 같은 역사학자가 산처럼 쌓인 자료와 싸우며 옛날 사람들의 행동이나 문화를 연구하는 행위에는 닮은 점이 있다. 인류학과 역사, 현재와 과거라는 식으로 연구 대상은 다르지만, 동일하게 다른 세계에 사는 사람들의 마음이나 문화를 이해하려는 시도다. 쌓여 있는 자료, 또는 이해하기 어려운 '현지인'의 행동에 대해, 또는 연구 대상의 인간—현대인이든 과거인이든—에 대해 위화감과 불투명성을 느낀다면, 그때가 바로 찬스다. 대체로 그 막연한 이질감의 깊은 곳에, 눈에는 보이지 않는 중요한 문화적 규칙이 있을지 모르기 때문이다. 나도 젊었을 때에, 역사사회학이나 민족지 방법론에 대해 그렇게 배웠다.

그랜딘도 그런 방식으로, 이해하기 어려운 행동을 하는 사회 다수파의 행동을 냉정하게 연구하고, 직장이나 비즈니스 현장에 자기 자신을 적응시켰다. 그녀에게는 대학 동료나 동네 친구와의 교류와 같이 자기가 잘 수행할 수 없음이 명백한 사회관계를 피할 줄 아는 현명함이 있었다. 그녀는 연애라는 개념과 감정은 이해할 수 없기 때문에 독신주의를 고수하고 있다.

여기에서 중요한 것은, 자폐증 때문에 겪는 혼란을 자기 나름의 이성적인 방법으로 조절하는 법을 배운 것은 사실이지만, 그렇다고 그녀의 뇌가 자폐증적인 신경 구조를 벗어난 것은 아니라는 점이다. 그랜딘의 자폐증은 결코 치유된 것이 아니다. 림랜드 박사가 쓴 그녀의 자서전 서문은 사실이 아니었다. 그녀는 자폐증을 컨트롤하면서 자신의 개성으로서 활용했다. 그랜딘은 이런 점을 스스로도 강하게 자각하고 있었다.

그랜딘은 1990년대에 다양한 목적을 가진 대규모 가축 시설들을 설계했다. 아름답고 상세한 설계도에는 그녀의 능력이 집대성되어 있다. 그 과정에서 그녀는, 시각적 이미지로 사물을 기억하는, 자신의 자폐증적 두뇌의 특징이 직업에 큰 도움이 된다는 것을 재인식했다고 한다. 그녀는 가축이 어떻게 걷고 움직이고, 어떻게 느끼는가, 그 모습을 머릿속에서 정확하고 상세하게 떠올릴 수 있다. 설혹 그 길이 도살장으로 향하는 길이라고 해도 소들이 최후의 순간까지 불필요한 공포를 느끼지 않도록. 자연 속의 작은 동물이 코요테의 공격을 받아 순식간에 숨이 끊기는 것처럼, 최후의 순간까지 '인도적'일 수 있도록. 그렇게 시각적 이미지로 사고하는 방식이, 자신이 지금도 자폐증이라는 증거일 뿐 아니라, 동시에 자신의 뇌의 개성이자 장점임을 재인식했다고 한다.

그랜딘은 자폐증 당사자에게 흔한, 순수하고 논리적인 성격의 소유자다. 그녀의 저작이나 강연에는, 일을 위해 삶의 모든 것을 쏟아부으며, 다른 자폐증 당사자나 가족, 그리고 동물의 복지에 도움이 되기 위해 진지하게 노력하는 모습이 잘 드러난다. 좋은 책을 계속 출판할 뿐 아니라, 강연 요청이 있으면 어디라도 기꺼이 응해서, 자폐증 당사자나 부모에게 기쁘게 조언을 해준다. 나는 그녀가 지금도 꾸준히 성장하고 있다고 생각한다. 앞서 말했듯이, 루스 설리번은 1980년대 중반, 자서전을 출판하기 전의 그랜딘을 우연히 만나, 그녀가 처음으로 청중 앞에서 자신의 이야기를 할 수 있도록 이끌었다. 그때에 만난 젊은 템플 그랜딘을 내성적인 인상의 젊은 여성으로 묘사하고 있다.[15] 최근의 그녀는 공적인 무대에서의 경험이 늘어나면서, 유머와 자신 감이 넘치는 너욱 멋진 강연자가 되었다. 성인 자폐증 당사자도 다른 사람과 동일하게 일과 인생을 경험하면서 성장하고 진화한다는 것을 알려준다.

진화한 그랜딘

TED라는 미국의 TV 프로그램이 있다. 일본에서도 자막판이나 더빙 판이 방송될 때가 있는데, 각 분야에서 권위와 재능을 지닌 사람들이, 자신의 일이나 연구를 통해 알게 된 내용의 정수를 15분 정도의 짧은 이야기로 정리해서, 청중과 TV 카메라 앞에서 프레젠테이션하는, 그 야말로 미국스러운 지적 오락물이다. 가끔 이 프로그램을 볼 때면 연 사들의 탁월한 프레젠테이션에 압도당한다. 학자로서 나 역시 영어 로 강연할 기회가 자주 있다. 하지만 내 연구의 정수만 간단히, 일반 청중에게 효과적으로 전달하는 것은 불가능하다. 이 TED에 그랜딘 이 나온다는 것을 알고 채널을 고정했다. 어렸을 때에는 언어의 발달 이 늦었고, 타인의 마음이나 감정을 파악하는 능력이 결여되어 있다 고 자인하는 사람이, 어떻게 TV 카메라와 많은 청중 앞에서 이야기 를 할 것인가, 기대하면서 보았다.

키가 큰 그랜딘은 늘 입는 카우보이풍 상의와 청바지 차림으로 등 장했다. 물 흐르는 듯 유창한 언어, 거리낌없이 본질을 건드리는 직설적인 화법과 유머감각에, 청중 속에서 몇 번이나 웃음이 터져 나온다. 시각으로 대상을 파악하는 사고방식, 구체적인 시각 이미지에서 분석하는 특수한 방법, 매의 눈처럼 작은 부분도 놓치지 않고 구체적인 이미지를 캐치하는 시각 중심적 지각, 그런 것들이 자신의 일인 가축 시설의 산업 디자인에 어떻게 도움이 될까?[16] "언어는 인간이 본래 동물과 공유하는 시각적 사고방식에는 장애가 된다." 그녀의 무게 있고 간결한, 하지만 참으로 이해하기 쉬운 강의에 감동을 받았다. 자폐증의 유전자가 이 세상에서 사라진다면, 아인슈타인도 없었을지 모른다. 실리콘밸리도 사라질지 모른다. 그리고 인류의 미래도……라는 이야기였다. '정말 흥미진진하고 멋지다!'는 인상이 남아 있다.

　나는 그때, 그랜딘이 30년 동안 엄청나게 진화했음에 틀림없다고 다시금 느끼고 숙연해졌다. 지능이 높고 언어 구사에 중대한 지장이 없는 고기능 자폐증 당사자들 중에는, 정도 차는 있지만 조금씩 사회에 적응하기 위해 계속 노력하는 사람이 많다. 앞서 말했던 옛 전쟁터를 순례 중이었던 존도 분명히 그중 하나다. 성인이 되면 스스로가 자폐증적이라고 생각해도, 의사 앞에서는 보통 사람과 다름없이 행동하기 때문에, 자폐증으로 진단받지 않는 사람이 있을 정도다. 내성적인 젊은 여성이었던 그랜딘이 30년 동안의 고독한 나날 속에서 엄청난 노력을 기울여 사회성과 웅변 능력을 갈고닦아온 과정을 생각하면 숙연해진다. 자폐증은 개성에 지나지 않으며, 인류가 만약 자폐증적인 뇌의 작용을 잃어버린다면 대단히 귀중한 가치를 잃어버리는 것이라는, 경험에서 우러난 그녀의 주장은 정말 설득력이 있었다.

TED에서 열변을 토하는 템플 그랜딘. 잘 알려진 카우보이풍 스타일이다 (2010년). 사진은 Steve Jurvetson, USA(Wikipedia).

　강연이 끝나갈 즈음 그랜딘은 자폐증 당사자들의 적성에 맞는 직업으로 컴퓨터 관련 업종을 예로 들었는데, 배우도 잘 맞는 직업일 수 있다고 언급한 것은 의외였다. 그녀는 "자폐증 당사자는 언제나 적응을 위해 연기하고 있는 것과 같으니까"라고 설명했다.

　그랜딘은 분명히 자폐증적 세계에서는 가장 저명한 유명인사다. 그리고 어른이 된 자폐증 당사자가, 자폐증을 계속 갖고 있으면서도, 사회의 일원으로 중요한 공헌을 하고 있음을 경험을 통해 보여주었다. 그녀는 '신경다양성(뉴로다이버시티)'이라는 단어가 유명해지기 전부터, 경험을 통해 이 개념을 보여주었고, 이후에는 이 개념을 분명하게 주장했다. 그녀의 존재 자체가 신경다양성이라는 개념을 발달시키는 발판이었다.

　템플 그랜딘의 등장은, 다음 절에서 소개하는 영화 〈레인맨〉과 함께, 자폐증이라는 단어를 사회에 알리는 역할을 했다. 출판 업계나 미디어도, 자폐증 관련 정보가 대중적으로 잘 팔리는 주제임을 자각했다. 이런 흐름은, 이후 다양한 자폐증 당사자가 자서전을 출판하는 형태로 자기 목소리를 내는 트렌드의 배경이 되었다.

자폐증 당사자들의 자서전 출판

그랜딘은 개성이 매우 강한 사람이었다. 그녀와 같은 뇌의 특성이, 성인 자폐증 특히 아스퍼거적 마음의 전형이라고 오해해서는 안 된다. 다행히 1990년대부터 2000년대에 걸쳐, 자폐증 당사자의 다양한 자서전이 출판되어, 놀라운 고기능 자폐증의 세계에 대한 사회적 인지도가 높아졌다.

예를 들어, 오스트리아 태생의 도나 윌리엄스가 쓴 『자폐증이었던 나에게*Nobody, Nowhere*』*는 마음 둘 곳 없는, 깊은 불안감에 휩싸인 젊은 자폐증 여성의 성장기다.[17] 좋은 환경이었다고 하기는 어려운 노동자 계급 가정에서 태어난 도나는 현실과의 괴리감을 아주 강렬하게 체험했다. 평정한 마음을 흩뜨리며 엄습하는 현실에 대항해서, 진짜 자신을 지키기 위해 인격을 분리하는 증상을 갖게 되었다.

"내 마음의 내부에서는 완벽하게 나답게 살 수 있었다"라고 말하는 도나는 소설가의 재능을 갖고 있었다. 그녀의 내면적 감각, 말하자면

---

*   한국에서는 『도나, 세상을 향해 뛰어』(차영아 옮김, 평단, 2005)로 출간되었다.

스스로의 내면에 비치는 외부 세계나 타자에 대한 관찰 결과가, 탄성이 나올 정도로 정열적이고 유창한 어휘로 기술되어 있다. 억압받는 느낌과 넘쳐흐르는 감정을 실어서 쓴 문장이, 지적이고 이성적인 그랜딘과는 대조적으로 여성적이다. 한편, 인도 태생 소년 티토 무코파디야이의 글과 작품집은, 사물에 대한 이성적인 기술이라기보다는 시적인 어휘로 가득 찬 세계다.[18] 자폐증 당사자들의 마음의 다양성에는 놀라움을 느끼게 된다.

이처럼 다양한 자서전과 수기는, 읽을거리로서도 흥미진진하지만, 인간의 몸과 마음, 뇌를 이해한다는 점에서도 실로 의미가 크다. 특히 중요한 것은, 당사자들의 발언이 자폐증 뇌의 구조와 마음의 양식은 단 하나의 형태가 아님을 보여준다는 점이다. 오히려 그와 반대로 하나하나의 글이 그들의 자폐증적 개성을 각각 드러낸다. 이런 책들은, 보편적인 자폐증의 마음과 보편적인 자폐증의 신체가 존재한다는 생각은 환상에 지나지 않는다는 사실을 생생하게 알려준다.

이전에는 자폐증의 감각이 언어화된 적이 없었다. 즉, 자폐증 수기나 자서전을 쓴 작가들은, 세상에 알려지지 않았던 감각을 언어화하는, 매우 복잡하고 어려운 행위에 도전했다.

어떤 의미에서는 그들은 나쓰메 소세키夏目漱石*와도 같은 개척자다. 메이지시대의 문필가로서 나쓰메는, 소설을 쓸 뿐 아니라, 동시에 일본의 구어를 근대적인 문어로 표현하는 양식을 만들지 않으면 안 되

---

* 일본 근대문학의 아버지라고 일컬어지는 문학가이자 영문학자.

었다. 예를 들어 나쓰메는『마음』에서 주인공의 죄의식이라는 근대적 형태의 마음가짐을 소설로 표현했다. 젊은 시절에 저지른, 아무도 모르는 '죄'에 대한 죄책감을 갖고 사회와 격리된 생활을 하는 주인공인 '선생'. 그를 고고한 혼을 지닌 인간이라고 제멋대로 생각하고 본보기로 삼으려 하는 대학생. 죄의식이라는 마음의 형태는 메이지시대 일본인의 일반적인 '마음'이 아니었다. 즉, 메이지시대의 일본인 독자는 소설『마음』에서 그리는 표상과 맥락을 뚜렷하게 인지하지 않았음에 틀림없다. 나쓰메는 메이지시대의 독자에게 어필하기 위해, 근대적인 마음을 묘사하는 데에 적절한 어휘나 문체를 창조하면서『마음』을 집필했을 것이다.

자폐증 당사자가 자신의 내면 혹은 자신이 보고 있는 세계를, 정형발달인인 독자들에게 이야기하는 과정은, 이런 괴리를 뛰어넘는 것과 비슷하다. 자폐증적인 개인의 경험을 언어화하는 과정도 이와 비슷한 이중의 어려움이 있었을 것이다. 자폐증적인 마음을 정형발달인인 독자에게 설명하는 것은 도전적인 일이다. 일반 독자들은 느끼기 어려울지도 모르는 감각을 언어로 표현하는 것—자폐증 당사자들에게 언어는 의사소통을 위한 가장 좋은 선택지가 아니다—이라는 도전이다.

모차르트가 내면에서 들려오는 아름다운 소리를, 다른 사람들도 즐길 수 있는 '음악'으로 바꾸는 재주가 있었던 것처럼, 이런 사람들은 하나의 감각 모드를 다른 감각 모드로 살아가는 사람들도 알 수 있도록 표현하는 번역자의 자질을 갖추고 있었다고 말할 수 있다. 또,

그랜딘처럼 세상의 다수파에 동화되지 않으면서 담담하게 차이를 설명하는 태도는, 그 자체만으로도 존엄과 사명감을 갖추고 있다. '화성의 인류학자'들은 '화성으로부터 온 대사'이기도 했다.

할리우드의 공헌

영화 〈레인맨〉의 등장

1980년대 후반 미국 이야기로 돌아가보자. 1986년 자서전을 출간한 뒤 그랜딘은 강연회나 미디어 등에 적극 출연했지만, 당시에도 그녀의 유명세는 자폐증 관계자 등 비교적 제한된 세계에 머물러 있었다. 자폐증이라는 단어가 더 많은 사람들에게 알려진 계기는 할리우드에서 나왔다. 영화 〈레인맨Rain Man〉(1988)이다.

자조 그룹 모임에서의 일이다. 늘 사려 깊은 토머스가 조금 낙담한 느낌으로 이렇게 말했다. "사람들 대부분이 생각하는 자폐증의 이미지는 딱 영화 〈레인맨〉에서 멈춰 있지." 〈레인맨〉은 나도 정말 좋아하는 영화다. 30여 년 전 개봉된 이 영화에 그려진 자폐증 이미지가 지금도 그대로라고 토머스가 한탄한 것처럼, 이 작품의 사회적 영향력은 역사적으로 대단히 크다.

할리우드 영화 〈레인맨〉은 누가 자폐증의 역사를 쓰든 언급하지 않을 수 없는 큰 사건이다. 명배우 더스틴 호프먼이 자폐증에 걸린 남자 역을 맡은 이 영화는 그때까지의 할리우드 흥행 기록을 갈아치우며 공전의 히트를 쳤다. 할리우드 대스타가 영화에서 장애인 역을 맡았다는 사실만으로도 기적 같은 일인데, 게다가 이 영화는 대중적으로도 큰 사랑을 받았다. 템플 그랜딘의 등장과 함께 성인 자폐증에 대한 사회적 관심이 커졌다는 점도 한몫했지만, 미국에서는 〈레인맨〉 덕분에 자폐증의 사회적 인지도가 획기적으로 높아진 것은 틀림없는 사실이다.

〈레인맨〉은 1988년 크리스마스 시즌에 개봉했는데, 불과 3개월 뒤 아카데미상을 수상했다. 작품이 완성될 때까지 오랫동안 산고를 견딘 제작진에게 더할 나위 없는 기쁨의 순간을 선물했다. 이 작품에서 자폐증에 걸린 남성을 박진감 넘치게 연기한 호프먼은 두번째 오스카상(남우주연상)을 거머쥐었고, 영화는 작품상, 각본상, 감독상을 수상했다. 자폐증을 주제로 한 영화가 폭풍처럼 할리우드를 석권한 것이다. 지금 생각해도 정말 대단하다. 영화 개봉 당시에는 전문가나 자폐증 자녀를 둔 부모를 제외하고, 일반 대중은 자폐증에 대해 거의 모르는 상태였다. 하지만 〈레인맨〉 이전과 이후, 사람들이 자폐증에 대해 갖는 이미지는 완전히 변했다.

이 영화는 톰 크루즈가 연기한 자유분방한 청년이 아버지가 돌아가신 뒤에 먼 옛날에 헤어진 자폐증인 형과 만나는데, 형의 불가사의한 계산 능력에 경악하면서 라스베이거스의 도박장에서 노름으로 큰돈을 따려고 꿍꿍이를 벌이는 로드 무비다. 명배우 더스틴 호프먼이 자폐증에 걸린 형 레이먼드 역을 맡았고, 주목받는 젊은 스타였던 톰 크루즈가 이기적인 동생 역을 맡아 좋은 연기를 보였다. '레인맨'이라는 제목은, 형 레이먼드를 이용할 생각만 했던 동생이 문득 외로웠던 어린 시절 늘 자기와 함께 있어주었던 '레인맨'으로 기억되는 존재가 실은 레이먼드였음을 알아차리는 내용에서 따온 것이다. 나는 당시 미국의 대학원에 다니고 있어서 개봉하자마자 영화를 보았다. 제목만으로는 무슨 영화인지 알 수 없었지만, 더스틴 호프먼이 훌륭한 배우였기 때문에 보러 갔던 기억이 있다.

더스틴 호프먼의 연기

더스틴 호프먼은 1958년 캘리포니아에서 뉴욕으로 이주해, 어퍼웨스트사이드 109번지의 싸구려 아파트에서 살았다. 그즈음부터 늘 주변 사람을 관찰하고 따라 하곤 했다고 한다. 연기 연습을 위해서였다. 마치 소설가가 이야기의 소재를 위해서 인간의 성격, 행동, 모습이나 제스처를 항상 관찰하고 메모해두는 것처럼, 예술가가 길을 지나다니는 사람들을 스케치하는 것처럼. 호프먼은 의식적으로 따라 하는 정도를 넘어서, 무의식적으로도 그 인물에 완전히 몰두해서 연기할 수 있을 정도의 기술을 익혔다. 그는 뉴욕의 정신병원에서 간호사 조수로 일하면서, 환자들을 위해 피아노를 연주했다. 그 병원에는 뇌경색으로 몇 차례 쓰러진 뒤 부인도 알아볼 수 없을 정도의 식물 상태에 빠진, 과거에 외과의사였던 환자도 있었다.

호프먼이 어느 날 피아노로 포크송 〈잘 자요 아이린Goodnight Irene〉을 연주하기 시작했을 때에, 마침 그 환자의 부인이 방문했다. 그 환자는 갑자기 노래를 흥얼거리기 시작하더니 손을 뻗어 부인을 부드럽게 안아주었다. 부인은 눈물을 흘리면서 "우리 점심 먹으면서 이야기를 나누어요"라고 말했지만, 환자는 슬픈 표정으로 부인을 보면서 "그럴 수 없다"라고 외친 뒤, 다시 의식을 잃고 말았다. 호프먼은 이후에 〈레인맨〉을 찍으면서 그 광경을 떠올렸다고 한다. 정신병원에서 보았던 환자의 모습, 가족과의 교류와 환자의 고독, 그런 모든 것이 그의 인간 관찰을 더욱 세밀한 것으로 만들었다.[19] 그의 연기력은 재능뿐 아니라 노력으로 만들어진 것이었다.

그렇다고 해서, 정신장애인을 주인공으로 하는 영화를 실현하는 일이 쉽지는 않았다. 실현된다고 해도, 자폐증에 대한 내용이라면 개성은 있지만 영향력은 작은 '수작' 정도로 끝날 가능성이 크다. 그런데 이 작품이 그렇게 되지 않고 할리우드 대히트작이 된 것은, 더스틴 호프먼의 힘이 컸다고 이야기된다. 그는 그저 각본대로 연기만 했던 것이 아니었다. 자폐증 당사자를 주인공으로 한다는, 할리우드로서는 도박 같은 계획을 실현하기 위해 노력을 아끼지 않았다. 또, 적극적으로 자폐증 당사자들이나 가족, 전문가를 만나 연기의 틀을 잡아나갔다. 호프먼은 어느새 영화의 지휘자 역할을 하고 있었다. 이 영화가 실현될 때까지의 오랜 산고 속에서 감독 후보는 시드니 폴락, 스티븐 스필버그, 마틴 브레스트 등을 전전하다가, 최종적으로 배리 레빈슨으로 결정되었다. 각본도 자주 바뀌었다.

톰 크루즈 역시 이 영화의 계획이 여러 번 번복되고 감독도 자꾸 바뀌는 와중에도, 맡은 배역을 포기하지 않았다. 명배우 호프먼과 함께 출연해 연기의 폭을 넓히고 싶다는 생각도 틀림없이 있었겠지만, 그 때문만은 아니었다. 톰 크루즈는 과거에 학습장애 어린이였다. 읽고 쓰기에 곤란함을 느끼는 발달장애의 하나인, 난독증dyslexia이었다. 그는 7살 때 난독증 진단을 받았다.

지능에 부합하는 문해 능력이 없는 난독증은 일본에는 아직 잘 알려지지 않은 발달장애이지만, 자폐증처럼 뇌 중추의 정보 처리 기능에 문제가 있기 때문에 생긴다고 한다. 난독증을 가진 사람은 이야기를 할 때에는 아무런 문제가 없지만, 읽을 때에 문제가 생긴다. 자폐증 못지않게 연구가 많이 안 된 분야이지만, 미국에는 난독증을 가진 사람이 매우 많다. 톰 크루즈의 경우에는 문자를 읽어도 머릿속으로 아무것도 들어오지 않고, 책을 읽어도 마지막 페이지를 닫는 순간 아무것도 기억나지 않는 지각 증상으로 나타났다. 어렸을 때에는 책을 읽으면 머릿속이 새하얘지는 불안감이 엄습해서 지루해하거나 안절부절못했기 때문에 자기는 바보라고 생각했었다. 갑자기 화가 나기도 하고, 공부하려면 다리가 아프거나 두통이 생기기도 했다. 배우라는 직업은 각본을 읽어야 하기 때문에 심각한 장애라고 해야 하겠지만, 그는 차차로 시각적 기억을 중시하는 독특한 방법으로 그 나름의 통제 방법을 학습했다고 한다.[20] 이런 개인적인 경험이 그가 그 영화의 기획에 관여하는 배경이었으리라고 자연스럽게 추정할 수 있다. 〈레인맨〉은, 그보다 더 좋을 수 없는 두 배우의 협력 덕분에 성공했던 것이다.

버나드 림랜드 박사는 〈레인맨〉이 공개되기 2년 이상 전부터 전문가로 영화 제작에 협력했다. 처음의 각본에는 지적장애가 있지만 특정 분야에서는 천재적인 능력을 발휘하는 '서번트 증후군'의 남성을 설정했었다. 림랜드 박사는 호프먼이 연기하는 레이먼드라는 남성이 자폐증과 서번트 증후군을 함께 갖고 있는 설정이 더 리얼리티가 있다고 조언했다고 한다. 더스틴 호프먼은 관련 참고자료를 직접 검토하고, 그 의견을 받아들였다. 주인공은 천재적인 고기능 자폐증이지 않으면 안 되었다.[21]

호프먼은 실제로 자폐증 당사자들과 교류하면서 연기를 가다듬었다. 림랜드 박사에 따르면, 호프먼은 특히 남성 2명과 자주 만나며 배역을 구상했던 것 같다.[22] 한 명은 루스 설리번의 자폐증 아들 조지프, 또 한 명은 프린스턴에 사는, 천재적인 계산 능력을 가진 자폐증 청년 피터 거스리Peter Guthrie였다. 피터는 달력처럼 정확하게 날짜를 기억하거나, 숫자를 기억하는 천재적인 능력이 있었고, 눈으로 본 이미지를 정확하게 재현하는 시각적 기억력이 뛰어났다. 그뿐 아니라 톰 크루즈를 방불케 하는 만능 스포츠맨인 형 케빈이 피터의 보호자이기도 했다. 케빈은 프린스턴대학 졸업생으로, 나중에 학자나 연구자라면 누구나 이용한 적이 있을 JSTOR라는 논문 등의 디지털 아카이브를 만든 인물이다. 호프먼과 크루즈는 피터와 케빈과 함께 넷이 어울리며 볼링을 치러 가는 등 우정을 쌓으면서, 피터의 자연스러운 움직임을 관찰하거나, 형제의 상호작용에 주목했다.[23]

〈레인맨〉 현상

〈레인맨〉이 개봉된 뒤, 자폐증의 사회운동을 이끌던 루스 설리번은, 자폐증 아들 조지프와 함께 인기 TV 프로그램 〈오프라 윈프리 쇼〉에 출연해 〈레인맨〉이 자폐증에 대한 사회적 인식을 25년 앞당겼다고 말했다. 사실, 나는 이 작품이 이러니저러니 해도 오락영화의 걸작인 만큼 전문가 눈으로 보면 비판할 점도 많으리라고 생각했었다. 하지만 설리번뿐 아니라, 영국에서 자폐증에 대한 심리학적 연구의 개척자인 우타 프리스Uta Frith 박사도 영국심리학협회가 발행하는《사이콜로지스트The Psychologist》의 인터뷰에서 "대단한 자폐증 연기였습니다……. 더스틴 호프먼은 자폐증 당사자들을 정말로 정확하게 관찰하고, 그들의 순수한, 혹은 매력적이지만 사교적으로는 부적절한 행동을 정말 잘 재현했다"라고 평가했다.[24]

　〈레인맨〉 현상에는 부정적인 측면도 있다. 아바타 토머스가 탄식했듯이, 지금까지도 많은 사람들이, 누군가가 자폐증, 특히 '아스퍼거'라는 말을 듣는 순간 〈레인맨〉을 떠올리고, 놀라운 계산 능력이나 기억력 등 천재적인 재능이 있지는 않은가 생각한다. 아스퍼거 증후군인 사람 중에는 지능이 높고 다른 사람과는 분명히 다른 뇌의 작용을 느끼는 경우가 많지만, 그렇다고 해서 모든 사람이 천재적인 능력이 있는 것은 아니다. 게다가 그들의 뇌 작용을 정형발달인에게 설명하는 일은 매우 어렵다.

　예를 들어, "귀는 들린다. 그런데 갑작스러운 소음이나 바스락거리는 소리를 들으면 머리가 아프다"라든가, "그림으로 기억하지만, 얼굴은 좀처럼 기억할 수 없다"라고 일부러 설명해야 한다는 것만으로도 머리가 지끈하다는 아바타도 있다. 즉, 호프먼의 명연기가 너무 인상적이었기 때문에, 그가 연기한 개성적인 자폐증의 한 형태가 자폐증 전체를 대표한다는 오해가 생긴 것이다. 게다가 영화에서 주인공은 성인이 된 뒤에도 보호가 필요한 사람으로 그려지며, 결국 마지막에는 시설로 돌아가는 고독한 결말이다. 당시에는 아직 자폐증에 대한 '탈시설주의'의 물결이 몰려오기 전이었기 때문에, 이 결말이 특별히 문제 되지 않았다. 하지만 지능이나 언어에 문제가 없는 고기능 자폐증 당사자 중에는 독립해 생활하는 사람이 많고, 시설에 살기 싫어하는 사람도 당연히 많다.

어쨌든 영화 〈레인맨〉으로 자폐증이 드디어 당사자나 부모, 그리고 전문가들의 세계에서 벗어나 일반 시민의 상상력 속에서 확고한 위치를 점유하게 된 것은 사실이다. 〈레인맨〉이 히트한 뒤 얼마 지나지 않은 1990년, 미국에서는 IDEA^{Individual with Disabilities Education Act}라고 알려진 새로운 장애인 교육법이 제정되었다. 1975년 이후 이미 장애인 교육법이 존재하기는 했지만, 이 IDEA는 처음으로 자폐증이라는 독립 카테고리가 법률적으로 인정되었다는 의의가 컸다. 덕분에 각 학교는 자폐증 어린이를 위한 프로그램을 의무적으로 만들게 되었다. 지금은 발달 지연이 우려되는 다양한 증상이 있는 3살 이전 어린이를 위해서도, 연방 정부가 주 정부에 보조금을 지급해 새로운 조기 양육 프로그램을 만들도록 지원하고 있다. 연방 정부가 장애인 교육법 제도를 제정한 지 40주년이 되는 2015년에, 이 법률을 근거로 교육 서비스를 받은 어린이의 8퍼센트가 자폐증 배경을 가진 자녀들이었다는 발표가 있었다.[25] 1990년에 장애인 교육법에 자폐증이라는 카테고리가 추가된 것은, 직접적으로는 부모들의 지칠 줄 모르는 운동과 노력의 결정이었다. 이 흐름에 〈레인맨〉의 영향을 부정하는 사람은 적을 것이다.

부모들을 불안하게 한 자폐증 원인설

자폐증 유행병설의 영향

〈레인맨〉 이후에 자폐증이 단순한 지적장애가 아니라는 사회적 인식이 생겼지만, 대부분의 미국인들에게 자폐증은 아직 딴 세계 이야기였다. 자폐증 자녀를 두었다고 하면 대부분의 사람들이 딱하게 생각했다. 하지만, 그것은 마치 러시안룰렛과 같은 유전자의 장난 때문이니 어쩔 수 없다고 생각했다. 말하자면, 자폐증은 타인의 문제라는 인식이 평균적이었다. 그런데 그런 인식에서 크게 나아갔던 것은 시민운동의 힘이었다. 특히 1990년대 후반에 눈에 띄는 활약을 했다.

시민운동이 큰 힘을 발휘할 수 있었던 배후에는 희망보다는 공포가 있었다. 자폐증이 유전 등 생물학적인 문제가 아니라, 유행병일지도 모른다는 불안감이 점차 높아졌던 것이다. 1990년대에 자폐증의 진단 기준을 제공하던 미국 정신의학회의 매뉴얼DSM은 진단 폭을 더 넓혔기 때문에, 당연하게도 자폐증 진단 건수는 통계상 점점 더 늘어났다. 자폐증은 스펙트럼이라는 생각도 퍼지고 있었으므로, 이전에 비해 더 많은 부모들이 자녀가 다른 아이들과 다르다고 느꼈을 때에 적극적으로 진단을 받게 했다. 자폐증 어린이를 위한 특수교육을 주 정부 등의 의무로 규정한 IDEA와 같은 법 제도도 도입되어, 적용을 받으려면 의사의 '진단'이 필요하기도 했다.

이렇게 자폐증 통계상의 숫자가, 1990년대 후반에는 대유행이라 고 생각될 정도로 상승했다. 미국 질병통제예방센터의 데이터에는, 1975년 5,000명 중 1명이었던 자폐증 어린이가, 2001년에는 250명 중 1명의 비율로 증가했다(지금은, 다른 선진국에서는 대략 100명 중 1명, 미국에서는 68명 중 1명이라고 조사된다).

예방접종 원인설의 공포

자폐증이 유행성 질병이 아닌가, 어쩌면 어떤 환경요인이나 식생 활, 예방접종의 영향이 관계되어 있지는 않은가 하는 불안감이 커지 고 있던 1998년, 런던에서 충격적인 뉴스가 보도되었다. '왕립'이라 는 호칭이 붙어 있는 유명한 병원의 젊은 연구자 앤드루 웨이크필 드Andrew Wakefield가 3종 혼합 백신 접종과 자폐증의 관계에 대해 획기 적인 연구를 발표했다는 뉴스였다. 영국의 권위 있는 의학 잡지《랜 싯Lancet》에 게재된 논문은, 자폐증 어린이 12명만을 대상으로 한 실험 적인 연구 결과였지만, 홍역, 유행성이하선염(이하 볼거리), 풍진에 대 한 3종 혼합 백신의 접종이 장에 염증을 일으켜 자폐증을 일으킬 가능성이 있다는 것을 시사했다. 이 뉴스로 예방주사 접종률이 순식간에 뚝 떨어졌다. 자폐증이 대유행한다는 인상이 대중들 사이에 퍼져 있었기 때문에, 미디어도 대대적으로 이를 다루었다. 웨이크필드는 전 세계 매스컴의 총아가 되었고, 부모들의 불안은 최고조에 달했다. 영국이나 미국의 의회에서도 이 문제가 논의되어, 웨이크필드는 미국 의회의 증인석에도 섰다.

미국이나 영국, 그리고 대부분의 선진국 보건 제도의 근간에는, 영유아 및 어린이를 대상으로 하는 예방접종 제도가 있다. 나라에 따라 제도나 프로그램은 상이하지만, 선진국은 모두 어린이 사망률이나 건강 상태에 크게 영향을 주는 질병(홍역, 볼거리, 풍진, 파상풍 등)에 대한 예방접종을 실시한다. 어린이들의 예방접종은 보건 제도 중에서도 백신 접종이라는 신체에 대한 개입 행위를 통해, 사회와 개인을 직접적으로 연결하는 제도다.

예방접종은 그 성격상 단순히 개인의 건강을 위한 것만은 아니다. 사람에서 사람으로 감염을 통해 퍼지는 질병의 경우, 예방접종은 자신이 타인에게 질병을 감염시킬 가능성을 없앤다는 이타적인 목적도 포함한다. 국가정책이나 사회 전체에 대한 공공적인 효과 등을 고려해서 예방접종을 하지만, 이에 대해 개인이나 가족이 스스로 건강을 관리하는 권리를 침해당한다고 느끼는 사람도 있다. 더구나 예방접종은 치료가 아니다. 현재에는 문제없이 건강을 유지하는 사람을 대상으로 하는 의료 행위인 만큼, 필요성에 의문을 제기하는 것도 무리가 아니다.

오래전부터 예방접종을 반대하는 의견이 존재했다. 어렸을 때에 홍역 때문에 사경을 헤매었고, 수두와 볼거리로 크게 고생했던 개인적 경험에서 말하자면, 예방접종을 했다면 좋았으리라고는 생각한다. 하지만 종두가 처음으로 개발되었던 시대부터, 백신은 지속적으로 불안감을 지울 수 없는 의료기술이었다는 것 역시 사실이다. 실제로 19세기나 20세기 초 시민운동이 지금처럼 활발하지 않았던 시대에도, 영국의 엄마들이 예방접종 반대 운동을 했다. 당시의 예방접종은 지금처럼 위생 관리가 철저하지 않았기 때문에, 엄마들의 불안이나 반대 운동은 실제로 일리 있는 행동이었다. 예방접종은 의료기술의 문제나 정치적인 문제를 포함할 뿐 아니라, 부모들의 심리적인 문제와도 관련 있다.

만약 자폐증이 뇌의 발달에 관한 생물학적 문제에 의한 것이 아니라 역학적 문제라면, 지금은 건강한 아기라고 해도 누구에게나 장래에 일어날 수 있는 문제가 된다. 자녀에게 예방접종을 시켜야 할지 고민하는 부모들은 불안에 휩싸였고, 접종을 해버린 부모들은 후회했다. 이미 자폐증이라고 진단된 자녀를 둔 부모들은 분노로 몸을 떨었다. 자기 아이들의 자폐증이 예방접종 때문일지도 모른다니. 다른 아이들까지 같은 운명에 빠뜨릴 수는 없다고 생각한 이 부모들은 정의감에서 들고 일어나, 보통의 부모들과 연대해서 예방접종을 중지하라고 요구했다. 영유아나 어린이에 대한 예방접종은, 강제적이든 장려 정도로 끝나든, 국가나 지방자치단체 및 전문가나 의학 단체의 승인이 필요했다. 말하자면 위로부터의 힘에 의한 것이었기 때문에, 특히 진보적인 부모나 단체가 예방접종 반대에 목소리를 높였다.

이 상황은, 최근 일본에서도 큰 화제가 되었던 젊은 여성 연구자에 의한 STAP 세포 연구의 날조 경위*와 매우 유사하다. 일이 크게 불거진 뒤, 웨이크필드의 연구 방법론이나 보고 방법 등이 엉터리였다는 사실이 차례로 밝혀졌다. 그의 방법론을 검증하고자 수행된 추가 실험에서는 동일한 결과를 얻지 못했다. 웨이크필드는 예방접종을 한 어린이 12명 중 8명이 접종 후 며칠 뒤에 장염과 자폐증 증상을 보였다고 주장했지만, 실험 대상이었던 어린이의 부모들이 웨이크필드가 기술하는 어린이의 증상이 멋대로 조작되었다고 증언하기 시작했다. 이미 이 단계에서도 과학자 동료들의 평가는 최악이었지만, 이후 더 더욱 문제가 되었던 것은, 이 사례가 단순히 엉터리 방법론으로 과학적 실험을 수행했고 공명심 때문에 '발견'을 대대적으로 발표했다는, 흔한 연구 스캔들로 끝나지 않았기 때문이다. 그는 자신의 연구를 근거로, 공익을 좌우하는 보건정책을 적극적으로 제안하려 했다.

더 나아가 웨이크필드는, 예방접종과 자폐증의 관계를 둘러싸고 부모들을 대리해 제약 회사에 책임을 묻는 소송을 제기한 변호사와 부적절하고 불투명한 관계였고, 그들로부터 연구 자금을 지원받았다는 의심이 제기되었다. 사실이라면 연구의 중립성이 크게 훼손된다. 2004년 2월 23일자 《선데이 타임스 The Sunday Times》는 웨이크필드의 연

---

* 2014년 일본의 연구자 오보카타 하루코小保方 晴子 등이, 외부 자극을 통해 분화하므로 '제3의 줄기세포'라고 할 수 있는 만능 세포를 제작했다는 내용의 논문을 저명한 과학 저널 《네이처》에 발표했다가 철회한 사건.

구 대상이었던 어린이 12명 중 4~5명을 이 변호사가 소개했다는 사실을 보도했다.[26] 만약 사실이라면 이 실험은 중립적이 아니다. 이런 경위를 공저자나 《랜싯》 등의 관계자에게 숨긴 것도 적절하지 않았다. 웨이크필드는 2001년에 병원을 떠났지만, 2004년에는 《랜싯》에 투고한 논문에 대해 부분 철회 처분을 받았다. 2010년에는 《랜싯》이 이 논문은 날조라고 판단하고 전면 철회 처분을 내렸고, 웨이크필드는 같은 해 윤리적인 이유로 의사 면허도 박탈당했다.

이런 사후 경위도 웨이크필드를 신봉하는 부모들에게는 의학계의 권위주의나 정부의 태만한 업무 처리로 비추어졌다. 이 예방접종 원인설은 쉽게 잊히지 않은 채 지속적으로 영향을 미쳤다. 과학자들이 나서서 예방접종 원인설을 부정했음에도 부모들의 불안은 사라지지 않았다. 지금까지 거의 모든 학자가 웨이크필드의 예방접종에 의한 유행병설을 완전히 부정하고 있지만, 이미 심리적으로 예방접종과 자폐증의 관계를 의심하게 된 많은 부모들은 쉽게 신뢰할 수 없었다. 예방접종 원인설은 부모와 관계자들을 찬성파와 반대파로 갈라지게 했고, 서로를 비판하면서 양측 모두 깊은 상처를 입었다. 다양한 부모 단체에도 균열이 생겼다. 그럼에도 이 예방접종 원인설이 더 많은 부모들이 자폐증에 관심을 갖는 계기가 된 점과 전문가들에게 불만을 터뜨리는 부모들을 탄생시킨 것은 역사의 아이러니다. 지금 되돌아보면, 부모들의 불안과 오해가 자폐증 관련 다양한 운동을 활발하게 만들고, 자폐증에 대한 대중의 관심을 순식간에 높였다.

역사적으로 이런 우발적인 전개가 발견되는 것은 드문 일이 아니다. 큰 흐름에서 보자면 부정적인 사건이나 행위가 뜻하지 않은 부산물로 긍정적인 결과를 낳는 일도 적지 않다. 역사의 생성과 전환은 복잡계의 발달 그 자체이며, 새로운 카테고리의 생성은 복수의 사회적, 인지적인 네트워크가 우주에서 성운이 교차하듯이 진화한다.[27] 생각지도 않았던 역사적 사건과 우발적으로 생긴 일이, 네트워크의 진전과 동향에 자주 큰 영향을 미친다. 자폐증이라는 카테고리는 언뜻 보면 독립적으로 보이는 사회운동이나 역사적 사건들이 시간 축에서 서로 교차하면서 전개되었다. 자폐증 대유행에 대한 상상적인 공포가 아이러니하게도 더 많은 사람들이 자폐증에 관심 갖는 계기가 되어, 때마침 세력이 커지던 부모들의 시민운동에도 힘을 보탰다. 하지만 한편 이 시기에 예방접종을 했다면 구할 수 있었던 어린 생명이 있었다는 것도 사실이다. 시민운동의 윤리적 과제로서, 마음에 담아두어야 할 교훈이다.

자폐증 '대유행'을 뒤집어엎은 사회학적 연구

예방접종 원인설은 사회과학 연구자의 관심을 끌어 다양하고 흥미로운 연구 결과가 나왔다. 그중 컬럼비아대학의 피터 버먼Peter Berman 팀의 연구는 대단히 흥미로웠다. 2010년쯤에 발표된 일련의 연구에서, 그들은 캘리포니아주의 데이터를 사용해서 1993년에서 2001년 사이에 태어난 어린이 중 어느 지역에 자폐증 어린이가 많은지 다양한 통계 분석 방법으로 조사했다. 그 결과, 로스앤젤레스의 북부, 서부 할리우드 지구처럼 유복하고 교육 정도도 높으며 진보적인 생각을 지닌 부모가 많은 지역에 자폐증 어린이가 현저하게 많다는 사실을 알아냈다. 이 지역은 다른 지역에 비해 자폐증 어린이가 4배나 많았을 뿐 아니라, 자폐증 진단을 받은 어린이가 매년 3퍼센트씩 늘어나고 있었다.

이 정도까지 현저하게 차이가 있다면, 미국 전역은 물론이거니와 전 세계의 선진국에서 거의 동일하게 이루어지는 예방접종과 같은 요인이 자폐증의 원인이라고 생각하기는 어렵다. 이 20킬로미터×50킬로미터 규모의 지역만 식생활이 다른 것도 아니고, 이 지역에만 특유의 환경문제가 있다고 알려지지도 않았다. 일반적으로 질병의 역학 조사에서는 만약 그 질환이 공간적으로 특정한 장소에 집중되어 있는가, 혹은 일반적으로 세계 어디에서도 균질적으로 발생하는가, 혹은 장소와는 무관하게 무작위로 발생하는가 하는 측면은, 원인을 추측하는 데에 중요한 정보다. 그것만으로 원인은 알 수 없지만, 가능성 없는 요인을 배제하는 근거가 되기 때문이다. 예방접종률이 다른 지역과 특별히 다르지 않았으므로, 자폐증 어린이가 서부 할리우드 지역에 많은 이유를 설명할 수 없었다.

뒤이어 버먼 팀은 인근의 사회적 영향을 조사했다. 그러자 주변에 이미 자폐증 어린이가 있으면 그 학군의 다른 아동도 자폐증이라고 진단되는 경향이 있음이 밝혀졌다. 부모가 자폐증에 대한 정보를 수집하는 경로 중 가장 많은 것은 역시 주변에 사는 다른 부모였던 것이다.

무엇보다 다른 질병처럼 혈액검사나 CT촬영 한 번으로 자폐증을 진단할 수 없다. 어떤 형태로든 유전적 요인이 관여된 것은 거의 틀림없지만, 일부 발달상애를 제외하고는 어떤 유전자의 작용인지 특정할 수 없는 상태다. 유전자의 영향이 발현되는 것은 일반적으로 생각하는 것보다 훨씬 복잡하고 유동적이다. 그 때문에 자폐증 진단은 현장에서 행동 패턴이나 언어 발달 등을 관찰하고 진단하는, 반세기 전과 거의 동일한 방법에 의지하고 있다.

한편, 2000년대에는 자폐 스펙트럼이라는 개념이 정착되면서 외면적 행동 패턴으로 자폐증을 진단하는 경우의 기준이 이전보다 폭넓고 다양해졌다. 다만, 외면의 관찰에 의한 진단은 전문가에게도 매우 어려운 일이다. 이 경우, 늘 자녀와 함께 있는 부모의 관찰이 중요한 정보원이기 때문에, 전문가도 부모에게 자녀의 일상생활에 대해 질문하거나 피드백을 요청한다. 이렇게 진단을 받는 체험 자체가, 진단받기 위해 자녀를 데려가는 부모들에게 큰 배움의 기회다. 그리고 자녀의 진단을 경험한 부모가 인근에 있다면, 같은 고민을 가진 부모에게는 "우리 아이는 진단을 받아보았더니 자폐증이었다"라는 이야기가 매우 설득력 있게 들렸을 것이다.

이 연구는 역학 정보를 통계적으로 처리한 간접 증명이었지만, 같은 학군에 사는 부모들 간의 정보 교환, 다시 말해 자폐증 관련 정보의 접근도가 진단 여부와 크게 관련되어 있으며, 그 때문에 정보 접근도가 높은 지역일수록 자폐증 어린이가 많아진다는 추정 결과를 얻었다. 자폐증 관련 정보의 접근도는 주변의 다른 부모로부터 얻은 정보뿐 아니라, 부모의 사회적·경제적 조건이나 교육 정보 등의 영향을 받는다고 추정했다. 할리우드 주변에 진보적이고 정보에 민감한 인구가 많은 것도 사실이다. 이런 사회학적 연구는 우회적이기는 하지만 역시 예방접종 원인설에 대한 역학적인 최종 심판이었다고 생각한다.

맥락이 결여된 자폐증 대유행병설이나 그 한 형태였던 예방접종 원인설이 부정되었다고 해서, 자폐증의 원인은 오로지 유전적 요인이며 환경요인의 영향이 없다고 단언할 수는 없다. 환경이라고 하면 환경오염이나 공해 등의 문제를 먼저 떠올릴지 모르지만, 이 경우의 환경이란 꼭 그런 요인만은 아니다. 오히려 지금 관심의 초점은, 엄마의 태내에 있을 때의 모체 환경의 중요성이다. 엄마가 임신 기간에 복용한 약 혹은 간접적으로 섭취한 화학물질, 풍진 등의 질병, 영양 환경 등이 자폐증 발생에 영향을 미치는지에 관한 연구가 지금도 진행 중이다. 태아의 뇌나 지각은 놀라울 정도의 속도로 발달·진화하기 때문에, 그 시기의 환경은 중요한 연구 과제다. 또한, 엄마나 아빠의 고령화의 영향도 연구 대상이다. 자폐증은 모든 것을 유전적으로 설명할 수 있는 현상이 아니다. 버먼의 연구 이후에도 넓은 의미에서의 환경문제에 대한 다양한 과제가 많이 남아 있다. 자폐증 발현에 유전적 요인이 관여하고 있다고는 해도, 유전자 결정론과는 거리가 멀다.[28]

발언하고 행동하는 부모와 시민단체

미국 시민단체의 전통

역사적으로 미국에는 다양한 정치적, 사회적 상황에서 시민들이 스스로 단체나 결사를 만들어 정치에 큰 영향을 미쳐온 전통이 있다. 유의미하고 공공의 목적을 가진 단체의 활동에 기부를 하는 개인도 많다. 또, 개인들을 대상으로 하는 전화 모금에 자원봉사 하는 사람도 많다. 최고 부유층은 개인적으로 재단을 만들어 공공의 목적을 위한 다양한 활동을 전개한다. 공공을 위한다는 비전과 열의가 있고, 사람과 사람의 연결고리를 중요하게 여기면서 특정 목표를 위해 시간을 쓰겠다는 각오가 있다면, 힘을 모아 뜻을 이루는 실천에 유리한 제도적 환경과 문화가 있다.

미국의 자본주의 체계에서는 성공한 회사를 상장하는 창업자가 많아서, 회사를 여럿 이끈 프로 경영자가 거액의 부를 축적하는 경우가 많다. 그 자체가 아메리카 드림의 실현이라고 할 수 있지만, 축적되는 부의 규모가 커지면서 불평등에 대한 분노도 점점 더 높아져서, 다양한 항의 행동이 일어나고 있다. 불평등에 대한 분노가 왜곡되어 반反이민자 정서를 부추긴 결과, 트럼프 현상*이 일어난 것은 잘 알려져 있다. 일본의 평균적인 대기업이 중간 관리층에서 샐러리맨 출신 사장을 고르는 것과는 풍토가 전혀 다르다.

그 대신 부자에게는 도덕성과 공공에 대한 기부를 요구하는 전통도 있다. 돈을 번 만큼 기부하지 않는 부자를 비판하는 목소리도 커서, 나이가 어느 정도 되면 기부를 하거나 재단을 만드는 전통이 있다. 최근에는 생전에 스스로 번 돈으로 사회의 변화를 보고 싶다며 실리콘밸리 등에서 성공한 3, 40대의 젊은 기업가가 재단을 만들고, 투자처를 찾는 것처럼 적절한 공공 프로젝트를 찾아내고 자금을 제공하는 사례도 자주 본다. 이처럼 미국에는 정치나 정책에 기대는 것만으로는 지지부진한 사회변화를 촉진하는 방법으로, 스스로 번 돈이나 모은 기부금을 좋은 일에 쓰자는 정신이 있다.

19세기에 미국 대륙을 방문한 프랑스인 알렉시 드 토크빌Alexis de Tocqueville은『미국의 민주주의De la démocratie en Amérique』[29]라는 책에서, 크고 작은 단체 결사가 미국 사회를 바꾸어나가는 움직임에 경의를 표했다. 미국인만큼, 상업·산업활동부터 종교와 도덕에 관련한 것까지 모든 분야에서 공통의 목적을 수행하기 위해 다양한 단체를 자주적으로 조직하고 활동하는 사람들은 지금까지 본 적이 없다고 썼다. 이

---

* 백인 우월주의와 이민자 추방 등, 미국 사회가 추구해온 가치와는 상반된 공약과 주장을 한 도널드 트럼프가 제45대 미국 대통령으로 선출된 사건을 뜻한다.

런 전통이야말로 미국의 민주주의의 뿌리라고 주장했다. 많은 부분에서 지금까지도 맞는 이야기다. 광대한 미국 대륙에서는 지역 공동체 시민들이 자발적으로 참여하는 활동이 없었다면 민주주의가 성립하지 않았을 것이다.

물론 지금은 미국에서도 대도시에서는 예전만큼 지역이나 직장에서의 사회 활동이 없고, 그런 연결고리를 통해서 시민이 단체를 조직하는 일도 적어졌다. 하버드대학의 정치학자 로버트 퍼트넘Robert Putnam이 『고독한 볼링Bowling Alone』*30이라는 책에서, 공동체적인 인간관계가 희박해지면서 미국의 민주주의 근간이 흔들리고 있다고 경고했다. 책의 제목이 기발하게 느껴질 수 있으나, 미국에서 볼링은 이웃이나 직장 동료 등이 모두 함께 하는 취미다. 혼자 하는 볼링은 지역 공동체에서 시민들의 협동, 즉 사회자본의 상실을 상징하는 것이다.

퍼트넘의 논점도 중요하지만, 한편으로는 새로운 시민단체가 형성되는 촉매로서 인터넷의 힘이 강해지고 있음을 간과할 수 없다. 페미니즘이나 게이·레즈비언의 권리, 에이즈 문제나 환경문제처럼 사회적이고 공공적인 사안에 대해서는 지역을 초월한 연대가 이전보다 훨씬 쉬워졌다. 더구나 미국의 자본주의 체계에서 부의 집중이 심화되면서 개인이 평생 다 쓸 수 없을 만큼의 부를 축적한 사람들이 생겼다. 그런 사람들이 다양한 시민운동의 주도권을 쥐거나, 기부를 하

---

*   한국에서는 『나 홀로 볼링』(정승현 옮김, 페이퍼로드, 2009;개정판 2016)으로 출간되었다.

는 순환 작용을 만들어내고 있다.

시민이 자주적으로 특정 목적을 위해 조직을 만들고 사회를 바꾸려고 노력하는 경향은 여전히 미국 사회의 강점이다. 정치나 사회운동 등의 분야를 말하자면, 미국에는 법 제도나 기부금 문화부터 사회적 마인드까지 모든 측면에서 단체 활동을 위한 제도를 정비해온 경험이 축적되어 있다. 거꾸로 다양한 복지나 공공 과제가 있는 현대사회에서는, 사회적 시민운동이 융성하지 않는 분야나 과제가 후순위로 밀려버리는 위험도 있다.

자폐증 문제도, 영국에서는 시민단체의 영향력 이상으로 복지국가의 보건 제도가 프레임을 제공했던 것에 비해, 미국에서는 시민의 자주적 공공단체의 활동이 매우 중요했다. 특히 부모들이 조직한 단체의 역할이 매우 컸다. 주변에서 사례를 들자면, 이전에도 소개했던 1965년에 설립된 전국자폐증어린이협회(115쪽)는 자폐증 자녀의 권리를 지키는 부모들의 단체로서 중요한 역할을 했다. 하지만 1990년대에 들어오면서, 1994년에는 뉴저지주에 본부가 있는 '전국자폐증연구협회NAAR: The National Alliance for Autism Research', 1995년에는 서부 해안의 캘리포니아주를 활동의 거점으로 삼는 '지금 자폐증을 치료하자 재단CAN: Cure Autism Now Foundation' 등이 발족한다. 이들 단체는 소액을 기부하는 개인부터 부유한 기부자까지 수많은 협력자를 확보하고, 순식간에 눈사람처럼 덩치를 키웠다.

자폐증 연구에 개입하는 부모 단체 — '지금 자폐증을 치료하자 재단'

NAAR이나 CAN은 지금까지의 부모 단체와 달랐다. 풍부한 자금과 비즈니스 네트워크를 활용해 마치 기업가가 목적을 정하고 연구 개발에 자금을 투입하는 것처럼, 자폐증 연구 발전에 적극적으로 관여했다. 예를 들어 이런 문제 제기를 했다. 만약 자폐증이 양육이 아니라 유전이 영향을 미친 결과라면, 왜 연구자들은 유전과 자폐증의 관계성에 대해 더 조사하지 않는가?

거기에는 또 하나의 우발적인 역사의 발전 경로가 있었다. 마침 한창 발전하던 인간 게놈 연구가 배경이 되었다. 미국에서는 1988년 제임스 D. 왓슨James Dewey Watson을 리더로 하는 인간 게놈에 대한 국가 프로젝트가 정식으로 발족했다. 일본과 유럽도 뒤를 이었다. 인간 게놈의 염기 서열 전체를 조사하는 프로젝트는 글로벌 컨소시엄이 되어 언젠가는 암 치료제의 개발 등에 크게 기여하리라는 기대와 희망을 받는 거대 과학 프로젝트로 전개되었다. 1990년대가 되면 염기 서열을 해석하는 기술도 진보해서 인간이나 미생물 이외에도 식물이나 동물의 게놈 연구에도 참여하는 과학자들도 늘어났다. 유전자 조합 기술 등 게놈 연구는 농업을 포함한 다양한 산업, 제약, 응용의학 분야에도 가능성을 보였다. 2000년에는 컴퓨터 기술의 발달과 함께 한때는 언제 끝날지 알 수 없었던 인간 게놈의 해석 초안이 완성되었다. 이렇게 화려한 인간 게놈 연구의 진전과 비교하자면, 자폐증의 유전적 연구는 속도가 늦었다.

이런 사회 분위기 속에서 NAAR의 창립자인 에릭 런던Eric London
과 그의 부인 캐런 런던Karen London은, 자폐증의 생물학적 정신의학 연
구의 발전에 자금을 제공하는 것을 단체의 중요한 목표로 삼았다. 에
릭은 자금 획득 경쟁이나 대학교수직의 확보, 테뉴어(종신 재직권)을
얻기 위한 격심한 경쟁에 노출된 연구자들의 비밀주의가 유전자 자
료 등의 공유를 막아, 안 그래도 느린 속도로 진행 중인 자폐증의 유
전자 연구를 지연시키고 있다고 생각했다. 게다가 젊은 연구자들이
자폐증 연구에서 성과를 내도 연구자로서의 장래가 밝지는 않았다.
연구자들을 좁은 세상에서 끌어내 샘플의 공동 이용 등 협력을 촉진
하려면 어떻게 해야 할까?

NAAR은 우선 젊은 연구자들이 자폐증 연구를 하기 쉽도록, 또
넓은 네트워크를 이용해 협동할 수 있도록 자금을 제공했다. 나중에
미국 국립보건원NIH에서도 자금 지원을 받아 2003년에는 자폐증 연
구를 위한 'NAAR-자폐증 게놈 프로젝트AGP'가 결성되었다. 미국 전
역에 퍼져 있는 자폐증 게놈 연구를 하는 여러 네트워크를 망라한 메
타 공동체로 야심만만한 프로젝트였다.

CAN의 창립자인 포셔 아이버슨Portia Iversen과 조너선 셰스택Jonathan
Shestack은 할리우드의 유명한 커플로 아들이 자폐증이었다. 아들을
어떻게 해서든 고치고 싶다, 더 이상 기다릴 수만은 없다는 생각이
CAN의 원점이었다.

포셔는 연구자들이 샘플을 독점하기 때문에 자폐증 분야에서 유전
자 연구가 좀처럼 진행되지 않는다는 이야기를 듣고, 연구자의 틀을

넘어서 공동으로 이용하는 DNA 샘플 아카이브를 구상했다. CAN은 자폐증 부모 단체였기 때문에, 자폐증 연구의 발전을 위해 가족의 동의를 얻어 DNA 샘플을 수집하는 것이 연구자 개인이 수행하는 것보다 수월했다. 그 방법이 상당히 독특했는데, 우선 혈액 샘플을 수집하는 전문가를 고용해, 연구에 협력할 뜻을 밝힌, 자폐증 어린이가 있는 전국의 가정을 한 집 한 집 방문해 샘플을 받았다. 7년이나 걸렸지만, CAN의 창립자들은 '자폐증 유전 연구 공동체AGRE'를 설립해 이 샘플의 공동 이용을 가능케 함으로써 과학의 발전 속도를 높이려고 했다. 또한 남편 조너선 셰스택은 자폐증 연구에 더 많은 공적 재원이 투입되도록 워싱턴에서 로비 활동도 벌였다. 후에 CAN과 NAAR은 서로 협력하면서 네트워크를 더 키웠다.

부모 단체가 솔선해서 과학자들의 우물 안 개구리 상황을 변화시킨다는 것은, 일본에서는 상상하기 어려운 일이다. 그것도 단지 부모 관점에서의 생각을 주장하는 것뿐 아니라, 스스로 자금을 모으고 연구자들에게도 이익이 되도록 나라 정책까지 바꾸면서. 그들의 행동은 일본 사회에서의 시민운동의 틀을 훌쩍 뛰어넘어 기업가 정신이 넘친다. 물론 미국에서 NAAR의 자폐증 유전 연구의 네트워크나 CAN의 인간 게놈 샘플 아카이브 등의 과학 연구는, 과학자들이 공적인 연구 자금을 경쟁적으로 배분받아 수행하는 것이 원칙이다. 자유로워야 마땅한 과학 연구의 방향성을 부모들이 과도하게 좌우하는 것이 문제일지도 모른다. 이들 단체는 과학계의 어드바이저와 협력하거나 다양한 학회 조직과 협력하는 형태로 그런 어려운 문제들을 극복해왔다.

조직사회학에서 말하기를, 새로운 타입의 조직이나 사회운동이 성공하면, 그 성공에 자극을 받은 다른 시민단체나 사회운동이, 성공한 조직이나 활동을 똑같이 흉내 내지 않더라도 유사한 방식의 조직을 만드는 역동성이 나타나곤 한다. 그런 자극을 통해 부족한 부분을 보완한 새로운 조직이 만들어지고, 전혀 다른 접근법으로 문제를 해결하려는 단체나 사회집단도 생겨난다. 최종적으로 다양한 형태나 목적의 단체가 사회에서 함께 어우러지며 마치 살아 있는 존재들이 유기적으로 만들어낸 생태 체계처럼 새로운 조직문화를 만드는 경우가 있다.

조직의 분야는 다르지만 실리콘밸리에 재미있는 디지털 기업이 모여들었을 때도, 비슷한 역동성이 생겼다. 대기업에서 스타트업까지 선진적인 기업이 좁은 지역에 모여들고, 연구자들이 집중된 대학의 존재와 어우러져, 말 그대로 새로운 조직문화를 가진 생태 체계가 만들어졌다. 활동적이고 새로운 비즈니스의 기회에 민감한 젊은 사람들과, 테크놀로지를 잘 아는 오타쿠들이 모여들자, 이런 사람들에게 자금과 정보를 제공해 이 생태 체계를 더욱 활성화시키는 사람들도 모여든다.

자폐증에 관련한 다양한 단체에도, 규모는 작아도 유사한 상황이 일어나고 있었다.

전미 규모의 '발언하는 자폐증 재단' — 발족과 과제

이렇게 시민운동이 크게 일어나고 유행병설·예방접종 원인설의 영향을 받아 자폐증에 대한 사회적 인지도 크게 높아지던 분위기에서, 2005년에 전국 규모의 자폐증 단체가 발족했다. 지금까지도 자폐증 관련 시민단체로서 활발하게 활동하고 있는 '발언하는 자폐증Autism Speaks'이라는 재단이다. 이 단체도 다른 부모 단체처럼, 자폐증인 손자를 둔 저명한 커플의 투쟁에서 시작되었다. 당시 전미 굴지의 TV 방송국 NBC의 CEO로 일하던 밥 라이트Bob Wright와 그의 부인이었다.

밥은 전미 굴지의 TV 네트워크인 NBC를 이끄는 인물이자 존경받는 실력자로, 미디어 업계뿐 아니라 정재계에서도 영향력이 있었다. 밥이 회사 경영에 힘을 쏟는 듯한 에너지와 방법을 활용해 발족한 이 단체는 순식간에 기존 단체 이상의 규모를 가진 시민단체로 성장했다.[31] '발언하는 자폐증'이라는 재단의 이름이나 로고 등에도 마케팅 감각을 발휘했다.

NAAR과 CAN도 발맞추어 '발언하는 자폐증 재단'과 합병하는 길을 택했다. '발언하는 자폐증 재단'은 과학자들을 포함해 전문 스태프를 여러 명 고용하고, 막대한 보조금을 다양한 자폐증의 임상 연구나 기초 연구, 더 나아가 계몽 활동이나 부모, 혹은 당사자 지원 자금으로 제공하기 시작했다. 이 단체는 지금까지도 미국뿐 아니라 전 세계에서 활발한 운동을 벌이고 있다.[32] 매년 이 단체가 주최하는 화려한 콘서트 이벤트에는 수많은 할리우드 스타들이 출연한다. 또, 모금이나 계몽을 위해 미국 전국에 '자폐증 주간'을 주최하거나, 스포츠계의 프로 리그에 등장하는 등 그야말로 미국다운 수법으로 계몽, 모금 활동을 폭넓게 펼치고 있다.

헤지펀드를 통해 쌓은 부를 활용한 '사이먼스 재단' — 유전자 연구의 발전과 과제

한편 자연과학 부문의 자폐증 기초 연구의 지원에 큰 영향력을 발휘하고 있는 조직이 뉴욕을 본거지로 하는 '사이먼스 재단'이다. 알고리즘 트레이딩을 개척한 헤지펀드로 거액의 부를 쌓은 제임스 해리스 사이먼스James Harris Simons가 설립한 재단이다. 사실 그는 뛰어난 수학자로 잘 알려진 인물이었다. 그는 헤지펀드를 통해 쌓은 부를 활용해 기초과학의 연구 발전을 위한 큰 규모의 개인 재단을 설립했다. 우주물리학에서 최첨단 생물화학에 이르는 기초과학 분야에 지금도 큰 영향력을 미치고 있다. 사이먼스 재단은 자폐증 자녀를 둔 부모 단체는 아니지만, 사이먼스의 딸은 가벼운 자폐증이었다. 2005년 무렵부터 이 재단의 프로그램의 일부에 자폐증에 대한 기초과학적 연구, 특히 자폐증 유전자 연구나 의학, 뇌과학 연구 분야에 지원금을 수여하는 등, 자폐증 연구의 정보 센터로서 기획력을 발휘하게 된다.[33] 비슷한 시기에 설립된 '발언하는 자폐증 재단'이 일반인을 대상으로 하는 계몽 활동이나 부모들의 조직화 등에 힘을 쏟은 반면, 이 재단은 기초과학 연구를 중심으로 대규모의 연구 지원을 계속하고 있다. 사회적·정치적 논란에 휘말리지 않기 위한 전략일 것이다.

사이먼스 재단의 자폐증 연구 웹사이트에는, 11만 개가 넘는다는 인간의 유전자 중에서 자폐증과 관련될 가능성이 높은 유전자 826건 (2016년 6월 현재)의 일람표가 공개되어 있다.[34] 이 중 명백하게 자폐증과 관련되는 것으로 보이는 유전자는 65건 정도다. 이 웹사이트의 리스트는 세계 각지에서 진행되는 자폐증 관련 유전자 연구의 성과가 발표될 때마다 갱신되어, 특히 이 분야에 새로이 뛰어들고자 하는 연구자들에게 유익한 좌표를 제공한다.

이 정도로 많은 유전자가 어떤 형태로든 자폐증 발현에 관계되어 있다면, 뇌의 발생이나 발달 과정에서 자폐증 관련 유전자가 작용하는 프로세스는 아직도 많은 것이 수수께끼로 남아 있다고 해도 좋을 것이다. 20세기 말에는 인간 게놈이 해명되면 많은 질병에 대해 드디어 모든 수수께끼가 풀릴 것이라는 희망이 있었다. 1990년대 중반에는, NAAR이나 CAN 등이 "지금이야말로 자폐증을 치료하자"라고 목소리를 높이며 자폐증 게놈의 해석 연구를 추진하려 했을 때만 해도, 충분한 연구 자금만 있으면 자폐증의 원인 유전자를 특정할 수 있으리라는 낙관적 전망을 가진 부모가 있었다. 일부 특수한 자폐증은 유전자 차이 때문에 발현한다는 것이 밝혀졌지만, 그것만으로 모든 것을 설명할 수는 없었다. 게놈 지도만으로는 자폐증뿐 아니라 생명의 수수께끼를 풀 수 없음을 알게 되었다. 생명은 유전자라는 부품으로 만들어진 기계가 아니라, 그보다 훨씬 능동적인 것이다. 대부분의 질병은 의심스러운 유전자의 리스트를 작성하는 것만으로는 원인을 알 수 없다. 의심스럽지 않은 유전자도 포함해 전체로 어떻게 협동하고, 언제 발현할지, 복잡하게 발달한 능동적인 생물 시스템의 전체상을 밝혀야 하는 것이다.

자폐증의 경우, 동일한 유전자를 가진 가족인데도 발병하지 않는 경우가 있다는 사실이 이미 알려져 있다. 자폐증에 유전자가 관계한다는 사실은 틀림없다고 해도, 발현하는 메커니즘은 훨씬 복잡하고 유동적이며 섬세하다. 예전의 냉장고 엄마설 등 자폐증의 원인을 양육방법에서 찾으려 했던 잘못된 생각을 뒤엎기 위해서는, 유전적 측면의 발견이 중요했다. 유전자에 더해 '후성유전학epigenetics'(DNA의 염기 배열의 변화 없이 유전자의 발현이나 세포의 표현 형태가 변화하는 현상과 관련된 연구 영역), 나아가 다양한 환경적 조건과 유전의 상호작용이 자폐증의 발현 메커니즘에서 중요하다고 생각하는 연구자도 늘고 있다.[35]

자폐증적인 뇌에 대한 수수께끼가 인간의 뇌에 관한 미지의 영역과 직접적으로 관련되어 있다는 점을 생각하면, 자폐증 관련 유전자 연구 등 기초 연구에 거액의 연구 자금이 투입되는 것은 당연하다. 기초과학의 탐구는 하루아침에 실리적인 성과가 나오지 않는다. 하지만 비정형발달의 뇌를 갖고, 이미 성인이 된 사람들의 생활의 질을 향상하기 위한 연구나 의료 쪽을 더 중요시해야 한다는 의견도 있다. 특히 자폐증 당사자들로부터 그런 목소리가 나온다. 장애인 운동은 장애가 있는 사람들이 주도권을 쥐는 것이 보통이지만, 자폐증의 경우에는 역사적으로 부모나 관계자들이 자폐증 당사자를 대변해왔다. 공교롭게도 부모들의 노력과 조직화가 진행되는 동안 성장해서 이제 어른이 된 고기능 자폐증 당사자들은 최근에 와서 선명한 목소리를 내기 시작했다.

'발언하는 자폐증 재단'과 같은 부모 단체도, 부모의 선의와 필사적인 마음의 결정체였다는 점은 틀림없지만 뼈아픈 비판이 제기되었다. 단체의 이름은 '발언하는 자폐증'이지만, 실제의 발언이나 그 관점은 부모나 관계자 중심이었기 때문이다. 기초 연구뿐 아니라 당사자를 더 존중하기 위해서, 또 자폐증 자녀뿐 아니라 어른이 된 자폐증 당사자들의 생활의 질을 향상하기 위해서 무엇을 해야 할지 생각할 시기가 온 것은 분명하다. 많은 자폐증 당사자들이 실제로 곤란을 느끼는 지각 과민이나 지각 통합의 어려움, 학교나 직장에서의 이해 향상 등 아직 손도 대지 못한 문제가 산적해 있다.

앞으로도 자폐증이라는 개념은 발전하는 연구와 사회적 압력 양쪽의 영향을 받으면서 진화할 것이다. 다음 절에서는 자폐증의 사회사를 현재의 과제와 연결하는 마지막 개념, 신경다양성이라는 주장이 탄생한 배경을 소개하겠다.

컴퓨터와 뇌신경과학 시대의 신경다양성

목소리를 높이기 시작한 자폐증 당사자들

1990년대부터 2000년대에 걸쳐 신경다양성이라는 용어가 탄생(95쪽)했다는 사실이 상징하듯, 자폐증이 신경회로의 개성일 뿐이라는 주장이 큰 영향력을 갖게 된 배경에는, 지능과 언어능력에 문제가 없는 성인 자폐증 당사자들의 목소리가 터져 나오기 시작한 것과 관계 있다.

그 급진적인 운동의 일례가 짐 싱클레어^{Jim Sinclair}라는 자폐증 당사자가 쓴 에세이다. 자폐증 자녀가 있는 부모를 독자로 상정하고 쓴 〈우리들을 위해 울지 말아요^{Don't mourn for us}〉라는 에세이는 1993년 그가 어느 부모 단체의 회합에서 한 연설에 근거하고 있는데, 지금까지 회자될 정도로 강렬한 메시지를 담고 있다.

자폐증은 병처럼 걸리는 것도 아니고, 사람을 가두는 껍질도 아니다. 그 속에 보통의 아이가 숨겨져 있는 것도 아니다. 자폐증은, 그 사람의 존재 그 자체이자 사는 방식 전체와 관련된 것. 모든 경험을 물들이는 것. 모든 감각, 모든 지각, 생각과 감정, 그리고 일어나는 모든 일이나 존재 자체와 관련된 것……. 그러니까 "우리 아이가 자폐증이 아니었다면 얼마나 좋았을까"라고 생각한다면, 그것은 마치 "자폐증인 아이가 아니라 다른 애였으면 좋을 텐데"라고 말하는 것과 같다. 당신은 우리를 위해 슬피 울지언정 우리에게는 그렇게 들리고 마는 것이다.[36]

자기 아이가 자폐증이라는 사실을 알았을 때에 처음에는 슬퍼하고 또 고칠 방법을 찾는 것은, 부모로서는 자연스러운 반응일 것이다. 하지만 자폐증인 우리 아이에 대해 계속 슬퍼하고만 있다면, 자폐증을 극복해야만 하는 장애로 간주하는 것이 된다. 세상 물정을 알게 된 자폐증 당사자들이 자기의 존재와 가치를 부모로부터 전체적으로 부정당한 듯 느끼는 것도 무리가 아니다. 부모가 원하는 대로 크는 아이는 사실 별로 없고, 부모의 기대에 반발하지 않고 성장하는 아이도 적지 않은가?

하지만 자폐증의 경우, 이것이 더욱 선명하고 첨예하게 나타난다. 자폐증 당사자는 대상을 느끼는 방법이나 경험 자체가 정형발달인과 다르기 때문이다. 그때까지의 자폐증 운동에서는 부모가 앞서서 자녀를 위해 자폐증과 싸우겠다는 입장이었다. 그런데 자폐증 당사자들이 이에 대해 이의를 제기한 것이다. 싱클레어 등의 주장은, 나중에 신경다양성이라고 알려지는 개념과 관련이 있었다. 그와 동시에 자폐증 당사자와 부모 사이에 해결할 수 없는 긴장 관계가 존재한다는 것도 백일하에 드러났다.

1990년대에서 2000년대로 넘어가던 시기는 아직 자폐증 대유행에 대한 불안이 크던 때로, 일부 부모들의 주장도 급진화하고 있었다. 더 이상 기다릴 수 없다, 우리 아이를 자폐증으로부터 지켜야 한다는 등의 말을 내걸고 다양한 부모 단체가 급진적인 캠페인을 벌이자, 자폐증을 자신의 개성이라고 생각하는 일부 자폐증 당사자들은 '치료'와 '자폐증과 싸우자'라는 부모들의 주장을 비판하는 입장을 취했다. 동시에 아무리 부모라고 해도 우리와는 신경회로가 다른 부족이라는 이질감도 커졌다. 당사자의 단체들이 급진적인 비판 행동을 펼치기 시작했다. 자폐증 당사자와 우리 아이를 지키겠다고 싸워온 부모들의 갈등에는 안타까운 측면도 있다. 하지만, 무엇보다도 당사자의 주장에 귀를 기울여야 하는 때가 온 것이다.

짐 싱클레어는 자서전으로 유명해진 도나 윌리엄스, 캐시 그랜트Kathy Grant와 함께 자폐증 당사자의 지원 단체 ANIAutism Network International를 결성한다. 그 계기가 된 에피소드가 인상적이다.[37] 도나는 1992년 처음으로 출판한 자서전의 프로모션을 위해 오스트레일리아에서 미국을 방문했을 때 캐시와 짐을 방문했다. 도나 윌리엄스는 그때의 일을 이렇게 회상한다. "우리는 몇천 마일이나 떨어진 곳에서 살아왔지만, '우리만의 독자적인 세계'라는 개념, 전략, 경험을 표현하는 언어를 만들면서 이야기할 수 있었다. 마치 잃어버렸던 부족과 재회한 듯한 기분이었다……. 우리는 모두 여기에 속하고 있다는 감각, 서로 이해되고 있다는 기분, 여기에서는 나도 '보통 사람'이라고 생각했다. 즉, 외부 세계에서는 절대로 얻을 수 없는 모든 감각을 여기에서는 느낄 수 있었다."[38]

싱클레어의 회상도 비슷했다. "오랫동안 외계인의 세계에서 생활하다가, 겨우 내가 속한 별에 사는 사람을 만날 수 있었다는 느낌이었다." 그리고 그들은 거리낌없이 바닥을 뒹구는 등의 반복 행동을 하거나, 서로의 반복 행동에서 취향을 알아내어 작은 선물을 교환하기도 했다. 자폐증 특유의 반복 행동은 정형발달인에게는 강한 이질감을 주곤 하지만, 싱클레어 등에게는 상대를 이해하고 커뮤니케이션하는 계기를 제공하는, 서로를 이어주는 가교였다.[39] 정형발달인은 도저히 생각할 수 없는 커뮤니케이션 스타일이지만, 실로 흥미로운 이야기다.

인터넷과 뇌신경과학의 발전

"자폐증은 개성"이라고 주장하는 신경다양성이라는 개념은, 신경회로의 다양성을 인정하는 것이 인류 문명의 발전에 기여한다는, 스케일이 큰 사상으로 전개되었다. 이에는 자폐증 당사자들의 주장뿐 아니라, 기술 발전과 함께 급속히 성장한 새로운 문화적 조류가 영향을 미쳤다고 보아도 좋을 듯하다. 그중 하나는 1990년대 이후 컴퓨터와 인터넷이 사회 곳곳으로 보급되었다는 측면이고, 또 하나는 뇌신경과학의 발전이 한 단계 진보했다는 측면이었다.

디지털 세계와 뇌신경과학은 처음부터 궁합이 좋았다. 뇌신경과 컴퓨터는, 물론 생물 시스템과 디지털 시스템이라는 차이가 있지만, 둘 다 정보와 전기신호와 관련되어 있다. 컴퓨터나 인터넷의 세계처럼, 뇌신경과학도 복잡계의 네트워크를 기반으로 한다. 자폐증의 경향이 있고 컴퓨터를 다루는 사람들에게, 디지털 세계는 그들이 느끼는 뇌 속 세계를 묘사하는 데에 적합한 메타포를 제공했다.

예를 들어, 컴퓨터가 비정상적으로 종료해서 움직이지 않을 때의 감각이나 그런 상황에 대처할 때를 가리키는 다양한 용어는, 자폐증 당사자들이 주관적으로 느끼는 감각, 예를 들어 지각 과민으로 발작이 생겼을 때의 감각을 개념화하기 좋았다. 템플 그랜딘도 다수파가 느끼는 방식을 이해하는 방법론으로서 '시뮬레이션'이라는 언어를 자연스럽게 사용했다. 신경다양성(뉴로다이버시티)이라는 개념의 탄생도, 디지털 문화라는 거시적인 배경 없이는 이해하기 어렵다.

한편, 뇌신경과학 연구도 새로운 단계에 들어서고 있었다. 특히 사람의 뇌를 계측하는 기술이 비약적으로 발전했다. 그때까지는 외부에서 행동이나 증상을 관찰하거나, 사후의 뇌, 동물의 뇌를 연구하는 것이 전부였지만, fMRI(기능적 자기공명영상) 등의 계측기기가 획기적으로 발달하면서 뇌의 내부 구조를 연구하는 실마리를 제공했다. fMRI를 사용하면, 예를 들어 자폐증 당사자가 손가락을 움직이거나 어떤 소리를 듣거나 특정 대상을 생각할 때 등에 뇌의 어느 부분에서 혈류가 활발하게 움직이는가를 측정할 수 있다. fMRI의 기술은 1992년 미국의 벨연구소에 근무하던 오가와 세이지小川誠二 박사가 처음으로 인간에 응용했다. 또, 히타치제작소의 고이즈미 히데아키^{小泉英明} 박사를 포함해 계측기기를 개발한 연구팀이 인간의 뇌 연구에 응용할 수 있는 기술로 보급하는 등 일본이 성과를 올리고 있는 연구 분야다.

최근에는 아기처럼 쉼 없이 움직이는 대상에 응용할 수 있는 계측 기기가 개발되어, 뇌의 기질적 구조를 조사하는 방법이 더욱더 눈부 시게 발전하고 있다. 뇌과학의 발달에 대해서는 일반 미디어에도 자 주 소개되어, 뉴런, 시냅시스, 신경회로의 네트워크 등의 용어가 보통 의 어휘가 되었다.

신경다양성의 철학과 '괴짜' 문화

이런 맥락 속에서 '신경다양성(뉴로다이버시티)'이라는 개념이 순식간 에 자폐증에 관심 있는 사람들 사이에 퍼졌다. 최초의 계기는 1998년 하비 블룸^{Harvey Blume}이 〈신경다양성〉이라는 에세이를 발표한 일이었 다.[40] 단어 자체는 오스트레일리아에 사는 자폐증 당사자인 주디 싱 어^{Judy Singer}가 이미 사용한 적이 있었다. 블룸의 에세이가 관심을 모은 것은 영향력 있는 《애틀란틱^{Atlantic}》에 게재되었기 때문이기도 했지 만, 무엇보다 그가 이 주제를 디지털 시대의 '괴짜 문화^{geek culture}'의 특 징과 관련 지었기 때문이었다. 이즈음 디지털 비즈니스가 큰 사업 분 야로 성장하고, 인터넷이 많은 사람들을 이어주는 도구가 되어가고 있었다.

일본어로 '오타쿠 문화'라고도 번역되는 '괴짜 문화'는 컴퓨터에 특화된 마니아의 문화라고 설명할 수 있겠다. 당시 미국에서 '너드nerd'는 오타쿠적 경향을 뜻하는 오래된 단어였다. 이에 비해 '괴짜geek'란 '너드의 컴퓨터 테크놀로지에 더해, 너드들에게는 결여되기 쉬운 인터넷 시대에 적합한 사교성이 있는 사람'[41]이라고 블룸은 말한다. 1990년대 말, 괴짜에 대한 부정적인 이미지가 불식되면서 '괴짜라는 것이 자랑스러운 geek pride'의 시대가 시작되었다고들 말한다. 그리고 디지털 문화가 사회 전반의 인프라가 되어가면서, 고기능 자폐증 당사자들이 진단 여부와는 무관하게 컴퓨터 관련 직종에 취업하는 사례가 적지 않았다는 사실도 알려져 있다.

블룸은 '괴짜 왕국'에는 신경회로적인 공통점이 있다고 생각했다. 컴퓨터의 활용과 발전에, 비정형적 신경회로를 가진 사람들은 정형적으로 신경이 발달한 다수파들이 힘을 모아도 성과를 내기 어려운 막대한 공헌을 했다. 그러므로 디지털 시대에는 자폐증적인 뇌가 더 적합할지도 모른다고 하비 블룸은 주장했다. 즉, "생물다양성이 중요한 것처럼, '신경다양성'은 인류에게 중요하다"라는 것이었다.

자폐증이 있는 괴짜들은 마치 다른 별에서 온 사람처럼 컴퓨터를 신속하고 정확하게 만져 문제를 해결하곤 한다. 그즈음 머스키Muskie라는 이름으로 알려진 자폐증 당사자가 만든 '정형발달인 연구소Institute for the Study of the Neurologically Typical'라는 웹사이트가 있었는데, 이 사이트에 게재된 정형발달인을 야유하는 패러디가 자폐증 당사자들 사이에서 사랑받았다. 블룸은 이 패러디를 소개하면서, 고기능 자폐증 당사자들에게 자신감을 갖고 커밍아웃 하라고 격려했다. 이 패러디에 대해서는 나도 한 아바타로부터 들은 적이 있다. 전문을 소개하면 다음과 같다.

'NT(뉴로티피컬) 신드롬'에 대해. 신경정형발달증은 '정신장애'다.

1. NT란 무엇인가: 뇌신경의 장애로서, 주 증상은 사회적인 평판에 극단적으로 신경을 쓰고, 자기가 우수하다는 망상, 사회적 순응에 대한 집착이다.

2. NT의 출현 확률: 비극적이게도 1만 명 중 9,624명에게 이 증상이 나타난다.

3. NT의 치료법: 현재 확립된 치료법이 없다.

처음 읽었을 때에 나도 모르게 웃음이 터졌다. 자폐 스펙트럼을 장애라고 말하는 것을 거울처럼 반전한 훌륭한 패러디다. 카테고리를 정반대의 입장에서 보면 전혀 다르게 보인다. 정형발달인이 자기들 신경회로의 형태만 우수하고 정상적이라고 간주하는 것을 멋지게 조롱했다. 미국의 최신 통계에 따르면 자폐증이 발현하는 비율은 그 당시보다 약간 증가해서 688명 중 1명(다른 선진국에서는 100명 중 1명)이라고 한다. 또, 약 50명 중 1명이 자폐증이라는 최신 정부기관의 조사 결과도 있다.[42] 그러니까 이 NT의 발현율은 '다행히도' 이때보다는 다소 감소하고 있다고 해도 좋겠다.

인터넷 문화의 사회적 확산과 자폐증 당사자 운동의 결합을 상징하는 인물이, 자폐증 당사자로서 지금도 미디어에서 대활약하고 있는 알렉스 플랭크Alex Plank일 것이다. 그는 2004년에 '아스퍼거 증후군인 사람들을 위한, "잘못 온 별에서Wrong Planet"'라는 웹사이트를 17살 때에 만든 것으로 유명해졌다.

알렉스는 9살에 아스퍼거 증후군으로 진단받았다. 그는 어릴 때부터 컴퓨터와 함께 자란 소위 디지털 네이티브 세대인데, 10대부터 위키피디아(자발적인 투고로 성립하는 디지털 백과사전)에 1만 건 이상의 기사를 투고했다는, 괴짜 중에서도 괴짜다. 하지만 현실 세계에서는 친구를 사귀는 일에 서툴었고 주변에 취미가 같은 아스퍼거 친구도 없었다.

인터넷을 통해 아스퍼거들이 서로 연결될 수 있는 온라인 커뮤니티가 필요하다고 생각한 알렉스는, 고교 시절 여름방학에 워싱턴 DC 근처의 할아버지 집에서 머물면서 웹사이트를 만들기 시작했다. 그런데 할아버지 집에는 인터넷 환경이 정비되어 있지 않았기 때문에, 그는 한 달 동안 자전거로 할아버지 집 근처의 도서관을 다니면서 혼자서 웹사이트를 만들었다.[43] 아스퍼거들끼리 정보를 교환할 수 있는 장을 표방한, 아마추어 느낌이 듬뿍 담긴 이 웹사이트는 회원이 순식간에 늘어났다. 알렉스는 이후 자폐증을 주제로 인터넷 TV 프로그램의 호스트도 하고, 다큐멘터리 제작에도 관여하는 등 이 분야에서는 조금은 알려진 명사가 되었다.

한편 미국에서 자폐증과 괴짜에 대해 영향력 있는 글을 쓰는 스티브 실버먼Steve Silberman이라는 저널리스트가 있다. 그는 원래《와이어드》에 디지털 문화에 대한 기사를 기고하는 전문 기자였다. 2001년

이 잡지에 발표한 〈괴짜 신드롬The Geek Syndrome〉에서 실리콘밸리의 영향력 있는 부부들 사이에 자폐증을 가진 자녀들이 늘고 있다고 보도해 큰 반향을 불러일으켰다.[44] 실버먼은 수학이나 테크놀로지에 재능을 보이는 유전자가 자폐증과 관련 있을지도 모른다고 대담하게 문제 제기를 했는데, 당시에는 아직 이 문제를 솔직하게 지적하는 사람이 적었다.

과학 전문 잡지 《네이처Nature》는 2011년에 '자폐증의 수수께끼The Autism Enigma'라는 대담한 기획을 특집으로 내면서, 〈괴짜들이 만났을 때When geeks meet〉라는 기사에서 실리콘밸리에 자폐증 어린이가 많다는 이슈를 다루었다. 아인슈타인 티셔츠를 입은 아빠와 《네이처》를 읽고 있는 엄마가 있는 거실에서, 장난감 자동차를 줄을 맞추어 늘어놓으며 노는, 자폐증의 전형적인 행동을 보이는 남자아이를 그린 유머러스한 일러스트가 함께 실렸다.

애초에 미국에서는 고학력 전문직 남녀가 결혼하는 경향이 상당히 강해서, 특히 수학이나 엔지니어링, 컴퓨터 등의 전문가나 디지털 관련 경영자가 밀집한 실리콘밸리에는 자연스럽게 비슷한 사람들끼리 맺어진 커플이 많다.[45] 만약 자폐증 특유의 정신이 디지털 세계나 과학기술 세계와 궁합이 좋다면, 실리콘밸리에서 태어나는 아이들이 자폐증적이라는 사실을 비관적으로 볼 필요는 없을지도 모른다.

실버먼이 괴짜와 아스퍼거의 관계에 대해 언급한 지 15년, 알렉스가 만든 아스퍼거를 위한 웹사이트가 시작된 지 10년 이상 시간이 흘렀다. 디지털과 인터넷이 사회적 인프라로서, 미국 경제를 이끄는 산

《네이처》(2011년 9월호)의 특집 '자폐증의 수수께끼'에 게재된 기사 〈괴짜들이 만났을 때〉의 삽화. 일러스트 ⓒPete Ellis.

업을 이끌고 있다는 점은 말할 필요도 없다. 실리콘밸리도 이제 신흥 세력이 아니라 미국 사회의 완전한 주류다. 이런 흐름 속에서 자폐 스펙트럼이 사회의 주변부에서 주류의 관심사로 이동했다고 말할 수 있다.

실리콘밸리의 영웅이라면 애플의 창업자인 고故 스티브 잡스Steven Jobs를 우선 떠올린다. 저항 문화 속에서 자란 천재로, 완벽주의자에다 디테일에 집착하는 강박적인 성격에, 나중에 보니 타인을 좌지우지하려는 경향도 강했다고 알려져 있다. 실리콘밸리 근처에는 그가 '아스퍼거적'이었다고 말하는 사람이 매우 많다. 템플 그랜딘도 그런 사람 중 한 명이다.[46] 그의 두뇌와 성격을 바꾸려고 하는 것은, 그 자신에게도 인류 문명에게도 전혀 생산적이지 않을 것이다. 실리콘밸리의 영웅이 '아스피aspie'*일 수 있다고 이야기되어지는 것 자체가, 바꾸어 말하자면, 자폐증적이라는 것을 부끄럽게 여기는 의식이 옅어지고 있다는 상징일지도 모른다.

하지만 자폐증이 주류의 관심사가 되었다고 해도, 또 괴짜 문화와 실리콘밸리, 자연과학이나 엔지니어링 등의 분야가 비정형적인 신경회로 소유자의 공헌으로 성립했다고 해도, 재능 있는 아스퍼거의 긍정적인 측면만으로 자폐증을 이해하는 것은 불충분하다.

매스미디어에 등장하는 아스퍼거 당사자들은 알렉스 플랭크이든, 템플 그랜딘이든, 영국의 유명 정원사이든, 언어를 훌륭하게 구사하고 독특하고 재능이 넘치는 매력 만점의 사람들이다. 이런 사람들의 활약이 자폐증에 대한 우리의 고정관념을 깨뜨리고, 뇌의 불가사의함과 가능성에 대한 호기심을 불러일으켜, 스스로의 존재를 통해 신경다양성이라는 철학을 세계에 널리 알렸다는 점은 틀림없다.

다만, 이런 고기능 자폐증 당사자들뿐 아니라, 예전에 생각했던 것보다는 훨씬 낮은 확률이지만 캐너가 묘사했던 고전적인 자폐증에 가까운, 커뮤니케이션 능력에 심각한 문제가 있는 사람들이 있다는 사실을 잊어서는 안 된다. 일상생활에 보호가 필요한 고전적인 자폐증의 절대 수가 감소한 것이 아니다. 진단 기준이나 사람들의 의식이 변화했기 때문에, 보다 고기능이지만 자폐증이라고 진단되는 사람들의 수가 늘어난 것뿐이다. 그런 면에서는 심각한 자폐증 증상이 있는

---

* 아스퍼거 증후군이 있는 사람들을 부르는 은어.

자녀의 치료와 양육, 보호를 고민하는 부모가 감소한 것도 아니다. 점점 나이가 들지만 자립해서 생활할 수 없는 성인 자폐증 당사자가 줄어드는 일은 앞으로도 없을 것이다.

또한, 고기능 자폐증 중에도 실제로는 지각 과민 등 때문에 일상생활에서 다양한 문제로 고민하는 삶, 지능은 우수하지만 대인 관계가 어려워 직장에 적응할 수 없는 사람이 많다. 내가 가상공간에서 만난 자폐증 당사자의 아바타들도 지능이 높고 컴퓨터 사용도 잘하지만, 현실 생활에서는 어딘가 문제가 있는 경우가 많았다. 다음 장에서는 아바타들의 가상 세계에 대한 이야기로 돌아가자. 자폐증과 함께하는 이들의 일상생활에 대해 소개하겠다.

제3장

뇌 속 세계의 과잉

가상공간 속 자폐 스펙트럼 아바타들

자폐증적 경험에 대해 생각하다

자폐 스펙트럼 아바타의 다양성

2008년 무렵이었다. 아바타 친구인 월에게서 아만다 메그 백스의 아바타가 세컨드라이프에 출몰한다는 말을 들었다. 자폐 스펙트럼 당사자인 블로거로 당시 매스미디어에서 화제가 되고 있던 아만다는 말을 거의 할 수 없는 중증 자폐 스펙트럼인 데다가, 몇 가지 신체장애와 질병이 있어서 일상생활에서 도움이 필요하다. 몸을 흔들고 손을 휘적대는 등 마치 의례처럼 반복적인 신체 표현을 강하게 하기 때문에, 어디를 보아도 캐너형의 고전적인 자폐 스펙트럼이다.

　하지만 그녀는 블로거로서는 수다쟁이였다. 그 무렵 그녀는 모르는 사람들에게는 자폐 스펙트럼 특유의 반복 행동으로만 보이는 신체 표현이 자신에게는 자연스러운 언어, 즉 커뮤니케이션의 한 방법이라고 주장하는 동영상을 유튜브에 업로드했다. 그 내용이《와이어드》등에 크게 보도되면서 유명해졌다.[1] 말을 하지 않는 아만다가 반복 행동에 몰두하는 모습은 언뜻 고전적인 자폐증처럼 보이지만, 달변인데다가 강렬한 글솜씨가 인상적인 블로그나 동영상을 통해 그녀의 세계관을 알게 되면, 뇌 속에 전형적인 '하이퍼월드'가 펼쳐지고 있는 사람으로 보인다.

당시 세컨드라이프에는 경이로운 신체감각과 능력을 가진 자폐 스펙트럼 아바타들이 출입하고 있었다. 아만다처럼, 자폐 스펙트럼의 정체성을 인정해줄 것을 요구하는 급진적인 당사자 운동에 동조하면서 블로그에서 영향력을 발휘하는 사람도 있었다. 그 정도는 아니더라도 자폐 스펙트럼이라는 자기정체성을 밝히고 정형발달인의 질문에 적극적으로 답변하면서, 자폐 스펙트럼 세계의 외교관 역할을 자처하는 아바타도 있었다.

한편, 비교적 온건한 자폐 스펙트럼 증상 때문에 실제 생활에서는 오히려 이해나 공감을 얻기 힘든 사람, 또 주변에서 정형발달인과 동일하게 행동할 것을 기대하기 때문에 고민이 많았던 사람도 있었다. 그런 사람들은 자폐증 자조 그룹 등에 모여서 디지털 공간에서나 가능한 타인과의 공감과 연대를 느끼고 싶어 했다. 실제 생활에서는 곤란을 느끼지만, 가상공간에서는 예술과 괴짜 문화가 결합된 표현에 푹 빠져 자유를 만끽하는 사람도 있었다.

가상공간에 있는 자폐 스펙트럼 아바타들은, 컴퓨터를 쓸 수 있는 것은 물론이요, 문자 채팅 등에서 높은 지능과 언어능력을 보여주는, 소위 '고기능' 자폐 스펙트럼(아스퍼거를 포함해 ASD)이라고 할 수 있다.[2] 그렇다고는 해도, 각각의 생각이나 자폐증적 개성, 가상공간에 들어오는 마음가짐은 실로 각양각색이었다. 한 명의 자폐 스펙트럼 당사자와 알게 되는 것은, 하나의 개성을 알게 되는 것이라고 새삼 느끼는 순간이 많았다.

결여인가, 과잉인가?

가상공간에서 만나는 자폐 스펙트럼 당사자들은 예전에 리오 캐너 박사 시대에 구축된 자폐증에 대한 이미지—감정이 메말랐고 내부에 웅크리고 있는 사람의 이미지—와는 전혀 달랐다.

말이 끊이지 않는 수다쟁이도 있었고, 자기만 인지할 수 있는 컬러풀한 세상을 가상공간에서 재현하려는 사람도 있었다. 또, 다량의 정보를 인지하는 지각 과민을 안고 있는 자폐 스펙트럼 당사자가 압도적으로 많아서, 강렬하고 넘쳐흐르는 뇌 속 세계에 대해 논리적이고 유창하게 설명하는 경우도 적지 않았다. 이상 지각이나 지각 과민 현상에 대해 "필터가 전혀 없이 정보가 밀려 들어온다"라고 표현하는 당사자가 많았다. 과잉이라고 할 정도로 자극적인 그들 세계의 불가사의함을 차차 알아가기 시작했다.

일반적으로 사회 다수파인 정형발달인은 자폐 스펙트럼이 있는 사람들에게는 무엇인가가 결여되어 있다는(다른 사람의 기분을 모른다, 공감력이 부족하다, 감정이 부족하다 등) 섣부른 인상을 갖곤 한다. 물론 고기능 자폐 스펙트럼을 가진 대부분의 사람들이 NT(뉴로티피컬, 자폐증이 아닌 정형발달인)들에게 자신들이 그렇게 비추어질 뿐 아니라, 심

리학자들마저 공감력이 없다고 단언한다는 것을 잘 안다. 자폐 스펙
트럼의 자조 그룹에 모인 아바타들도 "어차피 우리 같은 자폐증적인
인간은, 사람들의 미묘한 기분은 모르는 것으로 되어 있지만……"이
라는 전제로 이야기를 시작할 때가 있다. 하지만 일반적으로 정형발
달인이나 심리학자가 자폐 스펙트럼 당사자는 무엇인가 '부족하다'
라고 생각하는 것은, 어디까지나 다수파의 관점이라는 사실을 잊어
서는 안 된다.

　NT적인 사고방식을 추론·분석하고 규칙을 추출해서, NT의 관점
에 적응하는 방법을 그 나름대로 발견하고 대응한 템플 그랜딘과 비
슷한 전략을 구사하는 아바타도 있다. 하지만 자폐 스펙트럼에 대한
편견은 NT의 독선에 불과하며 사회 전체 시스템이 NT의 신경회로
에 맞게 만들어져 있기 때문이라고 적극적으로 이의를 제기하는 아
바타도 있다. 일반적으로 무엇인가가 결여되어 있다는 이야기가, 자
폐 스펙트럼을 자신의 개성이라고 생각하는 당사자들에게는 전혀 와
닿지 않는 것도 사실일 것이다.

　가상공간에서 당사자들과 이야기하면서, 나는 점차 정형발달인과
비정형발달인의 관점이 어떻게 다른지 감을 잡게 되었다. 같은 것을
보고 들어도 서로 관점이 다르기 때문에 정보의 의미를 동일하게 받
아들이지 않는다. 이는 단순히 정신세계가 다르기 때문이라기보다
는, 더 근본적으로 신체감각을 포함해 인지, 지각의 세계를 관통하는
차이 때문일 수도 있다. 자폐 스펙트럼은 마음의 문제만이 아니라, 기
본적으로 신체적인 문제인 것이다.

자폐증적 경험이란 무엇인가?

인간의 경험이란, 개별적인 경험의 중심이 무엇인가에 따라 세 부류로 나눌 수 있다. 지각감각적 경험sensory-perceptional experiences, 심적 경험mental experiences, 그리고 사회적 경험social experiences이다. 지각감각적 경험이란, 언어로 개념화되기 이전의 느낌으로, 신체와 감각을 통해 외부 세계를 직접적으로 느낀 것을 뜻한다. 심적 경험이란 개념을 통해 의미를 부여하는 마음의 움직임이다. 사회적 경험이란 혼자서 살 수 없는 인간이 필연적으로 맺어야 하는 대인 관계의 경험을 말한다.

자폐 스펙트럼 당사자는 다수파에 맞추어진 사회적 상식, 문화나 제도 등에서 갈등을 빚곤 하는데, 이는 넓은 의미에서 사회적 경험이다. 자폐 스펙트럼은 세 종류의 경험에 모두 영향을 미친다. 심적인 문제만이라고 할 수 없으며, 오로지 사회적 경험이라고 할 수도 없다. 감각 이상은 대부분의 자폐 스펙트럼 당사자 아바타들이 말하는 증상으로, 보통 사람이 생각하는 것보다 더 중대한 문제다. 하지만 그것만으로 자폐증의 '마음'을 이해할 수 없고, 사회적 경험의 질을 알 수도 없다. 자폐증적인 경험은 이 모든 종류의 경험에 스며 있다. 자폐 스펙트럼이 신경회로의 개성이라는 주장도, 신경회로의 독특한 패턴이 개인의 신체와 인격, 경험의 구석구석까지 영향을 미친다는 당사자의 주관적 감각에 의거한 것이다.

물론, 경험의 세 가지 카테고리는 칼로 자르듯이 명확하게 구분되지 않고, 서로 연관되어 있다. 예를 들어, 지각감각 정보는 심적 경험으로 재해석되며, 복수의 감각기관에서 받아들인 정보도 조정되고 통합되기도 한다. "오늘은 날씨도 좋고 컨디션도 최고"라는 식으로 스스로의 기분을 판단하는 경우도 있다. 다만, 지각감각을 반드시 마음으로만 경험하는 것은 아니다. 어쩌면 개념이나 언어로 감각 정보를 이해하기 이전에, 감각이나 신체적 회로로 외부 세계를 직접적으로 느끼고 잠재의식에서 처리하는 경우가 더 많을 것이다.

자폐증적 경험이 남다른 것은, 잠재의식 속에서 처리되는 지각감각적 경험이 심적, 사회적 경험과 밀접하게 연관되어 있음을 적나라하게 드러내기 때문일지도 모른다.

감각 과민이나 신체나 의식의 이상은 자폐 스펙트럼 당사자에게는 매우 중요할 뿐 아니라, 거부할 수 없는 경험이다. 그로부터 발작적인 증상이 생기는 경우도 많기 때문에, 당사자에게는 생활의 질과 직접적으로 관계 있는 문제이기도 하다. 예전에 템플 그랜딘은 자폐증을 위한 연구 자금 1,000만 달러가 있다면 어떻게 사용하고 싶냐는 질문에 바로 "감각에 관한 문제의 원인을 밝히는 데에 사용하겠다"라고 답했다.[3] 당사자들에게는 감각에 관한 문제가 그 정도로 중요하다. 많은 당사자가 이 때문에 고민하고 있다. 같은 아스퍼거라고 해도, 감각이나 신체 기능의 이상이나 과민 반응의 정도에 따라서 생활의 질이 크게 다르다.

하지만 자폐 스펙트럼 어린이에 대한 의학적 진단 기준에서는 언어 습득이 늦어지는 것을 포함해 커뮤니케이션 장애, 대인 관계 혹은 사회성 문제, 흥미 분야의 폭이 좁고 반복 행동을 하는 문제 등 세 가지가 기본 증상으로 오랫동안 거론되어왔다.[4] 자폐증 연구자 혹은 치료 관계자, 교육 관계자들도 자폐 스펙트럼 당사자의 심적 경험과 사회적 경험의 범주에 속하는 장애나 증상에 주목했다. 미국의 최신 진단 기준에서 처음으로 '감각 과민'에 대해 다루었지만,[5] 3대 증상에 포함되지 않는 몇 가지 특징적인 증상의 하나로 거론했을 뿐이다. 자폐 스펙트럼 당사자들을 고민하게 만드는 지각감각적 경험, 심적 경험, 사회적 경험이 어떻게 관계되어 있는지는 알려지지 않은 것투성이다.

자폐증을 스펙트럼으로 정의하는 것은, 발현되는 방식(표현형)이 실로 다양하기 때문이다. 하지만 단지 다양하다는 것만으로는 좀처럼 감이 오지 않는다. 그러다 보니, 자폐 스펙트럼의 어떤 증상을 중심적으로 보아야 자폐증을 이해할 수 있는지에 관한 몇 가지 유력한 '이론'이 등장했다. 단, 이런 이론은 모두 충분히 증명되지 않은 가설이며, 지금도 끊임없이 새로운 유력 가설이 나오고 있다.

어떻게 보자면 이는 자폐증이라고 하는 어려운 수수께끼와 씨름해온 기록이기도 하다. 예를 들어, 지금까지 자폐증에 대한 심리학적 연구에서는 '마음이론' 혹은 '마음의 맹인'[6] 가설이 큰 영향을 끼쳤다 (82쪽). 자폐 스펙트럼인 사람은 다른 사람의 마음을 쉽게 읽지 못한다는 것을 중심 증상으로 강조하는 가설인데, 자폐 스펙트럼 당사자가 할 수 없는 것을 우선 정한 뒤 그에 근거해서 다양한 증상을 일관적으로 설명하는 이론이다. 심리학적인 실험을 통해 자폐 스펙트럼인 사람은 지능이 높아도 놀라울 정도로 타인의 마음을 읽지 못하는 경우가 있다는 것은 증명되었다. '허위 신념 테스트false-belief test'라고 부르는, 어린이를 대상으로 한 실험이 특히 유명하다.

예를 들어, 스마티즈라는 마블초콜릿이 들어 있는 원통형 상자가 있다. 이 상자 속에 미리 연필을 넣어두었다. 자폐 스펙트럼 어린이에게 이 상자를 보여주고 "무엇이 들어 있을까?"라고 물으면, 아이는 "초콜릿"이라고 대답할 것이다. 상자를 열어서 보여주어 사실은 안에 연필이 있다는 것을 알려준다. 어리둥절한 아이에게 "다른 사람이 이 상자를 본다면 무엇이 들어 있다고 생각할까?"라고 질문을 던지면, 자폐 스펙트럼 어린이는 "연필"이라고 대답한다는 것이다.

이 실험에는 여러 버전이 있어서, 심리학자인 사이먼 배런코언이 실시한 '샐리와 앤의 허위 신념 테스트Sally-Anne Test' 등이 유명한데 결과는 모두 동일하다. 지능이 높은 자폐 스펙트럼 어린이는 같은 연령의 정형발달 어린이와는 달리 이 과제를 풀지 못한다.

이런 실험 결과를 통해, 자폐 스펙트럼 어린이는 타인이 자신과 다른 관점을 갖는다는 것을 모른다는 증상이 판명되었다. 자폐증의 본질을 사회적·심적 경험의 일종인, 타인의 마음을 읽을 줄 아는가 모르는가의 관점에서 찾고자 한 것으로, 이후 심리학의 연구에 큰 영향을 미쳤다.[7]

마음이론과 '마음의 맹인'설 등이 자폐증의 결여를 강조한다는 비판을 수용하면서, 배런코언은 자폐증의 심리적인 특징을 보다 중립적으로 분석한 새로운 가설을 제시했다. 자폐증의 심리적 특성으로 '체계화'와 '공감력'이라는 두 측면에 주목했다. 체계화란 대상을 분석거나 구조화하고 싶어하는 충동, 규칙성과 룰에 주목하는 경향이다. 배런코언은 평균보다 공감력이 약하고, 체계화가 강하다는 두 가지 축이 자폐증의 심리적 특징이라고 설명했다.

체계화, 그리고 그에 따른 규칙화는, 좋든 나쁘든 고기능 자폐증에서 자주 나타나는 현상이다. 어렸을 때에는 기차나 자동차 장난감을 줄지어 세우려는 경향을 보이고, 어른이 되면 수집, 기계, 수학 등의 분야에서 리스트나 시스템을 만드는 데에서 능력을 발휘한다. 체계화를 할 때에는 체계의 기능을 예측하기 위해 관리 규칙 등을 만드는 것을 좋아한다고 한다. 직장에서는 본인 마음에 들 때까지 원하는 방법으로 혼자 작업함으로써 정신적으로 안정되고, 결과적으로 효율을 올릴 수 있다. 배런코언은 세부적인 것에 주의를 기울이고, 완벽하게 체계화하려는 지향성 자체는 결점으로 간주하지 않으므로, 보다 중립적인 가설이라고 주장했다.[8]

하지만 '마음이론'에서 '타인의 마음을 읽지 못한다'는 식의 주장은 겉으로 드러나는 의식 세계에 대한 이야기다. 의식 세계보다 더 깊은 곳에는 인간이 진화 과정에서 획득한 지각이나, 신체와 일체가 된 깊은 잠재의식이 있다. 그런 전체적인 것을 포함해야 비로소 마음이라고 생각한다. 마음은 신체화되어 있고, 신체에는 마음이 깊이 잠재되어 있다. 심리학 이론에서 공감력이 약하다든가 타인의 마음을 읽지 못한다는 식으로 말할 때에는, 신체와는 완전히 분리된 실체로서의 마음, 즉 정신적인 문제인 듯한 인상을 준다.

신체적인 마음, 마음적인 신체

가상공간에서 들은 자폐 스펙트럼 당사자의 이야기 중에서 인상 깊게 남아 있는 것이 있다. 당사자들이 마음의 움직임을, 신체와 밀접하게 관계된 무엇인 양 묘사한다는 것이다. 구체적으로, 그들은 다양한 감각 정보가 들어오는 것에 대해 마음이 얼마나 섬세하게 느끼는지를 자주 표현한다. 감각계뿐 아니라, 운동계 혹은 신체감각의 문제, 신체의 부조화 등에 대해서도 절실하게 이야기한다. 신체감각이나 몸의 움직임이 뻣뻣한 증상은 자폐증에서는 드물지 않다. 자폐증의 마음을 이해하기 위해서는 뇌, 신체, 그리고 외부 세계라는 흐름을 연결하는 지각이 아마도 열쇠를 쥐고 있을 것이다. 그리고 그 지각은 인간의 생존을 위해 필요한 기본적인 신체감각에 뿌리내리고 있다.

가상공간에서 조우한 한 자폐 스펙트럼 아바타는 배고프다는 극히 자연스러운 신체적 느낌이 없어서 아무것도 먹지 않은 채 하루가 다 가는 경우도 있다고 말했다. 그때에 함께 있던 정형발달 아바타가 깜짝 놀라서 "아, 배가 고프다는 자연스러운 감각도 없는 것이야?"라고 되묻자 실제로 배가 고파서 꼬르륵 소리가 나는 신체적 느낌이 오지 않기 때문에 의식적으로 속이 비어 있는지를 생각해내야 겨우 배속이 허전하다는 것을 알게 된다는 대답이 돌아왔다. 먹지 않으면 안 된다는 것은 알고 있지만, 특히 주의를 기울이지 않으면 먹을거리를 냉장고에서 꺼내서 전자레인지에 돌린다든가, 밥상을 차리고 식탁에 앉아서 먹는 과정 중 어느 단계인지 까먹는 경우도 있다. 또, 한번 먹기 시작하면 포만감이 잘 느껴지지 않기 때문에 과식하기도 한다. 그는 지능이 높은 고기능 자폐 스펙트럼 당사자로 기억력이 좋았다. 그렇지만 건강 유지를 위해 식생활을 조절하는 데에 명백히 어려움이 있었다.

이 이야기를 듣고 나는 스스로의 행동을 돌아보았다. 확실히 정형 발달인들은 배가 고프다는 신체 반응에 이끌려, 음식을 먹는 행동을 지속적으로 지시하는 뇌의 잠재적인 기능이 작용한다. 일부러 떠올리려고 하지 않아도 보통은 식사를 잊지는 않는다. 말하자면, 인간은 일반적으로 모든 행동을 의식적으로 떠올린 뒤 뇌에서 지시를 내리지는 않는다. 우리의 일상적인 행동이나 동작의 많은 부분은 의식적으로 판단한 결과가 아니다. 자율신경이나 내분비계 작용을 포함해 신체적인 잠재의식에 의존해 움직인다. 만약 인간이 모든 행동에 대해 의식적으로 지시를 해야 한다면, 그 사람은 정보 처리의 효율이 말도 못 하게 낮다고 해야 할 것이다.

가상공간의 자폐 스펙트럼 아바타들이 하는 말을 듣다 보면, 그들이 신체적인 마음, 신체적인 인지의 문제에 직면해 있다는 생각이 든다. 철학이나 심리학 분야에서는, 뇌의 작용을 초월한 마음의 움직임을 '신체화한 마음embodied mind'이라든가, '신체화한 인지embodied cognition'라고 표현하는 경우가 있다. 이는 특정 학과의 사고방식이 아니라, 마음과 몸이 서로 관련되어 있는 상황을 고찰하는 이론들의 총칭이다. 분명한 것은 마음과 몸을 서로 다른 두 영역으로 분리해서 생각하는 이원론과는 가장 거리가 먼 사상이라는 것이다.

한편, 최근 인공지능의 발달로, 인지심리학이나 신경과학과는 다른 각도에서 자폐증의 신체화된 뇌를 고찰할 수 있다. 예를 들어 NTT 커뮤니케이션 과학 기초 연구소의 가시노 마키오柏野牧夫의 연구팀은, 운동선수들과 자폐 스펙트럼 당사자라는, 언뜻 보기에는 전혀 다른 카테고리의 사람들의 지각감각적 경험을 조사함으로써 그 문을 열 수 있는 가능성을 탐구하고 있다. 이 연구의 전제는, 인공지능이나 로봇과는 다른 인간의 뇌의 유연성을 이해하는 열쇠는, 본인도 자각하지 못하는 신체에 뿌리내린 '잠재적 뇌기능'에 있다는 것이다.[9] 내게 이 연구가 흥미로운 것은, 자폐증에서 감각계·운동계의 문제와, 사회성·대인 관계의 문제 사이에 인과관계가 있을지도 모른다고 언급한다는 점이다. 즉, 인간의 사회성·대인 관계의 기초에 감각계·운동계의 기능이 관련되어 있다는 문제의식이다.

자폐증 세계의 감각

3장에서는 세컨드라이프의 자폐증 자조 그룹에서 활동하는 아바타들의 구체적인 이야기를 통해, 당사자들이 자폐증적 세계의 감각과 관점을 어떻게 설명하는지 소개하겠다.[#] 자조 그룹에 모인 아바타들의 대화는 대체로 일상생활과 밀착된 내용으로 매우 자연스럽다. 다만, 가상공간에서는 극단적으로 과도하고 민감한 뇌 속 세계, 말 그대로 자신의 하이퍼월드를 다양한 방식으로 표현하는 다양한 자폐 스펙트럼 당사자들이 활동하고 있다. 자조 그룹의 분위기와 비교하기 위해, 이 자조 그룹에 속하지 않고 다른 가상공간에서 활동하는 자폐 스펙트럼 당사자들을 먼저 소개하겠다. 특히 상식적인 개념이나 언어의 필터를 경유하지 않고 감각을 통해서 매우 직접적으로 세계를 경험하고 있는 듯 보이는 자폐 스펙트럼 당사자들의 이야기에 초점

[#]   세컨드라이프는 컴퓨터 사용을 전제로 하는 공간이기 때문에, 자폐 스펙트럼 중에서도 특정 성향을 가진 사람들이 주로 모인다. 따라서 내가 조우한 자폐증 아바타들이 자폐 스펙트럼 당사자의 평균적 모습이라고 주장하지 않는다는 점을 미리 확인하고 싶다.

을 두고 싶다.

'나의 언어로'—자폐증의 자연 언어를 찾아서

예를 들어, 이 장의 첫 부분에서도 언급했던 아만다 메그 백스. 그
녀가 유튜브에 업로드한 8분 길이의 동영상에는 "나의 언어로In My
Language"라는 제목이 붙어 있다. 맨 첫 부분에는 카메라를 등지고 몸을
앞뒤로 흔들면서 "우우우"라고 흥얼거리는 소리를 내면서 손을 휘적
이는 그녀의 모습이 나온다. 캐너가 주장했던 고전적인 중증 자폐증
의 모습처럼 보인다. 그 뒤에 그녀가 문고리를 돌리면서 덜컥거리는
소리를 내거나, 목걸이를 흔들거나, 유리창에 종이를 문지르는 등의
장면이 등장한다. 물이 흐르는 수도꼭지에서 손을 갖다 대어 철썩철
썩 소리를 만들기도 한다. 동영상 속 그녀는 언뜻 보면 정신적으로 심
각한 장애가 있거나, 언어능력이 발달하지 않은 자폐증 당사자가 자
기 내부에 침전한 채로 반복 행동에 몰두하고 있는 듯 보인다. 아만다
는 우선 자기의 그런 신체 표현을 동영상으로 보여주면서, 보는 사람
에게 차이의 감각을 환기한다. 대단한 전략이다. 보는 사람은 곧바로
위화감을 느낄 것이다.

몇 분 뒤에, 동영상 속에는 '번역A Translation'이라는 자막이 조용히 나타
난다.

그리고 지금까지 그녀가 신체 표현을 통해 환경과 사물과 교감하는 감각을 어떻게 표현했는지 영어 자막과 인공 음성으로 설명하기 시작한다. 아만다는 말을 잘하지 않지만 사실은 대단한 속도로 키보드를 두드린다.[10] 그 내용을 자동 음성 장치의 젊은 여성의 목소리로 바꾸어 발화한다. 동영상에서 보인 신체 표현이나 소리는 외부 환경과 교신하는 자연스러운 '제1언어'라고 그녀는 말한다. "우리와 같은 인간은 커뮤니케이션이 불가능하다고 생각하는 경우가 많지만 우리에게는 자연스러운 언어가 별도로 존재한다"라는 주장이다.

아만다가 문고리에서 수돗물까지 자신을 둘러싼 다양한 물질, 환경과 커뮤니케이션할 때의 신체 표현은 미국의 인디언 샤먼*이 신과 교신할 때의 의례와 비슷하다는 생각이 든다. 샤먼들은 다양한 물질과 생물에 깃들어 있는 신과 교신하기 위해 트랜스** 상태에 들어갔을 때에 몸을 격렬하게 흔드는데, 이때의 신체 표현이 아만다의 몸짓과 유사하다. 신체가 물질에 닿는 감각이나, 물질과 사람이 닿으면서 만들어지는 소리를 '언어'로 받아들이는 감각은, 그녀만의 개성도 자폐증만의 특징도 아닐지도 모른다.

어쩌면 원시시대에서부터 남다른 감각과 감성을 가진 사람 중에는 환경이나 물질과 교감하고 커뮤니케이션하는 애니미즘***적인 능력을 가진 사람이 있었을지 모른다. 신체 표현은 그런 능력을 첨예하

---

*   신의 대리자 역할을 하는 무당이나 주술자.

**   접신을 통해 무아지경이 된 상태.

*** 사물이나 자연현상에 영혼이 깃들어 있다고 보는 세계관.

게 드러내고 표현하는 의례적인 방법일지도 모른다. 현대의 성인들은 그런 능력을 잃어버렸다. 만약 샤먼들이 '이쪽 세계'와 다른 세계를 왕래하는 기능을 갖고 있다면, 아만다는 '저쪽 세계'의 주민이다. 컴퓨터 키보드를 매개로 이쪽 세계에 (그녀가 말하기로는 영어라는 제2의 언어로) 강렬한 신호를 보내고 있는 것이다.

그녀의 메시지는 보통 자폐증의 주요 '증상'으로 간주되는, 흥미를 갖는 대상이 좁고 특정 행동을 되풀이하는 성향에 새로운 의미를 부여한다. 자폐증을 신경회로의 형태가 다르기 때문에 생기는 개성으로 존중해줄 것을 요구하는 강렬한 당사자 운동 그 자체라고 할 수 있다. 단순하게 논리를 설명하는 것이 아니라, 예술성이 넘치는 동영상으로 주장을 펼친 점도 인상적이었다.

아만다의 동영상의 핵심은, 그런 반복 행동이 실은 그녀의 '자연스러운 언어'라는 주장이었다. 《와이어드》에 따르면 이때 그녀는 27살이었다. 고령자를 위한 공적 요양 주택에 살며 말은 거의 하지 않는다. 하지만 인공 음성은 젊은 여성의 차분한 목소리다. 그녀의 동영상은 자폐증의 가능성—특히 스펙트럼 중에서도 아스퍼거와는 달리 '저기능'으로 지적 능력이 뒤떨어진다고 생각하기 쉬운 사람들의 가능성—을 재고할 것을 촉구하는, 독특한 방식의 자폐증 당사자 운동이었다. 그녀의 주장을 받아들일지 여부와는 별개로, 그녀가 자폐증적 행동의 의미를 새로이 해석하고 이를 의미하는 새로운 언어를 만들려 했다고 보아도 좋지 않을까?[11]

당사자 중에도, 인터넷 TV의 자폐증 관련 프로그램에서 활약하는 알렉스 플랭크와 같은 아스퍼거인 사람들은 겉으로는 정형발달인과 별반 다르지 않다. 이에 비해, 아만다와 같은 사람은 외형적으로 '저기능'의 고전적 자폐증으로 보이곤 한다. 아만다는 정형발달인은 이해하기 어려울지 몰라도, 자폐 스펙트럼 당사자들에게도 개성적인 감각과 표현 방식이 존재하며, 따라서 그에 대한 존엄성을 인정해야 한다는 것을 인상적인 방법으로 주장했다. 아만다의 동영상은 고전적인 자폐증과 아스퍼거를 구분하는 것에 대한 이의 제기이기도 했다.

신체화해 발화하는 것의 어려움

아만다의 시도는 인터넷에서 큰 관심을 불러일으켰다. 하지만 그중에는 "믿을 수 없다. 가짜 뉴스임에 틀림없다"라는 부정적인 댓글도 있었다. 아만다가 예전에는 조금이나마 말을 했었다는 댓글도 있었다고 한다. 이에 대해 아만다는 블로그에서 스스로 목소리를 높여, 예전에 언어와 비슷한 소리를 낸 적이 있는 것은 사실이지만 그게 무슨 의미가 있느냐며 반론을 펼쳤다.

그 논지는 일본인 자폐 스펙트럼 당사자인 아야야 사츠키綾屋紗月가 자세하게 기술했던 발화 곤란의 경험을 떠올리게 한다. 아야야는 철이 들던 때부터, '말하는 것'과 '발성'하는 것에 어려움과 스트레스를 느꼈다고 하지만, 어렸을 때에는 목소리가 잘 나올 때도 있었다고 한다. "목소리가 나오는 정도가 시시각각 바뀐다".[12] 발화가 어려웠기 때문에 대학생 때에는 수어를 배워서 모국어로 삼으려고 했다고도 한다. 전혀 말을 못 하는 것은 아니지만, 무리해서 발화하거나 큰 목소리를 내면 신체에 악영향을 끼친다. 들리지 않는 것은 아니지만, 들리는 사람처럼 커뮤니케이션하는 것도 불가능했기 때문에, 대학생 때에는 마음 둘 곳이 없었다고 회상한다.[13]

가상공간에서 조우한 자폐 스펙트럼 아바타 중에서도 보통 때에는 이야기를 잘하지만 컨디션이 나쁠 때에는 목소리 내는 것조차 어렵다는 사람이 있었다. 언어의 의미를 안다는 것과, 그것을 신체화해서 발화하는 일은 다르다는 것이다. 보통 사람들은 발달 과정에서 언어의 의미와 그것을 신체화해서 발화하는 일이 자연스럽게 일체화되기 때문에, 그 두 과정을 연관하는 일이 그 정도로 어렵다는 것은 상상하기 어렵다. 하지만 이런 사례를 안다면 "옛날에는 말을 했지만 지금은 말하는 것이 불가능"하다는 아만다의 설명에도 수긍할 수 있다. 아만다에 대해 의심을 품는 사람이 있기는 했지만, 대부분의 사람들은 동영상을 보고 "대단하다!"며 솔직하게 감탄과 공감의 목소리를 높였다.

어쨌든 아만다는 세컨드라이프의 아바타로서도 채팅에서 말이 많은 편이라고 한다. 2008년 무렵, 윌은 자폐 스펙트럼 아바타 친구로부터 몇 개월 동안 아만다가 세컨드라이프에 잘 나타나지 않는다는 이야기를 들었다. 안타깝게도 나도 그녀를 아바타로서 만난 적이 아직 없다. 그녀의 블로그를 보면, 원래부터 복합적인 건강 문제가 있었지만 그즈음부터 상태가 상당히 악화된 모양이다. 최근에는 인공

영양 튜브를 꽂은 채로 살고 있지만, 그것 역시 살기 위한 적극적인 조치로 받아들이고 튜브와 함께 사는 감각에 대해 블로그에 글을 쓰곤 한다. 그런 상태로는 살아야 하는 이유가 없다고 생각하는 사람도 있을지 모른다. 하지만 그녀는 그런 생각 역시 '무엇을 할 수 있는가'라는 기준에서 사람의 가치를 평가하는 편견이라며, 장애와 인권에 대한 자신의 생각을 블로그에서 변함없이 열정적으로 밝히고 있다.

언어와 자폐증의 불가사의한 관계

언어와 자폐증은 실로 복잡한 관계가 있다. 원래부터 캐너형 자폐증 진단법에서는 언어 발달이 늦는지 여부가 중요한 판단 기준이다. 앞서 말한《와이어드》의 기사에도, 말을 잘 못하는 캐너형의 고전적인 자폐 스펙트럼인 사람은 지능이 뒤떨어진다고 판단해온 과학자들이 아만다의 사례를 보고 깜짝 놀랐다는 등의 의견이 함께 실렸다. 확실히 그런 측면도 있겠지만, 매스미디어가 매사를 자극적으로 소개하려는 점에는 유의할 필요가 있다. 그녀처럼 독립적으로 일상생활을 하는 것이 불가능할 정도로 구술 능력에 장애가 있는 중증 자폐증도, 언어의 뜻은 잘 이해하거나 문장을 통해 높은 지적 수준을 보이는 경우가 있다는 사실은 이미 잘 알려져 있다. 이런 사람들을 일반적인 지적장애인과 동일시할 수는 없다.

언어의 의미를 이해하는 것과 발화하는 것은 다르다. 예를 들어 언어 표현은 충분히 할 수 없어서 일상생활에서는 도움이 필요하지만,

시나 수필을 몇 권이나 출판한 인도인 티토 무코파디아이나 일본인 히가시다 나오키에 대해 앞서 언급했지만(30쪽, 74쪽), 그런 사례는 또 있다. 예를 들어 말을 하지 못하는 16살 소년 이도 케다르^{Ido Kedar}다.

이도는 자기가 어떻게 말을 전혀 못 하는 침묵의 상태를 극복하고 아이패드나 문자 블록을 사용해서 커뮤니케이션을 할 수 있게 되었는지에 대해 글을 써 감동을 주었다. 이도는 7살 때까지 인지력이 매우 낮은 어린이로 판단되어 특수교육을 받았지만, 커뮤니케이션 방법을 배운 뒤 고등학교는 보통 학급에서 학습했고 모든 과목에서 좋은 성적을 받았다. 그는 자신의 책에서 침묵 속에 갇힌 많은 자폐 스펙트럼 당사자 중에는 자기처럼 높은 인지능력을 가진 경우가 틀림없이 숨어 있다고 주장한다.[14]

이런 스타일의 자폐증은 음성언어나 발화에는 심각한 문제가 있기는 해도, 언어를 이해하지 못하는 것이 아니라 언어를 사용하는 신체에 문제가 있다고 할 수 있다. 자폐증이 일반적으로 생각하는 것보다 훨씬 더 신체적, 감각적인 문제일 수 있다고 생각하는 것은, 이런 사례가 많이 존재하기 때문이다.

음악이야말로 언어 ─ 데릭 파라비치니의 사례

발화나 글쓰기 등 언어 사용에는 심각한 문제가 있지만, 다른 표현 수단에서는 훌륭하게 자기표현을 하는 자폐 스펙트럼 당사자도 있다. 고전적인 자폐증 증상을 보이는 데릭 파라비치니^{Derek Paravicini}라는 이름의 영국인 청년은 오른손 왼손 개념을 잘 이해하지 못할 뿐 아니라, 숫자 세는 방법을 배울 기회도 없었다. 태어날 때부터 눈이 보이지 않았기 때문이다. 간단한 회화는 가능하지만, 일상생활에서는 전면적인 보살핌이 필요하다. 하지만 절대음감을 갖고 있어서 어렸을 때부터 피아노 연주에는 대단한 재능을 보였다.

5살 때부터 데릭을 가르친 작곡가이자 음악 특수교육가인 애덤 오클포드Adam Ockelford에 따르면, 맹인이고 말을 못 하는 아기 데릭을 돌보았던 보모는 항상 그에게 노래를 불러주었다. 데릭이 2살이 되었을 때 건반악기를 쥐여주자 누가 가르쳐준 것도 아닌데 키보드를 두드리기 시작했다. 4살 때에는 배운 적이 없는데도 아름다운 음악을 피아노로 연주할 수 있었다고 한다.[15]

그에게는 음악이 언어이고, 피아노가 매체였다. 그는 일반적인 생활 소음에는 엄청난 청각 과민을 느끼지만, 다른 한편으로는 기차에서 나는 리드미컬한 소리를 그 자리에서 음악으로 번역할 수 있다. 또, 한번 들은 음악을 정확하게 재현한다. 콘서트나 다른 음악가들과의 협업을 통해서 다른 사람과 교류할 수도 있다. 아만다와는 전혀 다른 방식이지만 데릭도 언어를 매개로 삼는 대신, 자신의 내부 감각에 직접적으로 울림을 주는 음악의 세계를 통해 사람들과 커뮤니케이션할 수 있다.

데릭은 어렸을 때부터 영국에서 유명세를 탔다. 미국에서도 메이저 TV 프로그램인 〈60Minutes〉 등에서 몇 번인가 다루었다. 데릭은 어렸을 때부터 다양한 자선 연주회에서 탁월한 피아노 공연을 선

보였는데, 청중의 요청에 응해 수없이 많은 악곡을 기억해서 연주했을 뿐 아니라, 바로 그 자리에서 청중들이 요청하는 다양한 스타일의 변주도 가능했다. 즉흥 협연을 통해 다른 음악가들과 '대화'도 했다. 2006년 데릭은 영국 케임브리지에서 개최된 자선 콘서트에서 부기우기와 재즈 뮤지션으로 유명한 피아니스트 줄스 홀랜드Jools Holland 와 협연했다. 심리학자 사이먼 배런코언은 그 협연에 대해 두 음악가가 함께한 즉흥 세션을 통해 소통한다는 것이 무엇인지 보여주었다고 설명한다.[16] 데릭에게는 영어가 자연 언어가 아니다. 그에게는 음악이야말로 자연스럽고 유창하게 구사하는 '제1언어'인 것이다.[17]

데릭과 아만다 사이에는 다른 점이 많다. 예를 들어 데릭의 제1언어는 누구나 좋아하는 음악이라는 커뮤니케이션 수단이다. 음악에는 보통의 언어처럼 규칙성이 있다. 또, 그 시스템을 완벽하게 마스터해서 즉흥 세션을 한다는 것은 결코 쉬운 일이 아니다. 그렇기 때문에 대중은 기뻐하고 데릭을 좋아한다. 이에 비해, 아만다의 제1언어는, 적어도 정형발달인이 쉽게 이해할 수 있는 종류가 아니다. 아만다만의 사적인 언어다. 그 때문에 데릭은 사람들에게 친절하게 느껴지지만, 아만다의 블로그는 과격하고 전투적으로 느껴진다.

하지만 데릭의 음악도 아만다의 '자연 언어'도, 일반적인 언어를 경유하지 않고 외부 세계가 그들의 감성과 직접 교감한다는 점에서 동일하다. 아만다도 동영상 속에서 사물을 갖고 놀 때 소리나 촉감에 푹 빠져 순수하게 즐기는 듯 보인다. 영상에서 보이는 의례적이라고 말할 수 있는 반복 동작은 자폐 스펙트럼 당사자에게는 흔한 행동이지만, 그 동작에서 차분함, 쾌적함, 아름다움 등을 느끼는 자폐 스펙트럼 당사자도 적지 않은 듯하다.

감성적인 이미지가 언어에 의해 개념화, 분절화되지 않은 채, 자신의 내부로 훅 들어올 때에, 자연스러운 아름다움을 느끼는 것일지도 모른다.[18] 한 온건한 고기능 자폐 스펙트럼 당사자에게 어렸을 때에 기차나 자동차 장난감을 길게 줄지어 세워놓는 버릇(자폐증 어린이의 전형적인 반복 행동의 한 형태)을 즐겼던 추억에 대해 물어보았더니, 그것이 자연스러웠기 때문에 즐거웠다는 대답을 들은 적이 있다. 이렇게 언어에 의한 개념화를 거치지 않는 순수하고 감각적인 쾌감의 경험이 자폐증적 체험의 원점인 듯하다. 보통 때에는 반복 행동을 보이지 않는 고기능 자폐 스펙트럼 당사자도, 긴장하거나 과도한 정보에 노출되거나, 혹은 오가는 언어로 감각이 포화 상태가 되었을 때에는, 신체적인 버릇이 나오곤 한다. 가장 자연스러운 모습으로 돌아가 자기 자신을 진정시키려는 것일지도 모른다.

당사자 운동의 어려움─청각장애인과의 차이

아만다가 보이는 자폐증의 반복 행동이 청각장애인의 '수어'처럼 언어의 대체물은 아니다. 아만다의 유튜브 동영상은 자폐 스펙트럼인 사람들의 자연 '언어'를 묘사한다기보다는, 언어를 매개로 삼지 않고 감성에 직접 자극을 주는 지각의 쾌감과 자연스러움을 표현하는 듯하다. 그것이 모든 자폐 스펙트럼 당사자에게 공통적이라는 뜻은 아니지만, 상당히 많은 이가 공유하는 감각일지도 모른다.

인간의 언어는 다른 사람과의 커뮤니케이션 수단으로서, 사물이나 현상 및 대상의 개념화를 통해 다른 사람과의 공통적인 차원을 자신의 외부에 구축한다. 인간에게 언어는 최초로 손에 넣은 가상 테크놀로지라고 할 수 있다. 사물이 언어를 통해 개념화되면, 필연적으로 사람은 주변 환경과 맺는 직접적, 신체적인 관계성을 상실하는 대신, 타인과의 교류 가능성을 획득한다.

이에 비해 아만다의 '자연 언어'는 아만다와 환경, 물체 등과의 연결을 매개하는 것으로, 다른 사람과의 커뮤니케이션을 위해 발달한 것이 아니다. 반복 행동은 그 자체로 언어를 경유하지 않고 외부 세계가 직접 아만다의 뇌 속 세계로 뛰어 들어온 결과다. 그 감각을 느낄 수 있는 사람에게는 아름다운 체험이리라 생각한다. 하지만 아만다의 표현 방식은 독립적인 톱니바퀴와 같다. 그녀는 굴릴 수 있지만, 톱니바퀴 그 자체는 기계에 합체되지 않기 때문에 다른 사람은 굴릴 수 없다. 말하자면 사적인 언어인 것이다. 보통의 언어를 의사소통 수단으로 삼지 않지만, 그렇다고 해서 당사자들 간의 대체 가능한 공통 언어가 성립한다는 뜻은 아니다.

이런 점에서 당사자 운동으로 역사가 긴 청각장애인 운동과 자폐증 당사자 운동은 크게 다르다. 청각장애인이 쓰는 영어 수어, 일본어 수어는 영어나 일본어와는 문법이 다르고, 역사적으로도 독자적으로 발달해왔다(자연 언어와 더 비슷한 종류도 있고, 아닌 종류도 있다). 학교에서 수어로 교육을 받고, 수어 문화 속에서 성장한 사람도 있다.[19] 이 때문에, 일부 청각장애인은 수어는 영어나 일본어 등 음성언어와는 다른 독자적인 언어이며, 그 언어체계 속에서 자란 사람들도 독자적인 언어·문화 집단이라고 주장하기도 한다. 세컨드라이프에도 독자적인 문화 집단으로서 청각장애 아바타의 가상 '공화국'의 집단을 만들고 싶어 하는 분리주의적인 그룹과, 성장한 뒤에 청각장애를 얻은 사람들을 포함해, 수어의 사용 가능성과는 무관하게 영어를 쓰면서 성장해온 사람들의 아바타 그룹이 별도로 존재할 정도다.

세컨드라이프에서 내가 만든 가상 연구소 '라 사쿠라'는, 청각장애인의 아바타가 많이 사는(아바타의 집이 있다) '아일랜드'에 세워졌기 때문에, 나는 청각장애인들의 이야기를 많이 들을 수 있었고, '라 사쿠라'에서 그들의 체험을 공유하는 모임을 갖곤 했다.[20] 자폐 스펙트럼 아바타에 대한 연구가 본격화되기 전의 이야기지만, 이 역시 대단히 흥미로운 체험이었다. '들린다', '들리지 않는다'라는 것은 단순히 귀의 문제가 아니다. 인간은 보통 들어야 하는 것에 귀를 기울이게 마련으로, 선택적으로 소리를 인식하는 필터를 뇌 속에 발달시킨다. 그렇기 때문에 고도감음난청을 가진 사람이 보청기를 끼거나 인공 와우를 이식하는 등 기관을 보완하면 아무 문제 없이 들을 수 있다고 보장되는 것은 아니다. 수술 뒤에도 뇌의 재활이 필요하다. 소리 종류나 몸 컨디션에 따라, 들릴 때도 있고 들리지 않을 때도 있다는 것, 또는 갑자기 큰 소리가 들릴 때나 잡음이 들릴 때의 괴로움 등, 여러 가지 체험담을 '라 사쿠라'에서 들었다. 청각장애인의 아바타를 조사했을 때의 이 경험이, 후에 자폐증의 감각 과민을 이해할 때에도 매우 도움이 되었다.

자폐 스펙트럼 당사자 마거릿

아만다의 사례처럼 선구적인 당사자 운동의 주장은 가상공간에서 활동하는 자폐 스펙트럼 당사자 아바타에게도 상당한 영향을 미쳤다.

세컨드라이프에 '플레이 애즈 빙'이라는 철학적인 이름의 토론 그룹이 있는데, 그곳에는 아만다의 영향을 받았다고 공언하는 자폐 스펙트럼 아바타가 있었다. 이 그룹은 매우 활동적인 집단으로 지금까지도 계속되고 있다.[#21] 자폐증과 특별히 관련 있는 그룹은 아니다. 의식이나 자기 정체성에 대한 문제, 성찰·명상·예술 등에 흥미가 있는 다양한 아바타가 모인 지적인 그룹이다. 어느 날 이 그룹의 회합에, 자폐 스펙트럼 당사자임을 밝힌 마거릿이라는 이름의 아바타가 참가했다.

> 고토: 당신은 자폐 스펙트럼이 있다고 들었는데, 사물이 보이는 방식이 다른 사람과 다른가요?
>
> 마거릿: 그 질문에 대한 답변은 길어요. 알기 쉬운 것부터 말하자면 절대음감이 있다는 점. 그리고 시야가 완벽하고 더 넓다는 점. 또, 숫자나

\# 한때에는 전 세계에서 모이는 참가자들의 시차를 생각해 하루에 네 차례나 짧은 회합을 연 적도 있었다. 이 그룹은 매일 회합 중에 주고받은 채팅을 웹사이트에 공개한다고 참가자 전원에게 고지했다. 지식 공개 방침과 정보의 퍼블릭 액세스에 대해서는 오픈소스 운동 등의 영향을 받았다. 이곳에서의 대화는 나 자신의 청취 조사와 웹사이트를 근거로 재구성한 것이다.

문자가 색깔로 보이는 공감각 같은 것도 있고…….

월: 와~ 대단하네요.

마거릿은 다른 아바타들이 자폐증의 세계를 더 깊이 이해할 수 있도록 기회가 있을 때마다 적극적으로 질문에 답하고 설명하려고 노력했다. 그녀는 자폐증 자조 그룹에는 참가하지 않았다. 하지만 자신의 자폐증 체험을 진지하게 분석하고 이해하고 싶어 했기 때문에, 철학적인 주제나 정신적인 문제에 관심이 많은 이 그룹, 또는 아바타가 참선이나 명상을 함께 하는 '히카리'라는 그룹 등에 기꺼이 참가했다.

이날, 마거릿은 월의 질문에, 자신의 감각은 아만다 메그 백스와 매우 비슷하다고 답했었다. 마거릿은 직업이 있는 고기능 자폐 스펙트럼 당사자였지만, 아만다의 감각을 자신의 경험과 유사하다고 느끼고 있었다. 마거릿은 도대체 아만다의 어떤 감각이 자신과 비슷하다고 느꼈을까? 사물과 일체화되는 감각을 말하는 것일지도 모른다.[22]

마거릿의 의견을 따르자면, 인간은 성장 과정에서 아기 때의 감각을 점차로 잃어가는데 어떤 종류의 자폐증은 그 감각이 사라지지 않고 남아 있다고 한다. 아기의 뇌는 모든 언어의 음을 받아들일 준비가되어 있다. 샤먼처럼 사물에 열려 있는 아만다의 감각이 '아기 때에 갖고 있던 감각'이라고 마거릿은 해석했을지도 모른다. 감각적인 감성이 언어에 의한 개념화를 거치지 않고 스스로에게 직접 전달되고, 그 느낌이 규칙성을 갖고 반복되는 것에서 인간은 아름다움과 차분해짐을 느낄지도 모른다.

명상의 마음과 자폐증의 마음

마거릿의 증상에는 기복이 있었다. 몸과 마음이 자폐증적으로 될 때와 그렇지 않을 때가 번갈아 온다고 한다. 마거릿의 말에 따르면, "자폐증 증상이 더 심할 때에 감각이 전체적으로 민감해진다. 특정 감각만 그런 것이 아니라 모든 감각이 예민해진다". 마거릿의 뇌 속 세계는 정형발달인은 쉽게 알 수 없는, 강렬한 감각 과잉의 태풍이 늘 도사리는 하이퍼월드였다. 하지만 이런 '파도'가 있기 때문에 마거릿은 '자폐증 증상이 더 심할' 때의 마음의 상태를 그렇지 않을 때의 자신과 비교해서 우리에게 잘 설명할 수 있다.

마거릿은 아주 성실하고 논리적인 사람이었지만 정신적인 부분을 깊이 파고들었다. 세컨드라이프에서 아바타로 좌선을 할 정도이니까, 노스승 스즈키 슌류鈴木俊隆[23]가 『선심초심Zen Ming, Beginner's Mind』* 등에서 깨달음의 경지를 묘사할 때 강조하는 초심, 갓난아기 같은 무심 등의 은유에서 영감을 얻을지도 모른다. 마거릿은 "나의 자폐증적인 마음은 책에서 읽은 명상 경험과 비슷한 것 같다"라고 말하곤 했는데, 즉 '자폐증 증상이 더 심할 때'가 '자폐증적이 아닐 때'보다 마음의 상태가 악화된 것이라고 생각하지는 않았다.

선 수행에서는 '상식'이라는 질곡으로부터의 해방을 목표로, 명상이나 선문답 등 다양한 수단을 동원한다. 수행은 우리가 알고 있는 상

---

* 스즈키 슌류의 가르침을 영어로 펴낸 책으로, 한국에서는 『선심초심: 어떻게 선 수행을 할 것인가』(정창영 옮김, 김영사, 2013)로 출간되었다.

식이나 거짓투성이의 의식을 진정시키고 자기를 순화시키는 방법이다. 선 체험은 인간이 언어를 획득하고 발달시켜온 개념을 질곡으로 정의하고, 이 질곡으로부터 마음의 자유를 얻는 방법을 알려준다. 상식은 질곡이기도 하지만, 타인과 암묵적으로 공유하고 있는 공통의 문화·지식이기도 하다. 사회에는 법률이나 규칙뿐 아니라, 모두가 공유하는 이해관계나 문화에 근거한 '상식'과 같은 소프트웨어가 필요하다. 그것이 커뮤니케이션을 가능하게 하는 틀을 만든다. 그렇다면, 상식을 갖춘 사람이 질곡으로부터 벗어나 자유의 경지를 목표로 선 수행을 한다는 의미와, 공통의 문화·지식, 상식을 암묵적으로 체득할 수 없는 자폐 스펙트럼 당사자들이 개념의 질곡을 넘어서 직접적으로 체험하는 지각 경험은 동질적일지도 모른다.

물론 나는 깊은 경지의 선 수행을 경험하지 못했기 때문에, '책을 읽어서 이해한 한도에서'라는 조건을 붙일 필요가 있다. 다만, 나도 일본의 다양한 예술의 역사를 배우고 공부했기 때문에, 세계를 직접적으로 체험하는 전통예술에서 몸을 사용하는 방식에 대해서는 늘 매력을 느껴왔다. 특히 노能*나 다도처럼, 수련을 통해 신체 기법을 몸에 익히는 실천, 언어를 매개로 삼지 않고 직접 체험하는 세계를 신체 동작의 반복적인 연습을 통해 습득하는 전통에는 심오함을 느꼈다. 그런 점에서 언어를 매개로 삼지 않고 직접 체험하는 자폐증적 심적 상태를 명상에 비유하는 마거릿의 묘사에 큰 흥미를 느꼈다.

---

*   일본의 전통적인 가면극의 하나.

마거릿에게는 자신의 성찰이나 자폐증적 세계를 타인에게 설명하는 행동은 그 자체로 관찰력이 좋아지고 다른 사람과 커뮤니케이션하는 계기가 된다는 점에서 긍정적이었다. 그럼에도, 스스로 관찰할 수 없는, 즉 언어로는 표현하기 어려운 명상의 마음 상태를 언어화·관념화하면서 채팅으로 다른 아바타에게 설명하는 것이 무척 힘들어 보이는 때가 있었다. 언젠가 마거릿은 자폐증 증상이 더 심할 때에는 "외부로부터 받아들이는 소리의 울림이 너무 커서 '생각'하는 것 자체가 어렵게 되고, 고통을 느껴요"라고 말했다.

그 자리에 있었던, 항상 상식적인 아바타 캐시가 마거릿의 '생각', '큰 소리' 등의 말을 문자 그대로 받아들여서 "큰 소리는 확실히 고통스럽지요"라고 다정하게 수긍했지만, 마거릿은 "그런데 '생각'이라는 표현도 정확하지는 않은 것 같은데……"라며 다른 표현을 찾으려고 애썼다. 그러고 나서 "더 정확하게 말하자면 내 감각이 불안정해졌을 때, 예를 들어 '빨강'이라는 색이 너무 강렬하게 느껴져서 내가 지금 보고 있는 대상이 '사과'라는 것을 알기 위해서는 의식적인 노력이 필요할 때가 있다고나 할까요? 나는 볼 때보다 들을 때에 더 과민 증상이 나오는 편이에요"라고 말했다. 이 말을 들은 캐시는 "와~"라며 감탄사를 내뱉었다.

마거릿이 처음에 '생각'하는 것 자체가 어렵다고 한 말은 단순하게 감각 과민으로 인한 지각 정보의 과잉으로 사고 능력이 방해받는다는 의미가 아니었던 것이다(그런 사람도 물론 많지만). 그녀의 경우에는, 예를 들어 색채라는 지각 모듈이 너무 선명하고 강력해지면 대상의 형태를 파악하는 다른 지각 능력이 상대적으로 억압되어 약해지고, 그 때문에 사과라는 대상을 인지하기 어렵다. 그럴 때에는 그 순간에 현재顯在하는 의식을 개입시켜서 사고 과정을 보완해서 '이것은 사과다, 사과다'라고 의도적으로 인식하지 않으면 안 된다는 의미일 것이다. 이에 비해 보통 사람은 대상이 사과라는 사실을 감각적으로 인식하기 위해 일일이 의식의 힘을 빌리지 않아도 된다.

다른 별에서 온 외교관

마거릿과의 진지하고 지적인 대화에 모두 상당히 감명받았지만, 그녀 자신은 스스로의 사고 속도가 늦다고 생각해서, 두 가지 일을 동시에 처리하는 것이 어렵다고 말했었다. 다른 종류의 정보를 병행처리하는 것은 누구에게나 간단한 일은 아니지만, 자폐 스펙트럼인 사람들에게는 특히 어렵다고 알려져 있다. 예를 들어, 일대일 대화는 괜찮아도, 여러 사람이 모이는 파티 등 여러 가지 소리가 섞여 들리고, 많은 사람이 움직이는 장소에서는 적절한 행동을 하기 어려운 사람도 있다. 마거릿에게는 특히 소리를 들으면서 생각하는 것이 어렵다. 이에 비해 읽으면서 생각하는 것은 훨씬 편했기 때문에 가상공간에서 문자를 입력하는 채팅은 그녀가 새로운 경험을 하거나 친구를 사귀는 데에 딱 맞는 수단이었다. 그래도 다른 아바타들이 즐기는 목적 없는 가벼운 수다를 별로 좋아하지 않고 무의미하다고 생각했기 때문에, 그럴 때에는 아무 말도 안 하고 있었다.

절대음감,[24] 완벽하고 선명한 시각과 넓은 시야, 숫자가 색깔로 나타난다고 하는 공감각, 더해서 자폐증 특유의 다양한 감각 과민이나 이상 감각, 소리에 대한 과민 반응, 시야는 완벽하지만 사람의 얼굴은 잘 기억할 수 없다는 점, 신체감각에 이상이 있다는 점, 논리적·체계적으로 생각하기를 좋아하는 것 등 마거릿은 자폐증 특유의, 또한 자폐증에서 나타나기 쉽다고 알려진 증상 중에서도 상당히 눈에 뜨이기 쉬운 특징 전부를 뚜렷하게 갖고 있는 듯했다. 마거릿이 과장한다는 인상은 없었지만, 고기능 자폐증의 경우에 이런 감각을 전부 선명하게 갖고 있는 일은 흔치 않다. 마거릿이 갖고 있는 감각·지각의 특징들은 자폐증 연구에서도 하나하나 별도의 전문 연구 영역을 형성하고 있을 정도다.

자폐 스펙트럼 당사자 중에는 청각이 과하게 민감한 사람이 있는 한편, 시각으로부터 얻는 정보가 항상 우위에 있어서 보통 사람들은 상상할 수 없을 정도로 다양한 각도에서 시각 정보를 얻고 기억하는 사람도 있다.[25] 마거릿의 경우는, 청각과 시각 둘 다 선명한 것 같았다. 마거릿은 하이퍼월드인 자폐증 체험을 다른 아바타에게 설명하기 위해 어려움을 겪는 듯 보였다. 과잉 정보를 여과 없이 받아들이는 삶은 결코 슈퍼우먼 같은 종류가 아니었다.

한편, 민족지 연구에서 당사자의 기술은 그 자체로 가장 중요하지만, 그 말이 어떤 맥락에서 나왔는지도 동등하게 중요하다. 마거릿의 발언의 맥락은, 자폐증에 대해 아무것도 모르는 다른 아바타들의 질문에 답변하는 상황인 경우가 많았다. 그녀는 자폐 스펙트럼 당사자인 스스로의 감각을 이성의 힘으로 탐구하고, 그것을 타인에게 설명하는 일을 꺼리지 않았다. 그리고 이 그룹은 의식이나 자아, 명상 등의 소재에 관심 있는 사람이 많기 때문에, 그녀도 거리낌 없이 자폐증적인 자아의 세계를 성찰한 결과를 이야기할 수 있었다. 이 그룹에 참가한 다른 아바타들은 그녀의 자폐 스펙트럼 당사자로서의 체험에 감탄하고 강한 흥미를 보였지만, 동일한 감각을 공유할 수는 없었고 자폐증에 대한 지식도 없었기 때문에 깊이 공감하기는 어려웠다. 다른 아바타가 자폐증에 대해 몰랐기 때문에, 그녀가 의도치 않게 자폐 스펙트럼 당사자를 대표해서 정형발달인에게 설명하는 모양이 되어버렸다. 말하자면 '다른 별에서 온 외교관' 역할을 한 것이다.

자폐증 자조 그룹에 모이는 아바타들

동지들의 허심탄회한 대화

내가 진행한 버추얼 에스노그래피의 중심은 자폐증 자조 그룹이었다. 그곳에서 만난 사람들의 이야기는 같은 자폐 스펙트럼 당사자라고 해도 앞서 소개한 마거릿과는 느낌이 많이 달랐다. 허심탄회하게 자폐증 체험을 나누는 분위기의 대화가 많았다. 어떻게 해야 학교, 직장, 가정에서 인간관계를 더 잘할 수 있을까, 또 자기가 체험하는 자폐증적 뇌 속 세계를 어떻게 해석하고 받아들여야 좋을까 등의 고민을 자폐 스펙트럼 동지들과 나누고 싶어 하는 사람이 많았다. 자폐 스펙트럼 당사자의 권리와 인정을 요구하는 정치적 운동이 목적이라기보다는, 각자의 어려움이나 기분을 털어놓고 서로 돕고 싶다는 의지를 가진 사람들이 대부분이었다. 물론 신경다양성에 대한 주장을 전제로 한 것이다. 이 그룹의 참가자들은 상당히 지적이었기 때문에, 자신의 체험이나 자폐증적 세계를 분석하고 싶다는 의지도 강했다. 그리고 이 자조 그룹의 단골 방문자 대부분이 자폐 스펙트럼 당사자이기 때문에 '다른 별에서 온 외교관'의 역할을 자처할 필요도 없었다.

그중에는 더 급진적인 자폐증 당사자 운동에 찬동하는 사람도 있어서, 당연하게 그런 운동의 입장에서 의견을 내놓는 경우도 있었다. 하지만 그런 이야기가 항상 토론의 중심이 되는 것은 아니었다. 자폐증적 경험을 스스로 체험한 관점에서 이야기하고, 문제의 분석이나 해결책을 모색하는 방향의 화제가 많았다. 이 그룹이 자폐증 당사자 운동으로서는 '온건'하다기보다는, 처음부터 그룹의 목적과 주안점이 다르다고 해야 할 것 같다.

자폐 스펙트럼인 사람은 일반적으로 지능이 높아도 다른 사람과 대화하면서 바로바로 상상하는 것을 어렵게 느끼는 편이라고 한다. 굳이 말하자면 블로그나 유튜브처럼 일방적으로 내용을 전달하는 미디어 쪽이 더 편하다. 언뜻 보기에는 고고한 취미를 가진 것처럼 보이는 스타일의 자폐 스펙트럼인 사람도 타인과 교류하고 공감하고 인정받고 싶다는 욕구가 있다. 이 가상공간의 자조 그룹은 그런 면에서 특별했다.

이 자조 그룹은 (1) 그곳에 있는 타인들과 시간과 공간을 여유롭게 공유하고(모임 시간은 2시간 정도로 꽤 길지만, 집에서 소파에 누운 채로 로그인할 수 있다) (2) 그곳의 타인들도 자폐 스펙트럼 당사자가 사회를 살아가면서 느끼는 어려움을 공유하고 있으며 (3) 게다가 가상공간에서 아바타들끼리 나누는 채팅의 형태이므로 표정, 눈빛, 어조, 주위를 산만하게 하는 소음이나 냄새 등 보통의 대화에는 끼어들기 쉬운 여분의 정보가 배제되어 신경 쓸 필요가 없다.

이 자조 그룹에는 일본처럼 정해진 조화로운 분위기를 추구하는 문화가 없었다. 장애인 단체뿐 아니라 자조(셀프 헬프)를 목적으로 하는 그룹이나 단체에서는, 함께 있는 것 그 자체가 목적이다 보니 회원들 사이의 특정 논리나 문화가 만들어지기도 한다. 분위기를 파악하고 공유하는 것이 문화적인 규칙인 일본에서는 동지들 사이의 이런 암묵적인 압력이 불필요하게 무거워지는 경향도 있다. 하지만 이 가상공간의 자폐증 자조 그룹은, 습기가 가득 찬 듯한 그런 눅눅한 분위기가 아니라, 캘리포니아풍의 상쾌하고 건조한 느낌이었다. 논리적이고 체계적인 사고방식의 아스퍼거인 사람들이 많아서 대화가 지적이고 분석적인 데다, 가상공간 특유의 유머나 농담이 종종 끼어들곤 했다. 어차피 잠깐의 현장감을 즐기는 가상공간의 친구들이다. 모든 것을 알 필요가 없고, 연결되어 있다고 해도 아바타의 가면을 쓰고 있다. 단골도 있지만 그 밖에도 많은 사람이 출입한다는 점도 부담스럽지 않은 장점이었을 것이다.

지적인 참가자들 중에는 자폐증 관련된 연구에 대한 보도 기사를 체크하는 사람도 몇 명 있어서, "최근 이런 기사를 보았는데 다들 어떻게 생각해?"라는 식의 화제가 나오는 경우도 많았다. 다양한 자폐증 연구의 진전 상황을 당사자들이 어떻게 받아들이는지를 알 수 있는 이런 대화가 연구에도 많이 참고가 되었다.

불쾌한 골짜기? 특별 대우? ─ 당사자들의 현실적 괴로움

이 자조 그룹에 찾아오는 아바타의 '타이피스트'(아바타들은 채팅으로 대화하기 때문에 실제 공간에서의 본인을 이렇게 부를 때가 많다[26])는, 일반적으로 아스퍼거나 고기능 자폐 스펙트럼 당사자들이다. 하지만 관찰을 시작했을 때에는, 정형발달인에게는 없는 대단히 특별한 감각을 갖고 있거나, 현실 사회에서 특별한 재능을 발휘할 것같이 느껴지는 사람은 별로 없었다. 그런 의미에서 자폐증 자조 그룹에 자주 오는 아바타 오언이 어느 날 자폐 스펙트럼 어린이에 대한 괴롭힘을 분석한 잡지 기사를 화제로 올렸을 때의 대화를 잊을 수가 없다.

"자폐 스펙트럼 어린이는 학교에서 괴롭힘을 당할 확률이 4배나 많다는 연구가 있다는데?"

실제로 자폐 스펙트럼 어린이에 대한 괴롭힘 문제가 미국의 매스컴에서도 심각한 문제로 거론되고 있었다. 일본에서도 학교에서 괴롭힘을 당하는 어린이 중에 발달장애가 있는 경우가 많다는 보고가 있는 만큼, 조사 연구가 더 필요한 주제일 것이다. 그런데 마거릿이 특히 강조했던 것은 다음 내용이었다.

"주목하고 싶은 점은 말이지, 아이의 자폐증 정도가 보통 사람에 가까워질수록 괴롭힘을 당하는 비율이 점점 높아진다는 거야!"

"말하자면 로봇 연구에서 말하는 '불쾌한 골짜기uncanny valley' 현상과 비슷한 거 아냐? 자폐 스펙트럼 중에서도 증상이 차라리 아주 심하면 동정을 받거나 공감을 얻잖아. 하지만 언뜻 보기에는 여느 사람과 다르지 않기 때문에 보통 사람처럼 행동할 것처럼 보이지만 그렇지 않은 경우에는 주변에서 짜증 내는 경우가 많거든.”

  '불쾌한 골짜기'란, 로봇 등 유사 인공생명체에 대한 인간의 감정적인 반응에 대한 개념이다. 40여 년 전 인간에 가까운 로봇의 실현은 거리가 멀던 시절, 일본인 로봇 연구자 모리 마사히로(森政弘) 당시 도쿄공업대학 교수가 제창했다. 인간을 닮은 로봇을 만들 경우, 처음에는 로봇의 움직임이나 겉모습 등이 인간과 닮을수록 귀엽게 느껴져서 친화도가 증가한다. 그런데 인간을 닮은 정도가 높아져서 어느 단계를 넘어서면, 친화도 곡선이 갑자기 불쾌감으로 바뀌어 마치 계곡의 밑바닥처럼 푹 꺼진다. 인간과 너무 닮았지만, 인간과 다르다는 것도 알 수 있는 정도에서 혐오감에 가까운 불쾌감이 높아진다. 닮은 정도가 더 올라가서 인간과 똑같아 구별이 안 될 정도면(아직은 SF 세계의 이야기이지만), 다시 친근감을 갖게 될 것이라고 예측했다. 이에, 인간과 닮기는 했지만 불쾌감을 주고 혐오감이 급격히 올라가는 단계를 '불쾌한 골짜기'라고 부른다. 인간과 닮은 로봇 기술이 발달되면서, 지금은 '불쾌한 골짜기'는 세계 어디에서나 폭넓게 알려진 개념이 되었다.

  나는 마거릿의 예리한 관찰력에도, '불쾌한 골짜기' 현상이라는 로봇 공학의 개념을 정확하게 인용한 설명에도 감탄했다. 마거릿의 지적은 이 그룹에 모이는 대다수 아바타의 고민과도 맞닿아 있었다. 이 그룹에 오는 많은 아바타의 자폐증 정도는 비교적 온건한 편이어서, 대학을 졸업한 사람도 있고, 직장이나 가정에서 문제없이 생활하는 사람도 있다. 그렇지만 높은 지능과 교육에 적합한 일을 하는 사람은 적은 편이다. 전문성을 추구하고 대인 관계를 중시하는 직장 환경 대신 혼자 일하는 것이 편한 성향에 맞추어서 직장을 선택하는 것이다.

애니스가 바로 반응했다. "맞아, 나처럼 보통 사람처럼 보이게 행동할수록 NT(뉴로티피컬)들의 규칙에 맞춰 행동할 것을 요구받아. 그렇게 행동하지 않으면 다들 혼란스러워하고 싫어해."

실제로 이 그룹에 참가하는 사람들은 학교에서 괴롭힘을 당한 경험이 있었다. 이후의 채팅에서는 학교에서 괴롭힘을 당했을 때에 어떻게 벗어났는지, 어떻게 대응했는지 등에 대한 체험담으로 시끌벅적했다.

영화 〈레인맨〉 이후, 고기능 자폐 스펙트럼 당사자 중에는, 극히 일부이기는 해도, 보통 사람들은 생각할 수 없는 뛰어난 능력을 가진 사람이 있다는 것은 널리 알려졌다. 일반적인 지능은 그 정도로 높지 않지만, 계산 능력이나 예술 등에서 비범한 재능을 보이는 사람도 있어서 '서번트 증후군'이라고 불리기도 한다. 앞에서 소개한 영국인 피아니스트 데릭 파라비치니도 그런 부류의 사람일 것이다. 또 템플 그랜딘처럼 이과에서 전문성을 쌓고 회화적인 기억력이 뛰어난 사람에 대해서도 우리는 "와, 대단하다"라며 진심으로 존경한다.

흔치 않은 능력을 가진 자폐 스펙트럼 당사자에 대한 존경은 거의 사회적으로 인정되고 있다. 그런 특별한 재능을 가진 사람에 대한 존경은 자폐증에 대한 사회적 이해를 얻기 위한 첫걸음이라고 할 수 있다. 하지만 그런 종류의 감명 역시 일종의 특별 대우다. 그런 사람들에 대한 존경은 자폐 스펙트럼 당사자 중에서도 특별한 종류의 사람들에 대한 경의일 뿐이지, 자폐 스펙트럼을 가진 사람 전체에 대한 존엄성, 말하자면 있는 그대로의 모습에 대한 인정은 아니다. 특별 대우는 '다름' 속에 순위를 매기는 작용을 하기 때문이다. 만약 자폐증에 대한 사람들의 인식이, 영화 〈레인맨〉 이후에 크게 달라지지 않았다면 바로 이 점 때문일 것이다. 즉, 자폐 스펙트럼 당사자 중에서도 특별 대우를 받고 존경받는 부류는 사회적으로 인정받았지만, 그 부류가 아닌 사람들에 대한 이해는 진전되지 않은 것이다.

더 나아가 장애 정도가 심각한 중증 자폐 스펙트럼 당사자의 경우에는 부모나 보살피는 사람이 어려움을 겪으리라는 것을 문외한도 어느 정도 상상할 수 있다. 정확한 이해가 아니라 동정심일지도 모르지만, 그렇게 장애가 심한 사람에게는 지원이 필요하다는 점에 대해서도 일반 사람들의 지지를 얻기는 쉬운 편이다.

하지만 '다름'을 인식할 수는 있지만, 자신들과 그 정도로는 다르지 않은 듯 보이는 사람, 말하자면 특별 대우 할 만큼도 아니고, 동정이나 도움의 대상으로 보이지 않는 사람이, 사회의 암묵적인 룰을 따르지 않으면, 멋대로 구는 이상한 사람이라고 생각되고 친근감도 생기지 않는다. 그런 사람이 불쾌한 골짜기에 빠지고 마는 것이다. 이 가상공간의 자폐증 자조 그룹에 모이는 사람들은 고기능 자폐 스펙트럼 당사자이기 때문에, 현실 사회에서는 그런 골짜기에서 괴로워하는 사람이 많았다.

매주 한 차례, 2시간 동안의 만남

모임은 매주 한 번으로, 둥그렇게 쿠션을 둘러놓은 가상공간 속 오두막에 아바타들이 한 명씩 나타난다. 가운데 테이블에는 커피나 차도 준비되어 있다(물론 실제로 마실 수는 없지만). 그리고 2시간 정도 채팅이 이어진다.

항상 정각에 모임을 시작하는 것은 사회자 애니스다. 지금은 사라진, 이 심sim(가상의 시설이나 건물, 토지)의 창립자 'S'에게 '멱살을 잡힌 채 끌려 나와서', 이 자조 그룹이 생길 때부터 채팅의 사회를 맡았다. 이 그룹에는 다양한 성격, 흥미, 장애, 그리고 커뮤니케이션 문제를 지닌 자폐 스펙트럼 아바타들이 있지만, 모두 그녀를 신뢰한다.

애니스는, "자 그러면, 이번 주에 이야기하고 싶은 것이 있는 사람은 누구인가요?"라고 늘 같은 머리말로 모임을 연다. 어떤 주제도 문제없다. 애니스도 그때의 이야기 흐름에 맞추어서 맞장구를 치거나, 공감의 언어를 건네곤 하면서 대화를 이끈다. 그녀도 꽤 달변이어서, 사회만 맡기보다는 대화의 윤활유 역할을 한다. 그녀가 사회 보는 방식은 매번 거의 바뀌지 않는다. 이렇게 매번 똑같다는 점은, 새로운 예측에 불안을 느끼기 쉬운 자폐 스펙트럼을 가진 사람들에게는 중요한 포인트다. 다만, 괜한 대립을 피하기 위해서인지, 세간을 떠들썩하게 하는 정치 문제는 화제로 올리지 않기로 되어 있다. 아스퍼거인 사람은 규칙을 지키는 경향이 강하기 때문에, 정해진 사항을 위반하고 주의를 받는 경우는, 몇 년 동안 관찰해도 한두 번 있을까 말까 했다.

그룹에는, 급진적인 자폐증 당사자 운동의 주장과 엇비슷한 의견을 가진 사람도 있고, 마음 편하게 공감할 수 있는 장을 원하는 사람도 있다. 애니스는 "당사자 운동의 주장을 하고 싶은 사람에게는 그런 장을 제공하지만, 그런 의견이 활발하게 오가는 동안 스스로 적극적으로 말하기 어려워하는 사람에게는 이쪽에서 질문을 던져 이야기를 이끌어낸다"라고 말한다. 이 자조 그룹이 몇 년 동안이나 계속될 수 있는 것이 애니스의 이런 균형감각 덕분이라는 사실을 누구나 납득할 것이다.

이 자조 그룹의 분위기를 전달하기 위해, 애니스를 포함해 아바타 몇 명의 간단한 프로필을 소개해보겠다.[#]

사회자 애니스는 다리를 놓는 사람

애니스는 50살 정도. 미국 서해안 지역에서 남편과 사는데, 프리랜서로 과학 관련 기사를 쓴다. 이 그룹의 아바타는 이상한 모양의 동물이나 곤충, 식물 등의 모습을 하는 등 판타지를 추구하는 사람이 많지만, 애니스의 아바타는 미국적인 감각에서는 다소 보수적인 패션을 즐기는 성실한 여성의 이미지다.

[#] 이 장에서 소개하는 아바타의 이름은 모두 가명이며, 사진을 찍어도 좋다고 허락한 아바타 중 일부를 일러스트레이션으로 소개했다. 아바타는 각각의 표현 그 자체이고, 모두 자랑스럽게 사용하는 것이기 때문에 그 느낌 그대로 소개하고 싶다. 이 책에 실린 아바타의 일러스트레이션은 파슨스디자인스쿨에서 일러스트레이션을 전공하는 루시아 덩이 정성스럽게 그려주었다. 본문에 소개한 프로필도 약간 수정했다.

학생 시절에 심리학을 전공했기 때문에 자폐증 연구 동향에 대한 보도 내용에 주의를 기울여 "이런 기사가 있는데 모두들 어떻게 생각해?"라는 식으로 다들 흥미가 있을 듯한 화제를 제공하곤 한다. 이것이 그룹에서 화제가 되어서, 단골로 들르는 아바타가 많고 항상 재미있는 대화가 가능하다. 무엇보다 이과 쪽으로 지식을 갖춘 아바타가 많기 때문에, 자폐증 연구 등의 화제를 들고 오는 경우도 많다.

　그녀는 어느 책에서 읽었다는 식으로 어설픈 조언을 하지 않을 뿐 아니라, 학부 때에 심리학을 공부했다고 해서 상담사를 흉내 내는 말과 행동을 하지 않는다. 가능한 한 자신의 자폐증 체험만을 입에 담고, 다른 사람들도 그렇게 하도록 주의를 기울인다. 참가자 대부분은 채팅에서 사용하는 어휘나 속도, 타인의 말에 대응하는 능력이 뛰어나지만(영어가 모국어가 아닌 나의 채팅 속도보다 훨씬 빠르다!), 그렇다고 해도 말에 대한 반응 스피드나 정확성은 사람에 따라 다르고, 인터넷이나 컴퓨터 환경 조건도 다르기 때문에 반응에는 차이가 있게 마련이다. 도중에 참가한 아바타가 갑자기 새로운 화제를 꺼내는 경우도 있고, 모르는 사이에 같은 채팅창에서 두 가지 주제가 동시에 진행되는 경우도 있다. 그런 일이 일어나도 애니스는 당황하지 않고, 특별히 문제 삼지 않는다. 그럴 때에는 양쪽의 대화 진행에 대해 차분하고 적절하게 반응한다. 그녀는 어떤 상황에서도 항상 인내심과 공감의 말, 유머감각으로 대응한다.

　자폐증에 관한 유력 이론 중에는 자폐 스펙트럼 당사자들은 모든 사람의 마음은 독립적이고 서로 다른 관점이 있다는 것을 모른다는,

소위 '마음의 맹인'설이 있다. 하지만 사회를 보는 애니스의 퍼포먼스는 그 이론을 보기 좋게 배신한다. 솔직히 말하자면 나도 처음에는 애니스가 정말로 자폐증인가 의아하게 생각했다. 하지만 지각 과민이 있고, 예측하기 어려운 새로운 일에 불안을 느낀다는 애니스의 발언은 늘 단도직입적이어서, 자폐 스펙트럼 동지들 사이에서는 그녀가 아스퍼거라는 점을 의심하는 사람이 없다.

젊었을 때에 애니스는 자신의 신경회로의 특징을 몰라서 꽤 고생했다고 한다. 당시에는 아직 아스퍼거라는 단어가 전문가 사이에도 많이 알려지지 않았다. 그녀는 신경내과 의사에게 발달장애의 일종인 ADD(주의력결핍장애)라는 진단을 받았지만, 받아들이기 어려웠다. 다른 무엇인가 있을 것이라고 느꼈다. 부모도 딸이 자폐증이라는 것을 모르는 채, 애니스의 단어를 빌리자면 "자기들의 NT의 상식을 강요했기" 때문에 괴로운 하루하루를 보냈다.

예를 들어 애니스의 부모는, 그녀가 요리나 식탁 정리를 돕는 것을 당연한 일로 기대했다. 실제로 그녀의 언니는 눈치가 빨라서 자연스럽게 일을 돕곤 했다. 하지만 애니스는 자기에 대한 그런 기대를 전혀 몰랐기 때문에, 부모는 아이의 성격이 안 좋고 게으르다고 생각했다고 한다. 왜 부모는 항상 자기들 행동의 배후에 있는 "감정적인 의미"나 "동기"를, "제멋대로, 그것도 완전히 틀리게" 추측하고 결론짓는 것일까? 애니스는 이 문제가 가장 괴로웠다. 그녀에 따르면 "지금 상황에서 (내가 식탁 정리를 돕는 것이), 엄마에게 도움이 될지, 방해가 될지를 분명하게 알려주면 좋겠다"는 기분이었다고 한다. 애니스는, 부모가 기대하는 것들을 그때그때 명확한 언어로 분명하게 말해주었다면 덜 괴로웠을 것이라고 생각한다. 어른이 된 지금도 의붓자매가 주변에서 기대하는 행동을 재빠르게 캐치하고 바로 행동하는 것을 보면, 자신과는 다르다는 것을 새삼 느끼고 탄식한다고 한다.

애니스처럼 채팅에서는 언어를 자유자재로 사용할 수 있어도, 표정이나 제스처처럼 비언어적인 표현 방식을 전혀 이해하지 못하겠다는 자폐 스펙트럼 당사자는 적지 않다. 예를 들어, 동일한 상황에서 애니스는 언니처럼 그 상황의 의미를 읽을 수 없다. 즉, 고기능 자폐 스펙트럼 당사자는, 보여도 보이지 않는, 마치 선문답 같은 복잡한 상황에 늘 놓여 있는 것이다. 하지만 동일하게 보이지 않는다는 것을, 자폐 스펙트럼인 사람은 정형발달인과 관점이 다르다, 입장이 다르다는 식으로 받아들이면 어떨까? 언어로 명확하게 설명함으로써, 서로의 어긋남을 최소한으로 줄일 수 있을지도 모른다.

시간이 흘러 인터넷 공간에서 수많은 정보를 접할 수 있는 시대가 되었다. 애니스는 아스퍼거 증후군의 자기 진단 정보가 인터넷에 공개되어 있다는 것을 알았다. 케임브리지대학의 사이먼 배런코언 팀이 감수한 자폐증적 경향을 스스로 판단하기 위한 질문표 'AQ'가 인터넷에 공개되어 화제가 되었기 때문에 애니스도 시험 삼아 테스트 해보았다.[27] 또, 그 당시에 공개되어 있던 모든 종류의 자기 진단 테스트도 해보았다. 그러자 어떤 자기 진단 질문표에도 아스퍼거 증후군의 경향이 뚜렷하다는 결과가 나왔다. 그녀에게는 처음으로 퍼즐이 맞추어진 듯한 진단 결과였다.[28]

현재 그녀는 모임에서 훌륭하게 사회를 본다. 커뮤니케이션 장애 혹은 타인의 기분을 추측하지 못한다는 자폐증의 이미지와 매우 다르다. 하지만 그것도 애니스가 오랫동안 스스로 생각하면서 실천해온 적응 수련 덕분이었다. 애니스는 사회적 규칙이 분명하게 존재한다면, 가능한 한 그 규칙을 따르려는 경향이 있다고 스스로 분석한다. 그녀는 여러 가지 사회적 규칙을 명시적으로 분석하고 부지런히 마음속에 새겨왔다. 템플 그랜딘이 화성에서 온 인류학자처럼 인간 사회의 규칙을 연구하고 기억의 아카이브에 축적해서 사회에 적응해갔던 상황이 연상된다.

애니스 같은 사람은 자기가 정형발달인과는 분명히 다른 특징이 있다는 것을 알고는 있지만, 자폐 스펙트럼 당사자의 '자연 언어'를 요구하는 운동과도 거리를 두고 있다. NT의 세계에서 징검다리를 만들기 위해 노력하는 듯 보인다. 다수파 정형발달인의 세계에서 살아가지 않으면 안 되는 성인 고기능 자폐 스펙트럼 당사자의 경우, 서로 다른 관점을 극복하고 사회적 자립을 목표로 삼기 위해서는, 스스로 건너편으로 가는 다리를 놓는 수밖에 없는 것이다. 정형발달인은 감각이나 직관으로 주변 사람들의 암묵적인 이해나 눈에 보이지 않는 의도를 감지하지만, 그녀는 추론이나 분석을 통해 이해하지 않으면 안 된다.

애니스는 모임의 사회를 보는 일과 관련해서도 규칙을 갖고 있다. 예를 들어, 무엇인가에 대해 말할 때에 '내가 이 말을 하고 싶은 것은, 이 주제에 대해 완벽하게 설명하기 위해서인가', 아니면 '다른 사람과의 대화에 의미가 있기 때문인가'를 자문한다고 한다. 이 '완벽하게 설명하고 싶다'는 것은, 고기능 자폐 스펙트럼 당사자들이 논리적, 체계적으로 대상을 파악하고, 모든 것을 완벽하게 하고자 하는 경향과 표리일체다.

심리학자 배런코언은 자폐증 마음의 특징을 '체계화'에 대한 강한 희구와 수집벽이라고 말한다. 할 일의 리스트를 철저하게 작성하고 디테일까지 완벽하게 준비하는 데에 열중하는 아스퍼거도 있다. 이런 경향은 컴퓨터 프로그램이나 수학 등 혼자서 철저하게 수행하는 일의 경우에는 문제가 없지만, 다른 사람과의 협동 작업이 필요한 경우에는 본인에게도 주변 사람에게도 스트레스를 준다. 말이 많은 타입의 고기능 자폐 스펙트럼 당사자들은, 체계화의 경향 때문에 듣는 사람의 입장을 생각하지 않을 정도로 완벽한 이론을 막힘없이 전개하곤 한다. 특히 구어나 채팅을 통한 대화에서는, 이런 경우 듣는 사람 쪽이 지쳐버린다. 듣는 사람이 지쳐서 포기하면, 논리적으로는 완벽하게 설명한다고 해도 성공적인 커뮤니케이션이라고 할 수 없다. 자폐증의 그룹 채팅의 사회를 솜씨 좋게 수행하려면 이런 점에 대한 균형감각이 매우 중요하다. 애니스 자신도 이 그룹에서 종종 말은 하지만 절대로 길게 하는 일은 없을뿐더러, 모두가 대화를 즐기는 것을 가장 큰 목적으로 둔다는 사실을 잘 알 수 있다.

지금의 애니스는 이렇게 스스로 분석, 개발하고 암기한 사회적 규칙의 대다수를, 깊이 생각하지 않고 자동적으로 대응할 수 있게 되었다. 이는 정말 대단한 일이다. 사회를 맡는 일이 의도치 않게 다른 사

애니스는 자폐증 자조 그룹에서 오랫동안 사회자 역할을 해왔다. 일러스트는 루시아 덩.

람의 시점에서 생각할 수 있는 상상력을 키우는 수련이 되었을지도 모른다.

한편, 아스퍼거 증후군이 나타나는 경향에 성별 차이가 있다는 점은 알려져 있다. 자폐증 전체적으로 남성이 많다고 하는데, 아스퍼거의 경우에는 특히 성별 차이가 크다. 또, 동일한 아스퍼거라고 해도 일반적으로는 여성이 대인 관계의 기술이 뛰어나고 공감력도 높다고 한다. 그러다 보니 아스퍼거인 여성이 남성보다 진단이 더 어려운 경우가 있다. 여성의 경우, 주변에 맞추거나 주변 사람들을 기쁘게 해야 한다는 젠더적 가치 규범이 무의식적으로 자리 잡고 있을지도 모른다. 타인을 열심히 관찰했기 때문에 다른 사람의 마음을 읽을 수 있다고 생각하는 여성도 있다고 한다. 하지만 커뮤니케이션 능력이 비교적 높다고 해도, 다른 사람의 감정이나 다른 사람의 대화 속 의도를 직감적으로 느낄 수 있는 것은 아니다.

관찰력이나 커뮤니케이션 능력이 높은 아스퍼거 여성들은 애니스와 같은 추론을 위한 규칙을 의식적으로, 혹은 무의식적으로 만들어낸 듯하다. 적어도 가상공간에서 애니스의 사회는 실로 훌륭하다. 그녀에게는 자폐 스펙트럼 아바타들의 상호작용에 주의하면서도 그때그때 적당한 언어를 선택하는 커뮤니케이션 능력이 있다.

명석한 두뇌, 무거운 몸의 우디

다음으로 애니스와는 다른 타입의 참가자를 몇 명 소개하겠다.

우디의 실제 연령은 30대 초반. 영국의 대학에서 공부해 이과 계열의 학위를 받았다. 모두를 감탄케 하는 깊이 있는 분석을 적확한 언어로 표현할 줄 아는, 상당히 이지적인 아바타다. 그룹에서 이루어지는 대화만 보면 애니스같이 이성적이고 분석적이며 논리적인 타입의 사람으로 보인다. 하지만 현실 생활은 그와 전혀 딴판이다.

그는 명석한 두뇌와 높은 학력을 충분히 활용할 수 없게 하는 무거운 신체가 고민이다. 10년쯤 전에 ME(근통성뇌척수염)가 발병해서 몇 년 동안 집 밖으로 나갈 수조차 없는 상태가 계속되고 있다.[29] 침대에서 일어나 컴퓨터에 로그인하는 것만으로도 온종일 힘든 날도 있다. 자폐 스펙트럼 당사자 중에는 이렇게 몇 가지 건강상의 심각한 문제를 가진 사람이 적지 않다. 우디는 최근에 아스퍼거라는 진단을 받았는데, ME로 고생하는 우디를 진찰한 의사의 추천으로 방문 진단을 해주는 자폐증 전문가를 알게 된 덕분이었다. 아스퍼거라고 진단받기 전에는 우디는 자폐증에 대해 아무것도 몰랐다. 하지만 ME가 발병하기 훨씬 전 젊은 시절부터 개인기라면 몰라도 팀 플레이의 스포츠에는 관심이 없다는 점, 공부도 흥미를 갖는 범위가 좁아서 관심 갖는 대상은 철저하게 깊이 파고드는 방식 등이 친구들과 다르다고 느껴왔다. ME의 발병 전부터 있었던 감각 과민이나 반복 행동을 하는 증상 등이 자폐증에 의한 것이라고 지금은 인식하고 있다.

그는 지능이 대단히 높지만, 학생 시절에 가장 행복했던 순간 중의 하나는 복사 담당자로서 복사용지를 캠퍼스에서 필요한 부서에 갖다주는 단순한 일에 종사할 때였다고 한다. 밖으로 나가서 자신이 정한 규칙과 타이밍으로 각 부서를 돌고, 스스로 정해놓은 구체적인 목표에 따라 일을 하는 시간은 정말 즐거웠다고 한다. 이런 추억은 자폐 스펙트럼인 사람들 중에서 관찰되는 체계화에 대한 욕구, 예측하기 어려운 일에 대한 불안감 등과 관계가 있을 것이다.

자폐 스펙트럼 당사자는 일반적으로 예측을 넘어서는 일을 수용하는 것이 어렵다. 정형발달인의 경우에는 예측 불가능한 일도 어쩔 수 없다고 생각하고 수용하는 폭이 넓다. 하지만 자폐 스펙트럼 당사자 중에는 정해진 것을 스스로 컨트롤할 수 있는 범위에서 하는 일을 좋아하는 사람이 많다.

우디는 극단적인 감각 과민이 있을 뿐 아니라, 청각, 시각, 촉각, 후각까지 다 예민하기 때문에, 지각 정보가 과도하게 몰려오는 타인과의 대화는 아주 부담이 크다. 지금까지는 ME 증상도 겹쳐서 현실 세계에서 타인과 1분 정도 이야기 나누는 것만으로 피로함을 느낀다. 하지만 세컨드라이프에서는 다양한 조건을 스스로 컨트롤할 수 있기 때문에, 2시간이나 되는 이 자조 그룹의 토론에는 참가할 수 있다. 우디는 이 자폐증 자조 그룹뿐 아니라, 세컨드라이프에 있는 ME 환자 지원 그룹에도 참가한다. 과민한 반응을 일으키지 않고도 사람들과 교류할 수 있는 가상공간의 특징을, 그는 진심으로 고맙게 생각한다. 세컨드라이프의 가상공간이 자조 그룹의 참가자들에게 큰 도움이 되는 것은, 우디의 말을 빌리자면, 신체감각이나 환경의 안전함이 보장되는 자택에서 음량을 줄여 감각 과민을 방지하면서, 심신 양면으로 편안한 지각 경험 환경을 만들 수 있기 때문이다.

"가상공간에서 자유롭게 움직일 수 있고 그에 따라 주변 풍경도 바뀔 뿐 아니라, 지각 과민에 대한 걱정 없이 하늘을 날아가는 것도 가능하다. 이는 정말로 엄청나게 좋은 일이다."

우디는 시각이 대단히 뛰어나고 시야도 넓기 때문인지(과민하기 때문에 그렇다고도 할 수 있지만), 풍경이 바뀌는 것을 소중하게 여긴다. 스스로는 원래부터 사교에 서투르다고 인식한다고 말하지만, 채팅으로 이야기를 나누어보면 매우 친절하고 솔직한 사람이라는 인상을 준다. 자신의 경험이 다른 사람에게 도움을 줄 수 있다면 좋겠다고 생각하는 것도 느껴진다. 그는 언제나 영국에서 심야 시간대에 로그인한다.

가상공간에 몰두하는 캐런(동시에 샐리이자 조지프)

모임의 오래된 단골인 캐런은, 아주 친근한 용모의 젊은 여성 아바타다. 그녀는 사이키델릭하고 신비로운 분위기의 '트랜스' 댄스음악에 푹 빠져 있어, 오랫동안 세컨드라이프에서 유명한 댄스클럽의 디제잉을 하고 있다. 가상공간의 트랜스 음악에 푹 빠진 캐런에 대해 주변 사람들은 환상세계의 포로가 되었다고 말하지만, 캐런에게 세컨드라이프는 모든 감각에 있어서 실제 세계 이상으로 현실적이다. 캐런은 가상공간에서 명확한 비전을 갖고 있으며, 자신이 생각하는 모든 시각적 이미지를 그곳에서 표현하고 재현할 수 있다고 느낀다.

그녀는 가상공간에 몰두하는 타입으로, 그 세계를 즐길 줄 안다. 사실 나는 아바타가 되었을 때의 몰입감을 아주 조금만 느낄 수 있다. 가상공간에서 사람들과 춤출 때에 그런 기분이 고양되는 듯한 느낌이 든다. 자신의 신체가 스르르 매끄럽게 움직여 다른 사람들의 움직임이나 주변 풍경과 일체화하는 감각이 좋다. 아바타나 가상 환경을 자기 자신의 일부라고 느끼는, 가상공간 특유의 감각이다. 모든 사람이 그런 감각을 아는 것은 아니고, 사람에 따라 그 감각을 느끼는 강도도 다양하다.

지금 상황에서 보자면 초보적 기술로 만들어진 세컨드라이프 같은 가상공간에서, 주변 상황을 잊게 하는 몰입감이나 신체화된 아바타의 감각을 누구나 맛보는 것은 어렵다. 신체적 몰입감과 기분을 지속하기 위해서는 주체의 의도와 노력, 성격, 상상력이 상당히 필요하다.

젊은 여성 아바타, 캐런. 일러스트는 루시아 덩.

마음과 몸이 가진 현실적인 한계를 아바타라는 매개로 훌쩍 뛰어넘는 감각이다. 하지만 지금도 세컨드라이프의 아바타를 능숙하게 조작해서 몰입할 만한 체험을 하는 사람들도 존재한다. 즉, 그들은 정말로 완전하게 아바타가 될 수 있다. 예를 들어, 복수의 아바타를 사용하는 윌도 완전히 몰입해서 아바타로서의 자신을 강하게 체험할 수 있는 듯하다. 캐런도 그런 사람 중 하나라는 인상을 받았다.

캐런은 NT의 세계와 자기 세계의 차이점은, 현실 세계와 가상공간 중 어느 쪽에서 더 잘 살 수 있는가에 있다고 말한다. 캐런에게 현실 세계는 카오스, 가상 세계는 잘 조직된 세계다. 캐런은 자신의 이런 감각이 NT의 감각과 정반대라는 점을 자각하고 있다. 그녀는 현실 세계에서는 식품점에서 일하는데, 처음 온 고객들의 예기치 못한 요구에 혼란을 느낄 때가 많다. 하지만 이 세컨드라이프에서는 더 조직적이고 체계적으로 무엇이든 할 수 있다.

세컨드라이프에서 그녀는 가상의 건물이나 다양한 구조물을 처음부터 자신의 힘으로 창작할 수 있는 기술을 가진 '빌더builder'라고 불리는 인물이다. 그녀는 가상공간에 만든 예술적인 세계에서 놀고, 트랜스 음악을 즐긴다. 캐런은 빌더로서의 창작 활동을 잘할 뿐 아니라, 그 일을 하는 도중에 누군가가 채팅으로 말을 걸어도 세컨드라이프에서는 스스로를 잘 제어할 수 있다. 반면, 현실 생활에서는 하나에 집중하고 있을 때에는 사회적으로 대응하는 것이 어렵다.

자폐 스펙트럼인 사람에게는 자주 있는 일이지만, 일대일 대화에서는 충분한 적응 능력을 보이는 고기능 자폐 스펙트럼 당사자도 현실 세계에서 많은 사람들이 모이는 파티와 같은 장소에서 여기저기에서 다양한 단어가 튀어나오는 상황에서는 큰 고통을 느낀다. 캐런의 타이피스트도 감각 과민이 있어서 집단으로 이야기를 나누는 것에 어려움을 느낀다. 반면, 세컨드라이프에서는 그룹 채팅도 잘 감당한다. 게다가 이곳에서는 허공에 가상의 건물을 '빌드'하는 것도 가능하고, 다른 아바타의 간섭도 줄일 수 있다. 가상공간의 다양한 기능이 캐런의 지각 인지에 딱 맞는 필터라고 생각한다.

아바타 캐런을 사용하는 타이피스트는 실은 우디보다 조금 연상인 남성으로 1990년대 후반에 자폐 스펙트럼 진단을 받았다. 조금 엄격한 느낌의 여성 아바타인 샐리를 사용할 때도 있다. 또, 조지프라는 남성 아바타로도 활발하게 활동한다. 오래전의 일이지만, 세컨드라

세컨드라이프에서 유명한 댄스클럽의 디제이를 오랫동안 해온 조지프. 일러스트는 루시아 덩.

이프의 장애인 단체 '버추얼 어빌리티'가 주최하는 회의에 참석했을 때의 사진을 꼼꼼히 살펴보았더니 근처에 조지프가 앉아 있는 것을 발견한 적도 있다. 내 동료나 학생들도 캐런, 조지프, 샐리를 다양한 장소에서 만났지만, 처음에는 모두 동일한 타이피스트라는 사실을 몰랐다고 한다. 조지프와 샐리가 동시에 댄스장에 있는 경우도 있었다. 컴퓨터를 2대 사용해서 동시에 로그인한 상태로 서로 아바타를 조작하는 것일지도 모른다. 본인도 그 사실을 특별히 숨기지 않기 때문에 주변에서도 서서히 '아, 같은 사람이구나' 하고 알아차린다. 내가 처음 만난 것은 조지프였는데, 이후에 캐런을 더 자주 만나게 되었다.

처음에 조지프를 보았을 때 그는 세컨드라이프에서 유명한 댄스클럽의 디제이였다. 말하자면 조지프, 캐런, 샐리는 몇 년 동안 트랜스음악 관련 사이트나 장애인이나 자폐증 관계 사이트에 자주 나타나는 아바타였다. 이전에 친구인 월에 관해 말했던 것처럼(50쪽), 복수의 아바타를 사용하거나 현실과는 다른 성별의 아바타를 쓰는 것이 세컨드라이프에서는 드문 일이 아니다. 물론 이는 자폐증 당사자들만의 현상도 아니다. 성별은 사회에서 문화적 평가를 동반하는 카테고리이기 때문에, 남자다움, 여성스러움 등의 문화적 가치를 강요당하는 것에 지쳐서 다른 성별의 아바타를 사용해보고 그 자유로움에 빠져드는 경우도 많다.

하지만 자폐증 경향이 있는 사람들 중에는 몇 종류의 다른 성격의 인격을 아바타처럼 구분해서 사용하는 경우도 있다고 한다. 해리성 장애 경향이 있었던 도나 윌리엄스의 자서전에 의하면 그녀가 5살 때에 사랑하는 할아버지가 돌아가신 것을 계기로 윌리와 캐럴이라는 두 인격이 나타났고, 진짜 도나는 그림자 뒤로 숨게 되었다. 남자아이인 윌리는 공격적이고 싸움을 좋아한다. 여자아이인 조지프는 사교적인 '착한 아이' 타입이다. 그녀의 자서전에는 윌리와 캐럴 사이를 왔다 갔다 하면서 다양한 곤란을 극복하고 성장하는 도나의 모습이 그려져 있다. 도나는 이렇게 말한다.

"나는 도저히 주변의 기대에 맞추어 살 수 없었다. 한편에서는 상상 속 인물들이 각각 생명을 갖고, 내가 실제로는 실패한 것에 대해서도 문제없이 성공하게 되었다. 춤을 배우는 조지프와 싸움을 익히는 윌리 뒤에 숨어서 진짜 나는 가만히 형형색색의 색깔에만 푹 빠져 있었다."[30]

캐런이 도나와 동일하게 해리성 장애 감각을 갖고 있었는지는 확인할 방법이 없지만, 그녀가 형형색색의 색채의 세계와 트랜스 음악의 가상 세계에 매료되어 있었다는 점은 확실하다. 캐런은 "NT는 세계를 색깔로 보지 않는다", 그리고 "이곳(가상공간)을 느낄 줄 모른다"라고 여러 번 말했다. 캐런은 다른 아바타처럼 말이 많은 것도 아니고, 분석적인 대화를 좋아하지도 않았다. 자폐증 자조 그룹에서도 과묵한 편으로, 상대방에게 맞장구쳐주는 정도의 가벼운 대화가 많았다. 하지만 그녀가 지적이고 흥미로운 화제를 즐겼다는 것은 틀림없었다. 재미있는 대화가 계속되는데 자기만 먼저 로그아웃해야 하는 상황에서는 나중에 자조 그룹의 채팅 기록을 보내달라고 부탁하곤 했다. 유튜브에 공개된 캐런의 작품을 보면, 그녀의 사이키델릭한 색채 감각에서 독특한 개성을 느낄 수 있다.

세컨드라이프는 캐런이 사는 바다 같았다. 나도 아바타로서 그 속에 있었기 때문에 생생하게 빛나는 캐런을 만날 수 있었다. 가상공간은 캐런이 모든 감각을 활용해 창조적이고 계획적으로 자기 자신과 세계를 컨트롤하고 타인과 안전하게 관계 맺을 수 있는 세계이자 매체였다. 가상공간이야말로 캐런에게는 자연스러운 환경과도 같아서, 그녀는 그 안에서 마음대로 호흡하고 헤엄치고 자연스럽게 말하며 살아갈 수 있었다.

고기능이기 때문에 더 힘든 래디언트

이 그룹의 단골인 래디언트는 판타지 장르에 등장하는 다양한 동물 아바타를 사용한다. 가끔 부엉이 아바타의 모습으로 나타났는데, 현명하고 지성적인 그녀에게 딱 어울린다. 그녀는 아스퍼거라고 진단받았다. 그리고 대학도 졸업했고(미국에서는 대학 입학은 비교적 쉽지만 졸업은 쉽지 않다), 결혼도 했다. 그룹에서는 언제나 비판 정신이 충만한 예리한 발언을 하기 때문에 멤버들은 누구나 능력을 인정한다. 게다가 자폐증 당사자 운동에 대한 관심이 높아서 운동의 주장을 반영한 발언도 많이 한다. 자폐증 연구에 관한 과학 기사를 잘 챙겨 읽기 때문에 늘 감탄스럽다. 언어나 표현을 엄밀하게 구분해 사용할 줄 알기 때문에, 다른 아바타가 애매한 표현을 사용하면 대체 표현을 제안하는 경우도 있다.

잠깐 화제를 돌리자면, 현재 미국의 DSM-5의 진단 기준에서는 아스퍼거가 고기능 자폐증이라는 카테고리에 포함된다. 다만, 전문 용어로 '고기능'이라는 말은 그 어감이 주는 이미지 때문에 오해를 불러일으키기 쉽다. 자폐증의 경우, 언어나 지능이 뒤떨어지지 않으면 정신의학적으로 '고기능'으로 분류되지만, 이것이 사회에서 고기능으로 적응할 수 있다는 뜻은 아니다. 지성이 풍부하고 교양 있는 그녀 같은 사람도 컨디션이 좋을 때는 괜찮지만, 실은 심한 감각 과민이 있다. 무리해서 사회적 요구에 맞추려 하면 갑자기 멜트다운에 빠지는 경우가 있다. 말이 나오지 않거나 자기가 생각하지도 않은 것이 말로

래디언트는 부엉이 아바타로 나타날 때도 있다. 일러스트는 루시아 덩.

튀어나오곤 한다. 이럴 때에는 입 주변의 근육이 말을 듣지 않아서 입을 다물고 있는 것도 불가능할 뿐 아니라, 말하는 내용도 조절할 수 없다. "누군가에게 상처를 주기 전에 입을 진정시킬 수 있다면 정말로 좋을 텐데"라고 그녀는 말한다.

고기능 자폐 스펙트럼 당사자는, 갑작스러운 멜트다운 때문에 일상 속의 '불쾌한 골짜기' 현상 이상으로 대단히 위험한 상태가 될 수 있다. 예를 들어, 경찰에게 갑자기 심문을 당하는 경우에 이런 현상이 일어난다면 어떻게 될 것인가? 긴장과 감각 포화 때문에 멜트다운 상태가 되어버리면 보통 때에는 언어를 완벽하게 사용하는 자폐 스펙트럼 당사자라고 해도 질문에 적절히 답하기 어려울 수 있으며, 신체가 지시에 따르지 않는 일도 있다. 상대가 공격적인 미국의 경찰관이라면 예측할 수 없는 불상사가 생길 수도 있다. 그 정도는 아니라 해도 작은 오해가 일상적으로 일어난다. 실제 생활을 좌지우지할 수 있는 약간의 권력을 가진 사람, 예를 들어 직장이나 거래처 사람, 관청이나 복지 관계 사람들과의 대화에서 말이 잘못 나오는 바람에 생각지도 못한 긴장 관계를 경험하는 것은 누구에게나 있을 것이다.

그럴 때 사람들은 언어의 힘이나 다양한 표정과 제스처를 빌려, 오해나 어긋난 말을 바로잡고, 상황을 바꾸려고 한다. 하지만 자폐 스펙트럼인 사람의 경우, 공공장소에서 예기치 못한 긴장 상태 때문에 패닉 상태가 되면 언어가 나오지 않거나 반복적인 신체 동작도 보통 때보다도 심해져, 전혀 컨트롤할 수 없게 되기도 한다. 그녀도 그런 '고기능'이기 때문에 힘든 짐을 지고 사는 것이다.

래디언트는 보통 때에는 문제없이 이야기를 하지만, 커뮤니케이션 보조를 위해서 타이핑한 언어를 자동 음성으로 변환하는 앱을 태블릿 단말기에 깔아서 만일의 경우에 대비하도록 들고 다닌다. 그렇다고 해도, 감각 과민 때문에 컨디션이 급격히 변할 때에는 과도한 지각 정보를 회피하기 위해, 상대방을 등지고 태블릿에 입력하는 등의 행동을 해야 하기 때문에, 가족들까지도 갑자기 커뮤니케이션을 거부당한 듯 느끼고 화를 내는 경우가 있다. 이런 일들 때문인지 지적 능력이 높은데도 그녀가 하는 일은 아직 자원봉사 정도다. 비교적 고기능이기 때문에 오히려 버거운 삶의 방식을 짊어지고 있는 것이다.

그룹 회합의 장점

그 밖에도 각양각색의 아바타가 이 그룹에 출입하고 있지만, 앞서 소개한 몇몇 경우만 보아도 이 그룹의 참가자들 속에 얼마나 다양한 개성이 존재하는지 알 수 있다. 이 그룹에 출입하는 사람들은 고기능 자폐 스펙트럼을 가진 성인으로서 컴퓨터 채팅을 이용하는 데에 아무런 문제가 없다고 하지만, 내부 사정은 실로 다양하다. 자폐증이 동일한 한 가지 타입의 증상을 뜻하지 않는 만큼, 한 사람 한 사람의 '증상'(이 역시 NT 측이 붙인 용어지만)도 다르고 '개성'도 다 다르다. 가정환경도 사회관계를 맺는 방식도, 교육 등 사회적 배경도 제각각이다.

그런데도 이 그룹은 자폐증 자조 그룹으로서 오랫동안 이어져왔다. 단골뿐 아니라, 항상 새로운 멤버가 참가하는 것을 보면, 그 정도로 참가자들에게는 이 그룹에 참가하는 장점이 크다는 뜻일 것이다. 멤버들에게는 가상공간이라는 장점 이외에, 크게 나누어 다음과 같은 세 가지 이점이 있다고 생각한다.

첫번째는 그들이 체험하는 경험 세계는 정형발달인의 세계와 매우 다르지만, 이곳에서는 멤버가 각자의 자폐증적 세계에서 어떻게 살아가고 있는지에 대해 객관적으로 분석할 수 있다. 이는 분석적인 성격의 아스퍼거, 고기능 자폐 스펙트럼 당사자들에게는 대단히 매력적인 환경이다. 두번째, 가상공간에서는 감각 과민을 불러일으키는 다양한 조건을 줄여서 차분한 지각 환경을 제공하기 때문에 당사자가 경험을 공유하고 분석할 수 있다. 그냥 말만 하는 것이 아니라 함께 시간을 보내면서 타인과 교류할 수 있는, 실로 귀중한 장이다. 그리고 세번째로, 그룹 내에 '공감'이라는 정신이 공유되고 있는 것도 큰 장점이다.

이 그룹의 참가자들은 여기에서는 무슨 이야기를 해도 괜찮고, 바보 취급을 받지 않는다는 인식이 강했다. 각자의 아바타가 무거운 이야기를 했을 때에 만약 감정적인 '공감'이 없다면 역시 자신의 이야기가 받아들여졌다는 느낌이 안 들 것이고 친구로서도 오래갈 수 없을 것이다. 하지만 이 그룹에서는 정서적인 공감대가 분명하게 형성되어 있었다.

아바타가 말하는 자폐증 체험

서로 공감하는 아바타들

'공감'이라는 단어는 자폐증 연구 세계에서 복잡미묘한 뉘앙스를 갖는다. 그도 그럴 것이 자폐 스펙트럼인 사람은 타인에게 공감하거나 동정을 느끼는 능력이 약하다고 생각하는 연구자가 적지 않다. 앞서 심리학의 유력 이론—자폐증에는 '마음이론'이 존재하지 않는다는 가설, 혹은 타인의 관점을 이해할 수 없는 '마음의 맹인'이라는 가설—을 소개했다(81~82쪽). 이 이론에서는 공감 능력이 약한 것을 자폐증적인 마음의 특징이라고 간주한다. 심리학자 우타 프리스는 공감 능력을 본능적인 공감과 심리적·지향적 공감의 두 종류로 나누고, 자폐증의 경우에는 특히 마음을 매개로 한 후자의 공감 능력이 약하다고 보았다. 본능적인 공감은 언어 이전의 감각으로 자율신경계의 반응과 함께 자연스럽게 튀어나오는 단순한 감정 반응이므로, 심리화 능력이 필요하지 않다는 것이다.[31] 이런 생각은 '마음이론'이나

'마음의 맹인'설을 제창한 사이먼 배런코언이 자폐증의 마음을 '공감력'의 축과 '체계화'의 축을 대비해 설명한 것과도 일맥상통한다 (194~195쪽). 즉, 자폐 스펙트럼 당사자의 뇌는 사물의 체계화에는 강하지만 공감력은 약하다는 가설이다.

특히, 아스퍼거인 사람의 경우에는 체계화와 규칙화 능력이 뛰어나서, 그중에서도 상세한 리스트를 하나씩 완벽하게 구축하려는 경향이 강하다고 알려져 있다. 그렇다면, 체계화의 충동과 공감의 마음은 일부 심리학자들이 말하는 것처럼 상반되는 현상일까? 고기능 자폐 스펙트럼 당사자들에게는 마음으로부터 누군가를 동정하거나 타인의 고통을 읽어내고 적절하게 위로의 말을 건네는 공감 능력이 없을까? 그들의 마음은 오로지 이성만 존재할 뿐 감정은 메마른 세계일까?

어느 날 자폐증 자조 그룹의 일상적인 모임에서 있었던 일이다. 아바타인 쿠차가 반려견인 펠릿이 죽었다는 말을 갑자기 꺼냈다. 반려견은 자폐 스펙트럼 당사자들이 마음을 열 수 있는 소중한 존재다. 쿠차가 말했다.

"실은 월요일에 펠릿을 동물 병원에 데리고 가서 안락사시켰어."

그러자 바로 아바타들이 탄식과 안타까움의 말들을 쿠차에게 건네기 시작했다.

"아아, 쿠차, 어쩌면 좋니!", "너무 힘들지 않니?"

쿠차는 스스로에게 다짐하는 듯한 말투로 펠릿이 중병에 걸렸었다고 설명했다. 그러자 다른 아바타도 최근 키우던 고양이를 안락사시킬 수밖에 없었다는 말을 꺼냈다. 함께 있던 아바타들은 그에게도 안타까움의 말을 건네었다. 쿠차는 모두가 공감하는 분위기에 이끌린 듯이 "실은 나, 엄청 울었어. 마치 펠릿이 자기 운명을 아는 것처럼 느껴졌거든"이라고 털어놓았다.

아바타인 테리가 "그 기분 나도 알아. 정말로 극복하기 어려운 기분이야"라고 말을 이어갔다.

가이아는 이럴 때에 단지 위로의 말을 건넬 뿐 아니라 상대가 제대로 자기 이야기를 털어놓도록 적절한 질문을 할 줄 아는 아바타다. "그런데 펠릿은 무슨 병이었던 거야?", "정말로 힘들었겠다. 어쩔 수 없다고는 해도, 이런 일은 정말 힘들어."

쿠차가 자신의 슬픔에 대해 마음을 더 열고, 펠릿에 대해 이야기할 수 있는 분위기가 만들어졌다.

쿠차는 말을 이었다. "펠릿이 바구니 속에서 내 쪽을 보고, 마치 자기를 안아달라는 듯 몸을 기댔지……. 마지막 주말에는 내내 펠릿을 꼭 안고 있었어. 암이었거든……."

지금까지 이곳에서 만난 적 없었던 새 아바타가 대화에 끼어들어 "정말 너무 슬픈 일이다", "쿠차에게 '허그'. 너무 힘들 것 같다", "허그 ((((HUGS))))" 등과 같은 채팅이 한동안 계속되었다.

쿠차가 동물 병원에 펠릿을 데리고 간 날은 보스턴마라톤대회가 진행 중이던 길에서 폭탄 테러가 벌어진 날이기도 했다. 귀가한 쿠차는 TV에서 테러 영상을 보고 더욱 견딜 수 없어서 멜트다운 상태에 빠졌다고 한다. 그로부터 이틀이 지났는데도 상태가 안 좋다고 했던 쿠차는, 다른 아바타의 질문에 답하면서 조금씩 침착한 자기 자신으로 돌아올 수 있었다. 그는 펠릿에 대해 모두 털어놓은 뒤, "앞으로는 아스퍼거들이 동정하거나 공감할 줄 모른다는 말은 누구도 해서는 안 돼!"라며 이야기를 마무리했다.

반려동물과 이별할 때의 괴로움은 누구나 마음속 깊이 공감할 수 있는 주제이기는 하다. 다만, 이때의 채팅을 다시 한번 읽어보면, 단지 그녀를 안쓰러워하는 공감이 오갔을 뿐 아니라 그녀가 자신의 슬픔을 드러낼 수 있게끔 사려 깊게 배려하는 사람이 있었다. 가족의 병이나 죽음 같은 무거운 이야기나 장래에 대한 불안감 등의 화제에 공감의 언어나 조언을 건네는 경우도 보았다. 이런 대화를 보면, 체계화와 규칙화를 선호하는 뇌 경향을 가진 고기능 자폐 스펙트럼 당사자에게 공감이나 타인을 향한 마음이 결여되었다고 말하기 어렵다는 점은 명백하다. 그렇다면 이런 공감은 반려동물과의 이별 같은 문제에 한정되어 있어서, 우타 프리스가 주장하는 것처럼 마음을 매개로 하는 심리적·지향적 공감이라는 측면은 약한 것일까?

이 그룹을 관찰하기 시작한 지 얼마 지나지 않아, 한 아바타가 대인 관계에서의 불안과 스트레스를 토로한 일이 있었다. 그러자 애니스가 바로 자신의 경험을 이야기하기 시작했다. 그녀의 경우에는 사교적인 태도가 필요한 곳에 꼭 가야 할 때에는, 정형발달인인 친구와 함께 간다고 한다. 친구가 자신과 그 상황의 쿠션 역할을 해준다. 그 친구의 반응이나 행동을 보면서 어떤 행동을 취해야 하는지 생각한다는 것이다. 그러자 다른 아바타도 세컨드라이프에서 여러 장소나 그룹을 방문하면서 사교 행동을 연습하는 것이 실제 사회에서의 불안감을 줄이는 데에 조금은 도움이 된다는 조언을 건넸다. 쿠차에게 향한 무조건적인 감정의 공감과는 다르지만, 당시 대화의 맥락에서는 처음 질문한 사람에 대한 적절한 공감이자 반응이라고 생각한다.

이런 식의 대화가 성립하는 첫번째 전제로, 이 자조 그룹에서는 자폐 스펙트럼인 사람들이 자폐증이라는 공통 주제에 동지 의식을 갖고 있다는 점을 들 수 있다. 서로 비슷한 경험을 공유하고 자연스럽게 공감을 담은 대화가 가능하다고 말할 수 있다.[32] 두번째 중요한 이유는, 이 그룹에서는 컴퓨터와 아바타를 매개로 대화를 나누기 때문에 다양한 감각 과잉으로 인한 부하를 억제할 수 있는 상태라는 점이다. 실제 사회적 교제에서 동정이나 공감의 표현을 방해하는 요소가 줄어든 것이다. 애니스의 말을 빌리자면, 공감의 마음이 없는 것이 아니라 '사교와 교제를 하기 위한 기능적 문제'가 더 크다. 이는 지각 이상과도 관련 있다. 예를 들어, 현실 세계에서 다른 사람의 얼굴 표정에 나타나는 감정을 읽기 어렵다는 것은 큰 핸디캡이다.

직장이나 학교 등 NT와 비NT가 섞인 실제 사회에서는 인지적 공통 프레임이 없기 때문에 공감의 전제가 성립하지 않는다. 자폐 스펙트럼 당사자들에게는 정형발달인인 타인이 느끼는 세계를 상상하고 이해하는 노력이 필요하다. 다시 말하면 자폐 스펙트럼 당사자는 상상력의 소수자다. 교제의 규칙이나 인지 과정에 필요한 상상력의 형태까지 NT가 지배하고 있는 것이다. 게다가 NT들은 직감적으로 대화 상대의 슬픔이나 스트레스의 원인을 느낄 수 있다. 자폐 스펙트럼인 사람들은 동일한 타이밍에 이런 것을 감지할 수 없기 때문에, 적절한 타이밍에 공감의 말을 건네는 것은 마치 곡예를 하는 것처럼 어렵다.

우선 문제(동정이나 공감해야 하는 사태)를 인식하는 데에 시간이 걸릴 뿐 아니라, 애초에 문제가 있다는 것을 알아챌 수 없는 경우도 있다. 즉, 공감하는 감정이 있고 없고의 문제가 아니라, 암묵적인 인지 프레임을 통해 성립하는 상상력의 폭과 영역이 다른 상황일지도 모른다. 자폐 스펙트럼 당사자들이 대인 관계나 사회관계에서 타인의 마음을 상상할 때에 곤란을 느끼는 것은, 바로 그 차이 때문일 수 있다. 더구나 실제의 사교적인 장면에서는 공감이나 동정의 기분을 적절한 타이밍에 최적의 언어로 표현하지 않으면 안 된다. 이 역시 자폐증 스펙트럼 당사자들에게는 상당히 어려운 교제 기술이다. 이 때문에 동정심 자체가 없는 듯 보이곤 한다. 이전에 로봇 연구의 개념 '불쾌한 골짜기'를 인용해, 고기능 자폐 스펙트럼 당사자들의 경우 정형발달인과 구별하기 어렵기 때문에 오히려 괴롭힘이나 혐오의 대상이 되기 쉽다는, 한 자폐 스펙트럼 아바타의 의견을 소개했다(223쪽). 어쩌면 가장 불편하게 느껴지는 부분은, 동일한 장소에서 동일한 대상을 보아도, 정형발달인과 자폐 스펙트럼 당사자가 대상을 인식하는 프레임이 완전하게 일치하지 않는다는 점일 것이다.

아바타들의 대화에는 다양하게 생각할 만한 주제가 포함되어 있었지만, 다음에 소개하는 토머스의 생각도 이런 차이점과 관련되어 있다.

타인의 마음을 읽을 수 없는 것은 피차 마찬가지

아바타 토머스는 말은 많지 않지만, 정확하게 관찰하고 간결한 단어로 따뜻한 공감을 전달할 줄 안다. 나이는 30대 초반, 아스퍼거로 진단받은 이 그룹의 단골손님이다. 토머스는 온화한 가정에서 이해심 깊은 어머니의 보호를 받으며 성장했는데, 독립한 지금도 가족과는 매우 좋은 관계를 유지한다. 그 덕분인지 자존감이 높고 상식이 풍부하며 매우 차분하다는 인상을 준다. 스스로의 경험을 감정적으로 풀어놓는 아바타도 있지만, 토머스는 찬찬히 사실이나 실체를 제시하며 경험을 이야기하는 것을 좋아한다. 그의 말은 언제나 사려 깊다. 의견을 물어보았는데 당장 자기 생각을 정확하게 표현하기 어려운 때에는 "조금만 기다려요. 지금 정리해보고 있어요"라고 답한다. 그리고 시간이 좀 지난 뒤 잘 다듬어진 현명한 언어로 대답한다. 그런 의미에서는 전형적인 아스퍼거처럼 보인다.

토머스는 이렇게 말했다. "보통 사람들이 가장 먼저 알아주었으면 하는 것은, 자기들이 우리의 감정을 잘 읽지 못한다고 해서, 우리에게 감정이 없는 것은 아니라는 점이야." "사람들은 타인의 정서나 감정 표현을 읽는 것이 얼마나 복잡한 심리적 프로세스인지를 제대로 이해하지 못해. 만약 타인의 마음을 직감적으로 읽는다면, 그것은 아마도 다른 사람의 정신세계(혼, 마음보다 더 깊은 곳)에 직접적으로 연결된 듯한 감각이라고 생각해. (NT는) 자폐증 당사자의 감정이 보이지 않는다고 해서 정신세계가 아예 없다고 결론짓지." 토머스는 마치 심리학이나 철학 선생이라도 된 듯 말했다. "하지만 상자 안이 보이지 않는다고 해서 그 속에 아무것도 없다고 할 수는 없지 않겠어?"

토머스의 지적은 일부 아스퍼거인 사람과 정형발달인 사이에서 자주 일어나는 마찰을 잘 설명한다. 아스퍼거라고 해도 다양한 타입의 사람이 있다. 보통 사람이라면 슬프거나 화를 낼 만한 사안, 예를 들어 가까운 가족이 심각한 병에 걸렸다든가, 갑작스럽게 실직했다든가 하는 상황에서 일부 아스퍼거인 사람들은 놀라울 정도로 쿨하게 반응한다. 정형발달인들에게는 이 사람은 마음이 없는 것일까, 로봇이라도 되는 것일까 하는 생각이 들 때도 있다. 반대로 냉정한 반응때문에 풍부한 인생 경험에서 대단한 깨달음을 얻은 사람인 양 오해를 받는 경우도 있다.

고기능 자폐 스펙트럼 당사자는 혼이 없는 로봇도 아니고 깨달음을 얻은 사람도 아니다. 하지만 그 반응이 의외이기 때문에, NT들은 자폐 스펙트럼 당사자의 감정을 읽을 수 없다. 그 때문에 거꾸로 그들이 마음속으로 무슨 생각을 하는지 지나치게 고민하는 경우도 있다. NT는 숨겨진 의도나 부정적인 감정이 (토머스가 말하는) '상자 속'에 숨겨져 있을 것이라고 짐작하기 때문이다. 타인의 심리를 추측하는 방정식은 보통 인구의 대다수를 차지하는 정형발달인의 교제 경험에서 추론된다. 예를 들어, 사실은 병에 걸린 가까운 가족을 매우 싫어했던 것일까? 미워하는 감정이 있었던 것은 아닐까? 두 사람 사이에 의견 충돌이 있었던 것일까? 직장의 경우에는 일과 관련해서 안 좋은 일이 있었던 것이 아닐까? 하는 식이다. 정형발달인들은 직장에서도 아스퍼거인 사람의 기분을 지나치게 가늠하느라 심리적 에너지를 다 쓴 나머지 녹초가 되는 경우도 있다. 아스퍼거 당사자는 '어쩔 수 없는 일'이라고 생각할지도 모르지만. 직장이나 가정 등에서 일상적으로 일어날 수 있는 어긋남이다.

자폐 스펙트럼 당사자는 타인과 교제할 때에 제스처나 표정 등 비언어적으로 의미를 전달하는 다양한 행위, 미묘한 표현이나 에둘러 말하는 표현, 이야기의 타이밍 등 문자 그대로의 의미 이외의 뉘앙스('사회적인 신호 – 소셜 큐'라고 총칭한다)를 읽기 어렵다는 것이 정설이다. 언어 이외의 사회적 기호를 읽는 일의 곤란함에 대해서는 자폐 스펙트럼 아바타들도 자주 화제에 올렸다. 하지만 토머스의 관점이 재미있는 것은 그와는 정반대의 방향성도 있다고 지적한 점이다. 즉, 타인의 마음을 추측하는 능력은, 자폐 스펙트럼 당사자만의 문제가 아니라 정형발달인도 예외가 아니라는 것이다. 정형발달인도 동일하게 자폐 스펙트럼 당사자의 마음을 읽지 못한다. 상대방 기분을 알 수 없기 때문에 마음이 이어지지 않는다고 생각하는 것은 피차 마찬가지 아닌가라는 문제 제기다.

그렇다면 자폐 스펙트럼 당사자들이 NT의 마음을 관찰하고 분석한다면 어떻게 될까?

어느 날 우디가 "NT들은 도대체 어떻게 사고하는 것일까? 그림으로 사고하지는 않는 거지?"라고 물었다. 우디는 비교적 최근에 아스퍼거로 진단받았기 때문에 자폐증에 대해 지식이 그렇게 많지는 않았다. 또, 중병을 앓고 있어서 외출이 불가능했기 때문에 대인 관계 경험이 풍부한 편은 아니었다. "내 경우는 지각 감각을 통한 모든 정보들을, 많은 아스퍼거처럼 시각적으로 처리하거든. 그게 아니라면 NT들은 도대체 어떻게 정보를 처리하는 것이지?"

애니스가 "좋은 질문이야. 나도 답은 잘 모르겠지만 말이야"라고 받았다.

마거릿이 토론에 참가했다.

"NT들은 아무래도 뇌의 감정을 처리하는 센터와 대뇌피질의 연계가 우리보다 훨씬 빠르다는 것 같아."

우디가 놀란 듯이 말했다.

"NT들은 감정으로 정보를 처리한다고?"

오언이 말했다. "그렇다고 해. 특히 소셜 큐에 대해서는 말이지. NT가 얼굴을 보면서 수행하는 교제 행동의 거의 모든 정보에 있어서 몸짓 같은 소셜 큐를 통한 신호가 중요하다고 해."

정서적 의미를 전달하는 사회적 신호를 이해할 수 없기 때문에, 그 장면에 적합한 반응을 알기 어려운 자폐 스펙트럼 당사자들에게는 소셜 큐가 중심인 정서적인 대화는 상당히 불편하다. 우디는 "그렇다면 역시, 우리에게는 NT들이 머리를 쓰는 방법을 알 수가 없고, 그들역시 우리를 이해할 수 없겠군"이라고 결론지었다.[33]

애니스는, 감정이 정보 처리 과정에 관여하는 NT의 커뮤니케이션 기술이 "그들의 이성적, 합리적 판단을 방해할지도 몰라"라고 말을 꺼냈다. 감정의 방해로 이성적이고 올바른 판단이 불가능하다는 것이 NT들이 가진 사회성의 문제라는 것이다. 물론 자폐 스펙트럼 당사자에게 감정이 없는 것은 아니다. 감정이 없는 듯이 보인다면, 감정을 그 자리에서 바로 느끼거나 적절하게 표현하는 것을 어렵게 하는 신체적인 지각 감각의 차이와 사회성의 문제다. 애니스는, 자기들은 감정과 합리적인 판단을 뒤섞지 않는 것이 가능하다고 생각하는 것 같았다.

마거릿은 NT에게는 NT 특유의 사회성의 약점이 있으며, 자폐 스펙트럼 당사자에게는 특유의 커뮤니케이션 문제가 있다고 생각하는 듯했다. 예를 들어, 자폐 스펙트럼 당사자 중에는 운동감각을 컨트롤하는 뇌의 작용이 매우 느려서, 눈과 손의 움직임 연계가 잘 안 되는 사람도 있는데, 이는 많은 직업군에서 NT보다 불리하다. 패스트푸드점에서 햄버거를 파는 판매원은 많은 장면에서 눈과 손을 재빠르게 연계해야 한다. 물론 시각과 신체를 연계하는 능력은 자폐 스펙트럼 당사자 사이에도 사람에 따라 큰 차이가 있지만.

아무튼 애니스는 유머를 섞어서 이렇게 결론지었다.

"우리 아스퍼거 중에서 신체 능력이 비교적 높은 사람을 골라서, 소방이나 구급대에 배치한다면 어떨까? 어떤 긴급사태에서도 감정 때문에 마음을 흩뜨리지 않고 가장 좋은 판단을 내릴 수 있을 테니까 이상적이지 않겠어?"

규칙을 대하는 태도

애니스가 자신의 경향을 잘 알았던 것처럼, 규칙을 잘 지키는 것을 좋아하는 아스퍼거들이 많다. 그들은 디테일에 주력하면서 그 위에 규칙을 체계화한다. 전체를 감각적으로 꿰뚫고 톱다운top-down 형식으로 하부 요소의 의미를 정해나가는 정형발달인과는 정보 처리의 방향이 다르다.

고기능 자폐 스펙트럼 당사자들이 직접 쓴 글에는, 자신들이 세부적인 부분에 특히 주목하는 독특한 인지 특성을 갖고 있다는 이야기가 자주 등장한다. 이는 템플 그랜딘이 말한 "그림으로 생각한다"라는 표현에 나타나 있듯이 시각과 관계 있는 경우가 많다. 자폐 스펙트럼 당사자 중에는 완성된 전체의 그림을 보면서 지그소 퍼즐을 맞추는 것이 아니라, 서로 인접한 부분의 형태나 색만으로 퍼즐을 맞추는 경우가 있다고 한다. 또 소리를 듣는 것만으로 전기청소기의 브랜드를 맞힐 정도로 청각이 뛰어난 사람도 있다.

이렇게 세부 요소나 부분에 주의를 기울이는 특징에 주목해 자폐증을 이해하려는 가설에는, 심리학자인 우타 프리스 등이 주장한 '약한 중심적 통합weak-central-coherence'* 이론이 있다. 이 가설에서는, 고기능 자폐 스펙트럼 당사자는 세부적인 것에 탁월한 주의력과 기억력을 갖는 경우가 많지만, 전체적인 상을 이해하거나 핵심만으로 요점을 캐치하는 것에는 약점이 있다고 본다. 시각의 경우 디테일에는 강하지만 전체적으로 보는 것에는 약해서, 즉 '나무를 보느라 숲을 놓치

---

* 'weak-central-coherence'를 우리말로 '약한 중심적 일관성' 혹은 '약한 중앙 응집'이라고 번역하기도 한다. 복수의 분야에서 합의가 이루어진 공식 용어는 아직 존재하지 않는다. 이 책에서는 자폐 스펙트럼 당사자의 경우 세부 정보를 전체적인 개념으로 통합하는 경향이 약하다는 가설을 설명하기 위해 이 개념을 소개하고 있는 만큼, '약한 중심적 통합'이라고 번역했다.

는' 경향이 나타나기 쉽다. 정형발달인과 자폐 스펙트럼 당사자가 부분과 전체를 파악하는 접근 방법이 다르다는 점에 주목한, 학계에서도 꽤 영향력 있는 가설이다.

성인 자폐 스펙트럼 당사자를 주로 치료해온 정신과 의사 우쓰미 다케시內海健는 프리스 등의 용어를 빌려 고기능 자폐 스펙트럼의 그런 경향에 '바텀업bottom-up형의 우위'라고 이름 붙이고, 톱다운형의 정보 처리의 임상 사례를 대비해 설명했다. 그에 따르면 정형발달인은 새로운 환경을 접하면 세부적인 것부터 조금씩 형태를 파악하다가 어느 정도 경험이 쌓여서 전체적인 그림을 파악하게 된 뒤에는 톱다운 방식으로 정보를 처리한다. 그리고 이후에는 그 대체적인 전체적인 그림에 근거해서 일어나는 일들을 해석한다. 예를 들어 얼굴 근육의 하나하나의 움직임을 읽는 것만으로는 알 수 없는, '표정'이라는 전체적인 상을 이해한다든가, 학교에서라면 학급 전체의 '분위기'를 읽고 전체적으로 조감하는 능력을 갖추어 이를 취해야 하는 행동의 '지침'으로 삼는 것이다.

그런데 자폐 스펙트럼 당사자에게 흔한 바텀업형의 정보 처리 방식에서는 이 직관적인 조감이 생기기 어렵다. 타인의 반응과 무관하게 완벽한 체계를 구축하는 것, 그것도 상황에 맞추어 대략적으로 하는 것이 아니라 세부적인 것까지 완벽하게 이해하는 데에 주력하는 경향이 있기 때문이다.[34] 세부적인 것에 특히 신경 쓰는 경향이, 전체적인 체세화를 위해 세부를 완벽하게 구축해야 한다는 논리에 의한 것이라면 부정적인 사고방식은 아니다. 예를 들어, 컴퓨터 프로그램에서 놀랄 만큼 빠르게 버그를 발견할 수 있는 것은, 이런 바텀업 형태의 사고법을 갖고 있는 사람이다. 즉, 세부 요소를 발견하고, 바텀업 방식으로 전체를 체계화하는 두뇌의 움직임이 도움이 되는 특정 영역이나 일의 목적이 존재한다. 정형발달인은 톱다운식으로 사물을 파악하는 경향 때문에 어쩔 수 없이 기존 개념에 의존해서 생각하지만, 자폐 스펙트럼 당사자는 상식에 의존하지 않고 처리할 수도 있다. 그 결과 생각지도 못했던 부분들을 서로 연결하는 아이디어도 가능하고, 창조적인 일에서 성과를 내기도 한다.

디테일에 초점을 맞추는 지각·인지 방식에서 전체를 통합하는 중심적 일관성이 비교적 약하다는 점은 감각·지각에 대해서도 적용할 수 있는 가설이다. '배가 고프다'는 감각의 자연스러운 통합이 잘 되지 않는다는 자폐증 당사자의 감각(196쪽)과도 맞아떨어지는 측면이 있다. 다만, 통합 과정에서의 난점이 누구에게나 나타나는 것은 아니다. 지금까지는 이 이론의 제창자인 프리스나 프란체스카 하페[Francesca Happé] 등도 다양한 검증이나 실험을 근거로, 다음 세 가지 점을 수정할 필요가 있다고 말한다.

첫째, 자폐 스펙트럼 당사자라고 해서 항상 전체적인 통합이 약하다고 단언할 수는 없다. 세부적인 것을 분석하고 인지하는 능력이 매우 뛰어나기 때문에 상대적으로 전체적인 통합이 약해 보일 수도 있다. 둘째, 전체적인 의미의 통합보다 먼저 세부적인 것에 주의를 기울이는 것을 결함이 아니라 하나의 인지 스타일로 볼 수 있다. 셋째, 원래 이 가설에서는 '약한 중심적 통합'이 다른 특징보다도 중요한 인지

능력의 결점이며, 이 점을 들어 다른 증상도 설명할 수 있다고 생각했었다. 하지만 이 특징은 다른 증상과 동일선상에 있는 하나의 증상이다. 세부적인 것에 주의를 기울이고, 이를 축적함으로써 서서히 전체상을 파악하는 관점을 만들어가는 고기능 자폐 스펙트럼 당사자는, 시간을 들여 우회할지라도, 사물의 전체상을 독특한 형태로 파악하곤 한다.[35]

한편, 세부적인 것에 주의를 기울이고, 하나하나의 요소로 리스트를 채워가는 인지의 축적을 통해 전체상을 파악하려는 바텀업 형식의 사고방식을 배런코언은 체계화를 선호하는 경향이라고 해석한다. 예를 들어, '환경의 체계화'는 '방에 있는 물건이 항상 같은 장소에 있기를 강하게 원하는' 경향을 설명하고, '도덕적 체계화'는 '타인이 사회적인 규칙을 따를 것을 강하게 원하는' 동인이 된다. 그 결과 의도하지 않아도 주위 사람에게 큰 영향력을 미치는 경우도 있다. 아스퍼거인 사람이 사회적으로 권력을 갖게 되면 주변 사람들은 그 규칙에 따를 수밖에 없다. 문제는, 본인은 스스로의 언동이 주위 사람들에게 어떻게 해석되고, 또 어떤 반응을 불러일으킬지 잘 모른다는 점이다. 물론, 시간이 지나도 전혀 모르고 지나가는 자폐 스펙트럼 당사자도 있지만, 주위의 부정적인 반응이나 인간관계에서 불거지는 갈등을 통해 이런 사실을 알고 마음에 상처를 입는 경우도 많다.

그렇기 때문에 애니스는 완벽하게 말하는 것 그 자체를 목적으로 삼지 않기라는 규칙을 만들고 채팅에서 사회 볼 때에 교훈으로 삼는다. 이는 자신의 성격을 제대로 분석하고 있기 때문에 가능한, 실로 현명한 방법이다. 즉, 체계화·규칙화를 좋아하는 자신의 성향을 꿰뚫어보고, 그 규칙화를 목적으로 삼지 않겠다는 규칙을 스스로 만든 것이다.

템플 그랜딘과 숀 배런Sean Barron이라는, 서로 다른 타입의 두 아스퍼거가 스스로의 성장 과정과 경험을 바탕으로, 아스퍼거가 사회에서 살아남기 위해 배워야 하는 교제의 암묵적인 룰을 정리한 『자폐 스펙트럼 장애가 있는 사람이 재능을 발휘하기 위한 인간관계의 열 가지 룰Unwritten Rules of Social Relationships』*이라는 책이 있다. 이 책 맨 처음에 소개된 '룰'은 얄궂게도 "룰은 절대적이지 않다. 상황과 사람 나름이다"라는 것이다. 룰을 상대화하고 유연하게 대응할 필요가 있다고 주장하고 있다. 두번째 룰은 "큰 견지에서 보면 모든 것이 동일하게 중요한 것이 아니다"다. 자폐 스펙트럼 당사자는 문자 그대로 모든 상황을 동일한 강도로 경험하기 때문에, 어떤 때에는 그 정도로 모든 것을 엄밀하게 지키지 않아도 된다는 판단이 어렵다. 세번째 룰은 "사람은 누구나 오류를 범한다. 한 번의 실패로 모든 것이 수포로 돌아가는 것은 아니다"라는 것이다. 완벽주의를 고수하는 자폐 스펙트럼 당사자의 경우, 자신이 생각했던 완벽한 수준에 다다를 수 없으면 모든 것을 포기해버리는 경우가 있기 때문이다.

그리고 네번째 룰은 "솔직함과 빈말을 충분히 활용하라"라는 것이다. 실은 이 네번째 룰은 가상 세계의 자조 그룹에서도 자주 화제가

---

* 한국에서는 『자폐인의 세상 이해하기–사회적 관계에 관한 불문율』(김혜리·정명숙·최현옥 옮김, 시그마프레스, 2014) 로 출간되었다.

되곤 했다.

빈말과 솔직함―NT와의 차이

뉴로티피컬NT인 정형발달인과 자폐증 당사자인 자신들의 세계, 즉
NT와 비NT를 비교하는 이야기는 이 그룹의 참가자들에게는 좋은
대화의 소재다. 마치 퇴근한 뒤 회사원들이 술집에 모여서 "우리 상사
는 도대체 왜……"라며 불평을 쏟아내는 것과 닮았다. 큰 적의는 없
고 굳이 말하자면 '푸념'이라는 말이 어울린다. 그럴 때에 자주 화제
가 되는 것이 NT들의 빈말 인사치레나 알기 어렵게 돌려 말하는 화
법이 싫다는 감상이다.

'컬리'라는 이름의 아바타가 세컨드라이프에서 NT 아바타들과 어
긋났던 경험에 대해 말을 꺼냈다. 이 아바타는 세컨드라이프에 건물
을 세우고 가게를 운영하고 있었는데(세컨드라이프에서는 아바타의 패
션 아이템이나 주택 인테리어 용품, 가구 등을 판매하는 가게가 많다), 컬리의
가게는 그 토지(즉, 심)를 소유한 NT로부터 땅을 '빌려 사용 중'이었
던 것 같다. 상점가가 형성된 곳에 가게를 임차한 것이다. 가게의 인
테리어도 끝날 즈음에 그 NT로부터 "영업 부진으로 상점가를 폐쇄
할 예정이니 나가주었으면 좋겠다"라는 말을 들은 것이다. 어쩔 수 없
이 가게를 빼주었는데, 나중에 알고 보니 그녀 가게 근처에 관심이 있
었던 다른 사람에게 심 전체를 판매했던 것이었다.

이 사실을 안 컬리는 당황하고 마음의 상처를 입었다. "나는 솔직한

것이 좋다. 분명하게 이야기를 해주어도 방을 빼주었을 텐데 말이야."

다른 아바타가 "맞아, 바로 그런 점이야. 가장 싫어하는 NT들의 버릇은, 무엇이든 분명하게 직접 말하지 않고, 사교 게임인 양 행동하는 것"이라고 맞장구쳤다.

'누군가에게 상처 줄 가능성이 있을 때에, 너무 심하지 않은 정도에서 진실을 바꾸어도 좋다.' 이는 NT들의 사이에서는 아주 일반적이고 암묵적인 사교 규칙이다. 예를 들어, 불합격 통지서에는 그 이유는 밝히지 않고 정중하게 예의 바른 말만 쓰여 있다. 언어를 있는 그대로 이해하는 경향이 있는 자폐 스펙트럼인 사람들에게는 이런 빈말이야말로, 분명하게 사실을 말하지 않는 NT 커뮤니케이션 스타일의 가장 큰 문제다. 완곡한 표현이라든가, 영어에서 자주 사용되는 이중부정 표현도 이해하기 어렵다.[36] 이 때문에 아스퍼거인 사람과 대화할 경우에는, 상대방이 알아차리기를 바라는 애매한 표현이 아니라, 모든 것을 언어로 솔직하게 전달하는 것이 좋다고 한다.

현실 세계에서 아스퍼거인 사람과 이야기할 때에 투명하고 솔직하게, 앞뒤가 다르지 않다는 인상을 받곤 한다. 하지만 앞뒤가 다르지 않다는 것은 거꾸로 말하자면 사물을 다양한 각도에서 보는 정신적 여유나 상상력이 없다는 뜻도 된다.[37] 그들은 빈말 뒤에 숨겨진 의도나 비언어적으로 전달되는 의미를 알아채는 것을 어려워한다. 직장에서 다양한 사람을 만나고 정보가 교차하는 혼돈 속에서 스스로 체감하고, 동료들과의 조정이 필요한 애매한 상황만큼 어려운 것이 없다. 사물의 세부적인 것에 우선 주의를 기울이고, 더 나아가 규칙화하는 것에 주력하며, 모든 것에 대해 하얀색인가 검은색인가, 양자 선택적으로 사고하는 경향의 사람이 많다. 이럴 때에는 NT도 비NT도 서로의 사고방식의 특징을 이해하고, 각각의 장점을 살릴 수 있도록 노력해야 한다. 그러기 위해서는 역시 정형발달인 쪽에서 자폐 스펙트럼 당사자의 생각이나 감각을 이해하는 것이 더 중요하다.

감각 과민과 감각 정보의 과잉

감각 과민과 신체감각의 이상은 거의 모든 아바타들이 공통적으로 일상생활에서 겪는 심각한 문제로 자주 화제에 오른다.

자폐 스펙트럼 당사자의 커뮤니케이션 혹은 대인 관계에 관한 문제는, 각각의 사회적 입장이나 태어나고 자란 환경 등 복잡한 요소가 관계되어 나타난다. 사회적 접점과 관련한 문제는 반드시 본인만의 문제로 끝나지 않기 때문에 문제가 나타나는 방식은 각양각색이다. 그 때문인지 가족이나 직장과의 문제를 토로하는 사람은 비교적 적다. 그에 비해 신체감각에 대한 문제는, 감각 과민의 종류나 정도, 표출 방식 등은 달라도 이 그룹의 참가자라면 거의 모두 어떤 형태로든 이상 지각이나 과민 지각을 갖고 있기 때문에, 누구나 흥미를 갖고 공감을 할 수 있다.

예를 들어, 과민 청각이나 과민 시각으로 인한 문제를 느끼는 사람이 매우 많다. 하지만 과민한 촉각도 꽤 자주 있는 현상이다. 어느 날 애니스가 "우리 남편이 말하기를 나는 안데르센의 동화에 나오는 '완두콩이 놓인 침대 위에서 자는 공주님' 같다고 하더라고! 새 옷에 붙어 있는(품질 표시 등을 위한) 작은 라벨도 너무 싫거든"이라고 말을 꺼내자, 함께 있던 아바타 케일도 옷의 지퍼에 몸이 닿는 감각이 싫다고 반응했다. "나도 라벨이 정말 싫어. 드레스의 지퍼도 질색이야. 왜 그렇게 많은 옷에 지퍼가 필요한지 모르겠어." 이런 대화 속에서 인지와 관련한 동료 의식이 생긴다.

감각 과민 증상이 실은 감각 정보의 과잉 부하의 결과라는 것은 몇몇 아바타의 말을 통해 분명히 알 수 있다. 예를 들어 우디는 복수의 감각 과민을 갖고 있지만, 특히 시각 과민에 대해서는 상당한 정도로 컨트롤하는 방법을 익혔다. 말 그대로 과잉 부하가 걸린 시각 정보를 의도적으로 줄이는 방법이다. 우디는 이렇게 말한다.

"나는 아침에 침대에서 일어날 때에 한쪽 눈을 감고, 다른 한쪽 눈으로 일단 원통형 튜브를 들여다보면서 주변을 파악해. 단지 그뿐이지만 이 튜브 방법으로 시각의 과도한 부담을 줄일 수 있었어. 그런 뒤에야 비로소 다른 신체감각, 예를 들어 심장 고동 등을 제대로 느낄 수 있어."

우디의 경우에는 시야도 아주 넓은 데다가, 세부적인 것까지 선명하게 정보를 파악하는 탁월한 시각을 갖고 있다. 하지만 하나의 지각 요소에 너무 과도하게 부하가 걸려 있기 때문에 다른 감각을 제대로 느끼지 못한다는 이야기는 다른 아바타에게서도 자주 들었다. 튜브 방법으로 시각 정보의 양을 줄이면, 다른 감각도 정상적으로 기능하기 시작한다고 한다.

"그다음에는 천천히 호흡을 해서 심박수를 낮추는 거야. 나는 ME(근통성뇌척수염)을 앓기 전 더 어렸을 때에, 많은 사람을 만날 예정이 있거나 실제로 만날 때에 이 방법으로 심박수를 낮출 수 있었어. 하지만 ME가 된 뒤에는 감각이 과민한 정도가 너무 심해져서 감각의 과중 부하 때문에 정신적으로 집중하기 어려운 경우가 생겼어. 그랬는데 바로 이 튜브 방법 덕분에 편해졌지."

이 이야기를 들은 뒤에 나는 어떤 이야기를 떠올렸다. 뉴욕에 있는 자택 인근, 센트럴파크 근처에서 관광객을 태우는 마차를 끄는 말은, 마구로 눈의 옆 부분이 덮여 있다. 붐비는 뉴욕의 주변 풍경 등 말을 놀라게 할 만한 요소를 줄이기 위해서다. 눈 옆을 덮은 마구에 장식이 달린 경우도 있어서, 옆에서 보면 여성의 패션 안경처럼 보이기도 한다. 말은 눈이 얼굴의 옆쪽에 붙어 있고, 진화 과정에서 후방에서의 공격을 피하는 기술을 익혀왔기 때문에 시야가 대단히 넓다고 한다. 일설에 따르면 시계가 350도에 달한다. 이 때문에 경마의 경주마도 함께 달리는 다른 경주마의 모습이나 풍경, 그림자 등에 신경 쓰지 않고 집중해서 전진하도록 시계를 좁게 하는 마구를 달고 달린다. 동물의 시계에 대해 생각하면, 그림으로 사고하고 시각이 뛰어난 템플 그랜딘이 동물 행동학의 전문가가 된 것도 납득된다.

한편, 일본어로는 '과민'이라는 표현이 자연스럽지만, 실제로 아바타들은 'sensory overload(감각 과잉 부하)'라고 표현할 때가 많다. 말 그대로 감각 정보가 과잉으로 들어오는 것이다. 튜브 방법에 대한 이야기를 들으면, 감각 정보가 과도하게 부하가 걸린다는 표현을 즐겨

하는 아바타들의 느낌도 알 것 같지 않은가? 실제로 과잉한 시각 정보를 튜브를 통해 줄이는 한 방법은, 시각 정보의 입력 양을 의식적으로 줄이는 것이다. 정보의 부하가 과잉한 상황은, 감각 '과민'이 될 수도 있지만, '둔감(저반응)'으로 나타나기도 한다. 하나의 감각 정보가 적절한 양이 될 때에 다른 감각도 명확해지고, 사고도 컨트롤할 수 있는 것이리라.

애니스도 감각 문제에 대해서는 감각 정보의 과부하라는 이미지를 갖고 있는 듯했다. 그리고 자신의 감각 이상을 설명할 때에도 '회선 용량의 문제'에 자주 비유했다. 인터넷에 접속할 때에 회선 용량이 부족하면 사진을 다운로드하거나 동영상을 즐기기에 매우 불편하다. 그녀는 자신의 감각 정보의 '회선 용량'에 한계가 있다고 느낀다. 세컨드라이프가 편한 것은 불필요한 감각 정보인 노이즈나 과한 메모리가 제거된 상태여서 낮은 회선 용량으로도 충분히 대응할 수 있기 때문이라는 설명이었다. 그리고 그녀가 감각 정보를 처리할 때에 회선 용량의 부하가 큰 것은 누군가와 눈을 맞추는 등의 행동 때문이다. 그래서 표정이 빈곤한 아바타들끼리의 교류가 편했다.

한편, 래디언트는 자신의 감각 과민을 '하이퍼 센스hyper-sense'라는 용어로 표현했다. 즉, 대상이 너무 잘 보이거나 너무 잘 들리기 때문에 결국 지각에 이상이 생기고 만다. 또, 마거릿은 자신의 넓은 시야에 대해 "보통 사람은 자기 자신의 주변을 의식적으로 보지 않으면서 보아야 하는 대상에 초점을 맞출 수 있겠지만, 나는 그것이 불가능하다"라고 말했다. 즉, 감각에 이상이 있다고는 해도, 눈이 보이지 않는

다든가 귀가 들리지 않는다든가 기관에 문제가 있는 것이 아니라, 뇌가 처리 가능한 한계를 넘어서서 감각 정보를 과도하게 받아들이는 것이 본질이라고 느끼는 경우가 많았다.

두 가지 이상의 감각을 동시에 처리하는 것에 어려움을 느끼는 경우도 있다. 예를 들어, 학생이라면 누구나 해야만 하는, 이야기를 들으면서 필기하는 행동이 어려운 사람도 있다. 애니스는 "나는 감각의 채널을 한 번에 하나씩만 사용하는 타입인 것 같다"라고 말했다. 그때 함께 있던 아바타도 "나도 그래"라고 바로 반응했다. 그들은 '하이퍼센스' 때문에 복수의 감각을 동시에 처리하는 것에 어려움을 느끼기 쉽고, 그런 상황에 놓이는 빈도도 꽤 높은 편이었다. 가상공간에서는 이런 감각 과민이나 이상을 조절하면서 사람과 교류할 수 있기 때문에, 자폐 스펙트럼 아바타들에게는 오아시스 같은 공간이었다. 이런 점이야말로 최대의 장점으로 느껴지는 듯했다. 우디는 말한다. "(세컨드라이프에서는) 음량을 작게 하는 것이 가능하고, 다른 사람들이 멋대로 다가오는 일도 없지. 공기가 움직이거나, 냄새가 나거나, 먼지가 날리거나, 벌레 소리가 들리거나, 강한 빛 때문에 방해받는 일도 없어. 게다가 몸을 의자에 기대고 있기 때문에 넘어질 일도 없고, 누운 상태로도 가상공간에서 움직이면서 탐험할 수 있어. 게다가 내 경우에는 말하는 것보다 글 쓰는 것이 훨씬 더 제대로 커뮤니케이션할 수 있는 방법이지."

공기의 움직임이나 냄새, 먼지까지도 지각을 방해한다고 하는, 그들의 예민한 감성을 정형발달인은 짐작하기 어렵다. 하지만 이 그룹의 참가자 거의 모두가 다양한 과민 감각이나 감각 과잉 때문에 일어나는 발작을 경험했다. 공부에 집중할 수 있는 조도가, 누군가에게는 너무 강하거나 너무 약하거나, 혹은 깜박거려서 힘들다고도 한다. 소리는 특히 어려운 분야여서, 노이즈 캔슬 헤드폰을 쓰면 집중할 수 있다는 사람도 있지만, 노이즈 캔슬링 기능 자체도 소리를 내기 때문에 견딜 수 없다는 사람도 있다. 그리고 무엇보다도 감각은 신체 컨디션에 좌우되기 쉽다.

그러고 보니, 놀라울 정도의 후각을 가진 사람이 있었다. "나는 감기나 인플루엔자에 걸린 사람을 냄새로 바로 알 수 있어"라고 어떤 아바타가 말했다. 강아지를 훈련해 병에 걸린 사람을 판명할 수 있다는 이야기는 들은 적이 있는데, 하며 모두 놀란 참인데, 다른 아바타가 "나는 동물 냄새에 예민해. 쓰레기통 속에 쥐가 살고 있는 불결한 레스토랑은 냄새로 바로 알 수 있기 때문에 가지 않아"라고 말했다.

모두 "그건 정말 편리한 감각 과민이네"라고 감탄했다. 이렇게 모두 감각 과민이라고 표현하지만 나타나는 방식은 상상하기 어려울 정도로 다양하다. 당사자들끼리도 이 그룹처럼 체험을 나누는 장이 없으면 서로의 경험을 알기 어렵다.

이렇게 자폐 스펙트럼 당사자의 과민 감각에 대응하기 위한 흥미로운 시도가 여기저기에서 시작되었다. 예를 들어, 영국 맨체스터의 어느 슈퍼마켓에서는 자폐증 친화적인 가게를 목표로 '조용한 시간'을 매주 한 번씩 실험적으로 운영한다고 한다. 그때만은 기계음을 발생시키는 에스컬레이터를 멈추고, 가게 안 방송이나 동영상 디스플

레이를 끄는 간단한 조치이지만, 특히 자폐 스펙트럼 자녀를 둔 가족들에게 호평받는다고 한다. 과민 감각 때문에 갑자기 발작을 일으키거나 컨트롤하기 어려운 상태가 되는 자폐 스펙트럼 어린이가 많기 때문이다. 실제로, 소리뿐 아니라 너무 밝은 조명이나 다양한 냄새 등 '정보 과다'한 슈퍼마켓은 과민 감각을 가진 자폐 스펙트럼을 가진 성인에게도 가혹한 환경이다. 어른이 된 자폐 스펙트럼 당사자는 이 과민 감각과, 가끔씩 찾아오는 패닉 반응, '멜트다운'과의 관계를 잘 자각하고 있지만, 어린이의 경우에는 그 관계를 자각할 수 없기 때문에 패닉에 빠지기 쉽다. 사실 비교적 간단한 조치만으로도 자폐증 친화적인 환경을 만들 수 있다.

과잉 부하 때문에 컨트롤 불능에 빠지는 멜트다운

어느 날, 아름다운 초록색 날개를 단 아바타가 주뼛주뼛 말을 꺼냈다.

"최근 몇 번이나 멜트다운을 경험했어. 멜트다운이라고 하면 다들 이해하지?"

거의 모두가 "그럼, 그럼"이라면서 그의 다음 말을 기다렸다.

"멜트다운되었을 때의 나를 좋아하지 않아. 게다가 여러 가지 연쇄 반응이 일어나 악순환 사이클에 빠지고 말거든⋯⋯."

다른 아바타가 그 말을 받았다.

"나도 멜트다운되었을 때의 내가 정말 싫어. 하지만 그럴 때 중요한 것은, 멜트다운되었을 때의 나는, (진짜 나 자신이 아니라) 고통에 대해 순수하게 본능적인 존재(감정에 북받쳐서 마음도 몸도 컨트롤할 수 없다)에 지나지 않는다고 이해하는 것이라고 생각해. 어떻게 해야 그 멜트다운을 막을 수 있는지, 혹은 어떻게 하면 줄일 수 있는지 생각하고 있어."

'멜트다운'이란, 일본어로는 통상적으로 '발작' 혹은 '패닉'이라고 번역되는데, 자신의 힘으로는 컨트롤할 수 없는 상태를 뜻한다. 자폐증 당사자들은 어렸을 때부터 이런 상태를 경험하는 경우가 많다. 멜트다운은 일본에서는 도쿄전력의 후쿠시마 제1 원자력 발전소에서 일어난 방사능 사고를 뜻하는 단어로 잘 알려졌기 때문에 우리에게는 너무 불길한 느낌으로 들린다.* 하지만 아바타들이 말하는 '멜트다운'은 일본어의 '발작'이라는 용어보다 자폐 스펙트럼 당사자가 스스로를 컨트롤할 수 없는 상태에 빠졌을 때의 느낌을 더 잘 표현할지도 모른다. 자신의 다양한 감각 모듈이 과잉 부하 상태가 되어버려서, 내부적인 컨트롤 메커니즘이 무너져 자기 자신 전체가 컨트롤 불능에 빠지는 느낌이다.

다른 아바타는 동일한 상태를 '셧다운shutdown'이라고 말하기도 했다. 우선 시각적인 부분 등 일부 감각이 용량 초과 상태에 빠졌을 때처럼 깜박거리는 느낌이 된다. 마치 망가진 TV 화면처럼 시각 정보가 불안정하고 흐리멍덩해지는 사람도 있고, 머리가 깨질 듯한 소리로 고통받는다는 사람도 있다. 증상이 심해지면 마치 컴퓨터가 셧다

---

* 2011년 후쿠시마 원전 사고는 전력 상실로 냉각 기능이 사라지면서 연료봉이 완전히 녹아내려 방사능이 누출된 사고였는데, 이 연료봉이 녹아내린 상태를 '멜트다운'이라고 한다.

운된 것처럼 전력이 완전히 끊긴 듯한 느낌이라고 한다. 마거릿의 말을 빌리자면, 완전히 셧다운되면 생명이 위험하기 때문에 정확히 말하면 아주 적은 양의 예비 전력만 남겨놓은 듯한 상태라고 한다.

항상 명석한 우디에게 시각 정보의 과잉 부하와 멜트다운의 느낌은 어떻게 받아들여지고 있는지 물어보았다.

"시각 과잉에 대한 스트레스는 늘 존재해. 거기에다가 인지적인 스트레스가 더해지면 과잉 부하의 느낌이 점점 더 강해져. 그 위에 감정적인 스트레스가 얹혀지면 정말로 고통스러워서 결과적으로는 심신이 정상적으로 기능하지 않게 되는데, 이때에는 감각의 과잉 부하와는 좀 다른 느낌, 마치 내가 안개 속에 갇힌 느낌이라고나 할까? 결정적으로 감각이 과잉 부하가 될 때에는 마치 급하게 브레이크를 밟아서 순식간에 얼어붙어버린 듯한 느낌이야. 영화 도중에 스크린을 확내려버렸다고 해야 할까……? 그리고 그다음에 멜트다운이 오는 거지"라고 자세하게 설명해주었다. 그의 경우에는 감정적인 사건이 있을 때에도 서서히 기능 부전 상태가 된다고 한다. 한편, 감각 정보의 과잉 부하의 경우에는 더 절박해서 갑작스러운 멜트다운을 경험하기도 한다.

어떤 아바타가 "오늘은 과잉 부하를 제대로 예방했어"라고 말을 꺼냈다. 모두가 흥미를 갖고 물어보았는데 비교적 간단한 조치였다. 병원의 접수에서 착오가 생기는 바람에 머릿속이 하얗게 되고 말았다. 접수 중간에 그 자리를 떠나는 것이 좋은 태도가 아니라는 것은 알았지만, 스스로 컨트롤이 불가능한 상태가 되기 전에 서둘러 그 장소를

독특한 감성의 판타지 계열 아바타 모습의 예. 판타지 소설에서 영감을 얻었다고 한다. 일러스트는 루시아덩.

벗어났던 것이 정답이었다. 이런 경우에는 스트레스가 생긴 장소를 떠나는 것이 현명한 선택이다. 하지만 시각 정보 등의 환경 때문에 오는 감각 정보의 과잉 부하의 경우에는 그 장소를 벗어나는 것조차 어려울 때가 있다.

예측 불가능성에 대한 불안

우리의 삶은 예측할 수 없는 일의 연속이다. 사람도 변하고 세상도 변하고, 무엇 하나 변하지 않는 것이 없다. 정형발달인은 예측이 불가능해도 대충대충 새로운 상황에 대응하면서 일상을 보낼 수 있다. 그런 데 자폐 스펙트럼 당사자에게는 예측 불가능한 변화를 받아들이고 유연하게 대응하는 것이 어려운 경우가 많다.

한 아바타가 "예측할 수 없는 것에 대한 불안이 자폐증 증상의 중심"이라는 이론을 멤버들에게 소개한 적이 있다. '예측 곤란에서 오는 장애predictive impairments'라는 개념으로 자폐증적인 뇌 속 세계를 설명하는 파완 신하Pawan Sinha 등 MIT(매사추세츠 공과대학)의 연구자들이 제창한 이론이다.[38] 다양한 형태로 나타나는 자폐증 증상을 이해하는 가장 중요한 열쇠가 '예측 곤란에서 오는 불안'이라고 보는 관점이다. 결과적으로 자폐증 당사자들은 언제 무엇이 일어날지 알 수 없는, 마법 세계를 체험하는 것과 비슷하다고 할 수 있다. 이 이론을 '마법 세계 이론magical world theory'이라는 별칭으로 부르기도 한다.[39] 어떤 아바타는 이 이론이 자기의 경험을 잘 설명한다고 말했지만, 당사자가 아닌 과학자들은 감각 과민 증상의 절실함을 모른다, 감각의 문제까지도 예측 곤란에 대한 불안으로 설명하는 것은 무리라는 반대 의견도 있었다.

앞으로의 일을 예측하지 못하는 데에서 오는 불안감을 막기 위해서는, 행동 자체를 가능한 한 동일하게 유지하는 것이 좋다. 예를 들어, 먹는 것, 물건의 위치, 일의 순서, 의복 등을 동일하게 한다. 그렇게 하면 예측하기 어려운 사태를 막을 수 있기 때문이다. 예측 곤란에서 오는 불안이 자폐증의 공통 증상인지, 아니면 자폐증적인 뇌의 움직임이 나타난 일례에 지나지 않는지는 확실치 않다. 다만, 이런 증상이 반복 행동과 관계가 있다고 본다.

꽤 오래전에 우디에게 NT와의 차이점이 무엇인지 물었다가, 정보 처리의 관점에서 매우 심오하고 추상적인 답변을 들은 적이 있다.

"나는 스스로 외부를 인식하고 학습하고, 그 과정에서 외부 세계를 내부로 받아들여서 정보를 처리할 수 있어. 하지만 그다음에는 무엇을 배울까, 무엇에 흥미를 가질 것인가에 대한 선택을 스스로 컨트롤할 수는 없어. 물론 조금은 가능하지만 정보가 어디에서 나타날지 알 수 없으니까. 예측이 불가능하니까 그저 희망을 가질 뿐이지."

추상적인 표현이지만 우디는 놀라울 정도로 감각이 예민한 사람이다. 외부 정보가 예측 불가능한 방식으로 지각을 독점해버리는 압도적인 형태의 경험을 설명한 것이라고 생각한다. 말 그대로 하이퍼월드 속에 빠지고 마는 것이다. 문제는 단순하게 지각이 과민하다는 것이 아니라, 감각 정보의 과잉 부하가 우디가 무엇을 학습하고 어떤 정보를 받아들일지에 관한 선택의 자유를 제한한다는 점이다. 감각 과민의 폭풍이 너무 격렬할 때에는 흥미의 폭이나 행동의 범위가 협소해져 특정 행동의 루틴을 반복할 수밖에 없는 것일지도 모른다. 앞서 소개했던 우디의 경험을 떠올려보기 바란다(236쪽). 캠퍼스의 여러 부서에 자기가 정한 순서에 따라 복사용지를 배부하는 단순한 아르바이트가 그에게는 실로 편했다고 한다. 그를 불안하게 만드는 예측하기 어려운 사태가 잘 일어나지 않고, 스스로 완전하게 상황을 컨트롤할 수 있는 일이었기 때문이었다.

가상공간에는 완벽하지는 않아도 소리를 조절하는 등 감각 과민 상태를 여과하고 경감할 수 있는 기제가 있다. 덕분에 자폐 스펙트럼 아바타가 자기 감각에 적합한 환경을 만드는 것이 가능하다. 예측 곤란에서 오는 불안을 경감할 수 있기 때문에 가상공간의 풍요로움을 충분히 즐길 수 있는 것이다. 하지만 컴퓨터를 매개로 하는 세계에만 갇혀 살 수는 없다. 어떤 형태로든 사회와 접촉하고 대인 관계를 맺는 것은 피할 수 없다. 그들은 다양한 감각적, 지각적 특징에서 오는 제한이나 문제를 갖고 있는 상태에서 어떻게 현실 세계를 살아가고 있을까?

무리하지 않는 것이 제일인가?

고기능 자폐 스펙트럼 당사자의 경우, 정형발달인과 비슷한 행동 패턴을 의식하면 어느 정도는 가능하다. 하지만 주변의 기대에 부응하기 위해 무리하는 것은 몸에 좋지 않다고 말하는 사람도 있었다. 부드럽고 유연한 인상의 여성 아바타, 하나코다. 하나코는 최근 가족의 권유로 의료기관에서 아스퍼거 진단을 받았다. 이를 계기로 처음으로 그런 관점에서 자기 자신을 되돌아보았다고 한다. 가족만 알 법한 문제가 있었을지는 몰라도 보통 때에는 풀타임 직장을 다니기도 하고 언뜻 보아서는 자폐 스펙트럼처럼 보이지 않는다고 한다. 하지만 그녀처럼 '보통 사람처럼 행동할 수 있는 사람'의 흉내를 내다 보면, 주변의 기대치가 높아지고 그 기준에 맞추다 보면 지치고 만다. 그 때문에 최근에는 오히려 의식적으로 보통 사람의 흉내를 내지 않도록 주의한다고 한다.

자폐증 자조 그룹의 사람들은 자폐 스펙트럼이라고 진단받은 체험에 대해 자세하게 이야기하지는 않는다. 어릴 때에 진단받아 잘 기억하지 못하는 경우도 있다. 비교적 최근에 진단받은 사람도 많지만, 미국에서는 자폐 스펙트럼으로 진단받으면 보험료 청구가 가능해지는 등 경제적 이익이 걸려 있기 때문에, 실용적인 방향으로 이야기가 흘러가곤 했다. 하지만 어른이 되어 진단받은 사람들 중에는, 예전부터 주변 사람들과 어딘가 다르다고 느껴왔지만 어디가 어떻게 다른지 분명하게는 모르다가 진단명을 들은 순간 비로소 모든 것이 이해되었다고 말하는 사람이 몇 명 있었다. 또 진단받기 전에는 아스퍼거에 대해 아무런 지식이 없었다는 사람도 있었다. 그런 사람도 지금은 자기 자신의 '지각감각적 경험'이나 '심적 경험'을 더 잘 설명할 수 있기 때문에 진단받은 것이 도움이 되었다고 말했다.

미국에서는 자폐 스펙트럼은 신경회로의 개성이라는 사고방식이 꽤 자리 잡았다는 사실도 영향을 끼친 듯, 진단을 계기로 자기가 이상한 사람이나 노력이 부족한 사람이 아니라고 생각하게 되었다는 사람도 있었다. 진단을 받음으로써 자신을 더 잘 알게 되고, 컨트롤하는 데에도 도움이 된다고 한다. 하나코처럼 자기가 아스퍼거라는 사실을 몰랐지만 진단 이후에 자기가 보통 사람의 흉내를 내느라 상당히 무리를 하며 살아왔음을 깨달았다는 사람도 있다. 그들은, 자폐 스펙트럼 당사자라는 새로운 정체성에 맞춰 일상생활에 새로이 적응할 필요가 있는 단계에 있었다.

래디언트의 경우는 좀 더 확실하게 이렇게 말한다.

"사회가 기대하는 것을 제대로 해내야 하기도 하지만, 자신의 몸과 마음을 스스로 소중하게 여기며 보살피는 것도 필요하지. 하지만 (사회의 다수파가) 누구나 해야 하는 것이라고 해도, 오랫동안 그것에 따르다 보면 심신이 녹초가 되어버려."

이 그룹에 모이는 고기능 자폐 스펙트럼 당사자들은, 다른 사람이 무엇을 기대하고, 사회가 무엇을 기대하는지를 모르지 않는다. '마음 이론'이나 '마음의 맹인'설이 주장하듯이 '샐리와 앤의 허위 신념 테스트' 같은 단순한 과제는 물론, 지성이나 추론을 사용해서 훨씬 복잡한 과제를 해결하는 것도 가능한 사람들이다. 래디언트는, 사회에서 어떤 행동을 하면 '보통 사람'으로 보이는지 잘 이해하고 있으며, 실제로 거의 그렇게 행동할 수도 있다. 하지만 보통 사람처럼 행동하는 것이 가능하다고 해서, 그로 인한 심신에 대한 영향이 없는 것은 아니다. 어떨 때에는 신체가 마음보다 솔직하다. 어떻게든 사회에 맞춰 '보통'으로 행동할 수 있다고 해도, 자신을 과도하게 억압하고 사회의 기제에 응하다 보면 신체가 먼저 비명을 지른다.

감각 정보의 과잉 부하에서 오는 과민 감각, 이상 감각은 외부 세계가 감각을 통해서 침식해오는 것이기 때문에 개인이 도저히 어떻게 할 수 없는 문제가 많다. 건강을 제일로 생각한다면 무리하지 않는 것이 좋다. 게다가 무리해서 적응할수록 주변에서는 장애가 있다는 것을 모르기 때문에 불쾌한 골짜기에 빠져들고 말아서, 오히려 주위 사람들의 이해를 구할 수가 없다. 그래서 오히려 자폐증답게 행동하는 것이 더 낫다고 생각하는 사람도 있었다.

래디언트도 그렇게 생각하는 한 명이다. "내가 사는 지역에 다른 자폐 스펙트럼 당사자가 있는지는 잘 모르지만, 최근에는 가능한 한 의식적으로 당사자답게 행동하려고 노력해……. 무리해서 증상을 감추다가 신경에 거슬리게 구는 NT를 더 이상 참기 어려워지고, 근육이나 관절이 내부에서 비틀리는 것 같은 괴로움을 겪는 것보다는 그것이 낫지 않겠어?"

손을 휘적휘적대거나 몸을 흔드는 등 신체 표현으로서의 반복 행동은, 정형발달인의 눈에는 기괴하게 보인다. 하지만 래디언트는, 그런 것이야말로 오히려 자폐증의 정체성을 표현하는 긍정적인 측면이라고 생각한다. 그녀 역시 손을 휘적휘적대는 반복 행동을 하지만, 무리해서 그런 행동을 억압해서 스트레스와 억압된 느낌을 키우기보다는, 스스로에게 자연스러운 제스처로서 표현하는 것이 더 낫다고 생각한다. "손을 휘적대는 행동도 점차로 그때그때의 기분을 표현하는 다양한 방법이야. 예를 들어, 긴장을 풀기 위한 방법, 조금 화가 났다는 것을 손으로 표현하는 방법, 이상하다고 느끼거나 우울할 때의 방법 등등으로 말이야."

허밍을 하다 보면 기분이 차분해진다는 아바타도 있었고, 머리카락을 만지는 버릇이 있다는 이도 있었다. 반복 행동에 대해서는 모두 조금은 유머를 동원해서 가벼운 느낌으로 이야기할 때가 많다. 사실 이렇게 반복 행동에 대해서도 솔직하게 공유하는 분위기이기 때문에, 반려견을 떠나보냈을 때의 이야기가 화제에 올랐을 때도 폭풍과도 같은 높은 공감 의식이 생기는 것이리라.

건강이 악화될 정도로 무리해서는 안 된다는 점에서, 모든 아바타의 의견이 일치했다. 하지만 보통 사람의 흉내를 내지 않는 것이 낫다는 의견에는 모든 참가자가 적극적으로 의견을 개진하지 않았다. 사람에 따라서 건강 상태나 감각 과민의 정도도 다르고, 또 사회적인 적응의 상황이나 그를 위한 환경도 다르다. 그리고 무엇보다 개인이 사회에 적응하기 위한 전략도 다르기 때문이다.

스스로를 알고, 차이를 안다

무리하지 않는 것, 보통 사람의 흉내를 내지 않는 것은 자폐 스펙트럼 당사자가 취할 수 있는 하나의 선택이다. 한편, 사회가 어떤 개념에 의해 돌아가는지 이해하는 것에서 시작해야 한다고 생각하는 아바타도 있었다. 자기의 신경회로가 어떤 특징을 갖고 있는지, 사회의 다수파와 어떻게 다른지 우선 알아야 한다는 것이다. 그런 다음 무엇이 가능한지, 또 무엇이 무리인지 판단해야 한다는 사람들도 있었다. 새로운 경험을 하는 것은 자폐 스펙트럼이든 아니든 인간의 성장에 불가결하다. 새로운 경험은 어느 정도 무리를 동반한다. 중요한 것은 그것이 사회적으로 강제되었는가, 자폐 스펙트럼 당사자 자신의 선택인가 하는 점이다.

모임에서 시선의 문제나 얼굴의 인식 등이 화제가 되었을 때의 일이었다. 자폐 스펙트럼인 사람은 타인의 눈을 보고 이야기하지 않는

다든가, 시각이 뛰어나지만 사람 얼굴을 잘 인식하지 못하는 경우가 있다는 사실은 잘 알려져 있다. 마거릿도 폭넓고 완벽한 시야를 갖고 있지만 얼굴 인식에는 문제가 있다고 말했다. 각각의 아바타가 자신의 시각 특징에 대해 차례로 말을 꺼냈다. 한 사람이 배경에서 필요한 것을 발견하는 일이 어렵다고 말하자, 다른 사람이 자기는 그것을 가장 잘한다며 정반대의 이야기를 털어놓았다. 또, 이 그룹에 출석하기 전에는 자기가 사람들과 대화할 때에 상대방 눈을 피한다는 사실을 전혀 몰랐다는 아바타도 있었다. 이 사람은 다른 사람의 눈을 보면서 이야기하려고 하면 '열기'가 느껴져서 좀처럼 진정하기 어렵다고 한다. 지금은 그 증상을 거의 극복해서 상대방의 눈을 보면서 이야기를 해도 이전보다는 신경질적인 인상을 주지 않게 되었다고 한다.

시선을 맞추고 싶지 않은 이유는 사람에 따라 다양하다. 어떤 사람은 상대방의 눈을 보면서 말하면 감각에 대한 과잉 부하를 일으킨다. 한편으로는 말을 들으면서 다른 한편으로는 말을 하는, 동시 처리에 영향을 미친다는 사람도 있다. 다만 시선을 맞추는 것은 이 그룹의 대부분의 사람들에게 완전히 불가능한 행위는 아닌 듯했다. 단지 그렇게 대화를 지속하다 보면 과잉 부하가 걸릴 수 있고, 심리적 거리가 너무 가까워져서 장시간 계속하면 녹초가 된다. 그럼에도, 취직 면접 등에서 다수파는 눈을 보면서 말하는 것이 일반적이므로 그렇게 해야 한다고 스스로 다짐한다는 사람도 있었다.

이번에는 항상 당사자 운동의 주장을 인용하는 래디언트가 "왜 대화할 때에 눈을 보는 것이 이렇게 화제가 될까? 그것이야말로 NT 중심적인 가치관 아니야?"라고 의문을 제기했다. 대화할 때에 눈을 바라보는 것을 중시하지 않는 문화도 세계에 존재하는 것일까? 그렇다, 그녀의 지적은 항상 논리적이다. 일본에서도 눈을 똑바로 바라보지 않는 것이 경우에 따라서 예의 바르다고 보는 교제 문화가 있다. 하지만 미국에서는 시선을 맞추지 않는 사람은 무엇인가 진실을 감추고 있다는 인상을 주기 쉽다. 일본인이 미국에서 자주 오해받는 원인 중 하나이기도 하다. 아바타들은 오해를 두려워했다. 눈 대신 입이나 뺨, 코 언저리를 보자는 대체안도 있다. 그래도 어쨌거나 취직 면접이라면 눈을 바라보며 이야기해야 인상이 좋지 않을까……, 화제가 끊이지 않는다.

한 아바타가 "우선 내가 사람들의 눈을 보면서 이야기하지 않는다는 사실을 알아야 다른 방법을 생각해볼 수도 있어. 우선 그 사실을 알지 못하면 아무것도 시작되지 않지"라고 말했다. 맞는 말이다. 기준에 따를까 말까의 문제와는 별도로, 우선 그 차이를 알아야 무엇이든 할 수 있다. 그러자, "확실히 여러 가지를 생각하게 하는 화제이지만, 자폐증인 우리가 앵무새도 아니고"라며, 무엇이든지 교정해야 한다는 생각을 반대하는 의견도 나왔다. 마지막으로는 "그래도 역시, 우리가 세상 사람들의 의식을 조금씩이라도 바꾸어나가지 않으면"이라고, 애니스가 결론을 내렸다.

아름다운 공감각의 세계

보통 사람들과는 다른 자폐 스펙트럼 당사자들의 감각적·지각적 경험을 이상 증세로 받아들여야 하는 것은 아니다. 오히려 재능이나 멋진 경험의 기초가 되기도 한다. 감각 과민, 지각 이상이라고 하면 부정적인 인상을 받기 쉽지만, 그들 중에는 풍부하고 선명한 시각이나 청각을 둘 다 가진 사람도 있어서, 감각적·지각적 경험의 '이상'과 그들의 훌륭한 인지능력이나 재능이 일체가 되는 경우도 있다. 그것이 분명한 형태로 나타나는 것이 공감각이다.

어느 날 토머스가 "『내게는 숫자가 풍경으로 보인다*Born on A Blue Day*』라는 책 읽었어? 나는 이제 다 읽은 참"이라고 말을 꺼냈다. 대니얼 태밋Daniel Tammet이라는 고기능 자폐증에 서번트 증후군을 가진 청년이 쓴 자서전으로 24개국어로 번역된 책이다.[40] TV나 유튜브 등의 동영상에 등장한 대니얼 태밋은, 온화하고 부드러운 말투의 영국 청년이다. 하지만 원주율을 2만 2,513자리까지 기억한다든가, 일주일만에 아이슬란드어를 통달한다든가, 보통 사람으로서는 생각하기 어려운 천재였다. 그리고 그 재능의 핵심에 공감각이 있다. 그에게는 숫자가 색이나 형태로 보인다. 태밋은 숫자나 언어로 리스트를 만드는 것에 특히 집착한다. 세부적인 것에 집중하는 아스퍼거의 경향을 모두 가진 사람이다. 예를 들어, 조용한 환경과 매일 아침 특정한 '오트밀'을 정확하게 동일한 양을 먹으며 숫자나 언어에는 강한 고집이 있다. 숫자에 대한 애정은 건조한 것이 아니라, 태밋의 세계 전체를 물들이는 감성이다. 숫자는 그에게 색, 형태, 질감을 갖고 말을 걸기 때문이다. 언어의 수집벽과 체계화에 대한 애정은, 결국 스스로 새로운 언어 시스템을 만들어버릴 정도다. 작가로서도 인정받고 있어서, 토머스는 "마치 마법 같은 책이야!"라며 독서의 흥분을 드러냈다.

태밋은 말한다.

"나는 1979년 1월 31일에 태어났다. 그날은 수요일이었다고 알고 있다. 왜냐하면 수요일은 내 마음속에서 언제나 푸른색이니까……. 〈레인맨〉의 주인공인 레이먼드 배빗처럼 내게는 거의 강박이라고 할 정도로 질서정연하게 규칙에 맞춘 세계가 생활 구석구석까지 필요하다."[41]

"어떨 때에 나는 귀에 손가락을 꽂고 침묵에 다가가려고 한다. 내 내부에서 침묵은 정지하고 있는 것이 아니다. 머릿속에서 실크가 휘날리는 것처럼 움직여서 응축된다. 눈을 감으면 부드럽고 은색으로 빛나는 침묵이 보이는 것이다."[42]

태밋이 묘사하는 침묵은 마치 바쇼의 공감각적인 하이쿠, "해 지는 바다 갈매기 울음은 아련하게 흰색", "조용하게 바위에 스며드는 매미 목소리" 등을 떠올리게 한다. 실제로 영어권에서 바쇼는 공감각적인 시인이라고 소개되는 경우도 있다. 그저 은유적인 표현인지, 실제로 그렇게 보고 경험한 것인지는 알 수 없지만, 많은 천재 작가가 공감각적인 언어를 구사하는 능력이 있었을지도 모른다. 하지만 최근 뇌신경과학의 진전이나 fMRI(기능적 자기공명영상) 등 계측기기의 발달로, 적어도 일부 사람들에게 공감각은 단지 은유가 아니라 절실하게 현실적인 경험일 뿐 아니라, 계측 가능한 현상이라는 사실이 알려졌다.

공감각이란, 보통 사람의 경우에는 뇌 속에서 별도의 감각 모듈로

처리되는 2개 이상의 감각(예를 들어 숫자와 색, 형태와 냄새 등)이 교차
적으로 지각되는 것을 말한다. 구체적으로 말하자면, 어떤 감각의 자
극에 대해 생각지도 않은 종류의 감각이 동시에 생겨나는 것이다. 숫
자나 문자에 대해 색이나 형태를 느낀다든가, 소리가 색으로 보인다
든가, 색이 들린다든가, 공감각에는 다양한 형태가 있다.[43] 일반적인
상식에서는 혼란스럽지만, 대니얼 태밋과 같은 경우에는 서로 다른
지각 정보가 서로 결합해 더 풍부한 정보를 제공하고, 기억력이나 상
상력을 돕는다. 덧붙이자면, 태밋의 고기능 자폐증, 공감각, 그리고
그의 천재적인 숫자 기억력이 서로 관련 있다는 사실은, 그가 숫자를
기억할 때의 뇌신경 활동을 fMRI를 사용해 이미지 스캔함으로써 밝
혀졌다.[44]

공감각이라고 하면, 천재의 능력이나 마술같이 아주 신비로운 능
력인 듯한 생각도 든다. 자폐 스펙트럼 당사자들의 경우 더 높은 비율
로 공감각이 관찰된다는 주장도 있다. 배런코언 등 케임브리지대학
연구팀이 성인 자폐 스펙트럼 당사자 164명을 대상으로 조사한 결
과, 약 19퍼센트가 공감각을 갖고 있는 것으로 나타났다고 한다.[45] 생
각보다 꽤 높은 수치다.

공감각은, 최근에야 뇌신경과학자들이 진지하게 연구하기 시작한
분야다. 근대 과학자로서 처음으로 공감각을 연구한 것은 찰스 다윈
의 사촌인 프랜시스 골턴Francis Galton이다. 그는 1880년에 《네이처》에
이와 관련한 논문을 발표했다.[46] 19세기 말부터 20세기 초에 걸쳐, 문
학이나 예술 분야에서 공감각적인 묘사가 시대의 풍조이기도 했다.

프랑스의 시인 랭보가 모든 감각을 뒤섞은 듯한 공감각적인 시적 표현으로 세상을 놀라게 한 것도 그즈음이었다. 하지만 과학 분야에서는 공감각을 표현의 방법, 혹은 환각이나 착란의 일종으로 생각하는 사람이 많았다. 20세기에는 공감각은 과학적 연구 대상이 아니었다. 그런데 최근 15년 정도, 인지·뇌신경과학자들 사이에 뇌의 수수께끼를 풀 수 있는 열쇠로서 공감각에 대한 관심이 높아지면서 상황이 크게 변했다.

앞에서 등장했던 마거릿도 색과 숫자·문자의 비교적 흔한 조합뿐 아니라, 개념의 공감각 등 다양한 공감각을 갖고 있다고 말했었다. 마거릿처럼 자폐증적인 지각 증상이 선명하고 강렬한 사람일수록 공감각이 있는지도 모르겠다. 단, 이 자조 그룹의 아바타들은 비교적 온건한 고기능 자폐증이 많아서, 극단적으로 강렬한 자폐증적인 경험이 화제에 오르지는 않았다. 이 때문에 나는 공감각을 가진 사람은 없을지도 모른다고 생각하고 있었다.

실은, 토머스가 태밋의 책을 화제에 올리기 한참 전에, 애니스가 자폐증 당사자가 공감각을 갖는 일이 드물지 않다는 연구를 소개하는 기사에 대해 "다들 어떻게 생각하지?"라며 화제로 삼은 적이 있었다. 채팅에서는 인터넷상 URL을 올려놓는 것만으로 다른 아바타들과 간단하게 정보를 공유할 수 있다.[47]

그 자리에서 기사를 읽고 가장 먼저 반응한 것은, 늘 차분하고 성실한 느낌의 50살쯤 되는 여성 가이아였다. "와, 공감각이 그런 것이었어? 그런 것이라면 나는 예전부터 여럿 경험해왔어. 그게 특별한 것인 줄도 몰랐네." 귀여운 인형과 같은 용모의 아바타인 가이아는, 보통 때에는 매우 솔직하고 유머감각이 넘치는 발언을 한다. 애니스도 "이번에 처음 알았구나. 꽤 멋진데?"라며 흥미로워했다.

공감각이 없는 다른 아바타가, "현실에서 괴리된 듯한 느낌이 드는 감각인가?"라고 묻자, 가이아는 "그게 무슨 소리. 당신은 왜 '소리의 냄새'라든가 '맛의 소리'라는 걸 모른다는 거지? 나한테는 아주 현실적인 세계야. 단지 항상 2개 이상의 감각을 느끼고 있을 뿐이야"라고 말한다.

소리의 냄새라니, 도대체 어떤 것일까? 맛의 소리라는 것은 또 무엇일까? 맛있는 음식을 맛볼 때에 소리가 따라온다는 것인가? 우리로서는 상상하기 어려운 세계다. 그렇게 생각하자니, 공감각의 작가라고도 일컬어지는 미야자와 겐지宮沢賢治*의 시에 이런 시구가 있다.

가을의 달은 차가운 과일의 냄새를 흩뿌리고 있구나
いざよひの 月はつめたきくだものの 匂をはなちあらはれにけり[48]

여기에서는 시각과 후각의 공감각이 표현되었지만, 겐지의 작품에는 그 밖에도 청각과 후각이나, 시각과 청각, 숫자 등 다양한 감각이 동시에 자극되고 교차하는 독특한 표현이 많다. 그의 작품 세계는 신비로운 분위기의 표현이나 동화임에도 기분을 붕 뜨게 하는 특유의

---

* 20세기 초반에 활동한 일본의 동화작가이자 시인.

분위기가 있다. 만약 겐지가 실제로 공감각적인 감각적·지각적 경험을 했다면 납득할 수 있는 이야기다.

공감각이 절실한 현실감으로 느껴진다는 것은, 태밋의 저작에도 잘 묘사되어 있다. 그는 "수학이 내게는 제1의 언어"라고 단언한다. 그리고 사람의 감정도 숫자를 사용해서 이해한다고 한다. "예를 들어, 친구가 슬퍼하거나 우울해하면 나는 어둡고 깊은 구멍 같은 6 속에 파묻혀 있는 자신을 떠올린다."[49]

태밋은 학교에서는 외톨이였고, 사람들과 어울리지 못해 외로움을 느꼈던 것 같다. 고교 졸업 후에 대학 진학을 생각했지만, 학교가 즐겁지 않았기 때문에 그럴 마음이 들지 않았다. 노동자 계급이었던 부모는 애정이 깊고 현명해서 그의 의사를 존중했다. 태밋은 마음을 바꾸어서 자원봉사자로 외국에서 일하는 프로그램에 참가하기로 하고, 리투아니아에서 영어를 가르치게 되었다. 부임한 뒤에 현지에서 리투아니아어를 마스터하고 처음으로 친구도 생겼다. 좋아하는 것(언어를 익히고 가르치는 것)을 추구하면서 경험의 폭이 넓어졌다. 게다가 외국에서 이방인으로서 생활하다 보면 자폐증적인 특징을 이방인의 문화적인 이질감으로 이해하는 경향이 있어서, 모국에서보다 편하게 생활할 수 있었다. 태밋은 이렇게 말한다. "리투아니아에서 생활했기 때문에 나 자신을 객관적으로 보고 내게는 '다른 점'이 있으며 그것이 나쁜 것이 아님을 알고, 자기를 이해할 수 있게 되었다."[50]

태밋은 이렇게 자기에게 다른 사람과는 다른 특성이 있음을 잘 이해하고, 그 특성에 맞는 삶의 방식을 찾아냈다. 하지만 가이아처럼 처음부터 분명한 공감각과 함께 성장했고 그 때문에 특히 불편한 점이 없었다면, 인식하지 못한 채 공감각과 함께 살아갈 수 있다. 공감각은 병이 아니기 때문에 이상한 것이 아니다. 마치 자폐증이라고 진단받기 전에, 많은 자폐 스펙트럼 아바타가 자신의 인지·감각의 특징을 이해하지 못하는 것과도 비슷하다.

애니스도, 실은 가벼운 공감각이 있다고 말했다. 애니스의 공감각은 다양한 개념이나 소리가 무게나 형태로 느껴지는 것이라고 한다. 흔치 않은 경우이지만 마거릿도 개념적인 공감각이 있다고 말했었다. 하지만 그녀도 가이아처럼 공감각으로 느끼는 현실에 괴리감을 느낀 적은 전혀 없다고 한다.

아바타인 케일은 보통 때에는 냄새에 대한 과민 증상이 있는데, 공감각도 있는 듯했다. 그의 경우에는 공감각이 소리나 형태 등 몇 가지 서로 다른 감각이 섞여 있는 것으로, 복잡한 세계에서 무엇인가를 찾을 때에 도움이 된다고 한다. 이런 공감각이 항상 나타나는 것은 아니다. 케일은 다른 사람과 함께 있을 때에 공감각이 나타나면, "명상 시간이 되어서"라든가 "급히 뮤즈(예술의 신)가 강림해서" 같은 이유를 대고 서둘러 그 자리를 벗어나 그 멋진 순간을 혼자 여유롭게 즐긴다고 한다. 공감각은 자폐 스펙트럼 당사자들에게는 풍요롭고 긍정적인 경험인 듯하다.

공감각이 나타나는 방식은 정말 다양하다고 한다.[51] 문자나 숫자가 색으로 보이는 공감각은 비교적 알려져 있지만, 그중에도 마음의 눈으로 색을 볼 수 있다는 사람도 있고, 시야의 일부에 색이 나타나는 시각 현상으로 표현하는 사람도 있다. 이 공감각은 뮤즈의 축복과도 같은 아름다운 경험이며 규칙에 근거한 카테고리의 학습에도 도움이 된다는 최근 연구도 있다. 어린이가 언어를 배우는 단계에서도 공감각적인 감각을 활용해서 학습할 가능성도 있다고 한다.[52] 어렸을 때에는 공감각이 있지만 크면서 사라지는 사람도 많다.

공감각뿐 아니라 절대음감이나 과잉언어증hyperlexia(식자가 어려운 난독증과는 정반대로 읽고 쓰는 능력이 두드러지게 뛰어난 증상) 등의 놀라운 지각 능력은, 자폐증이 아니어도 나타나는 우수한 지각 능력이지만, 자폐 스펙트럼인 사람들 중에서 높은 비율로 나타난다고 알려져 있다. 이 자조 그룹에는 고기능 자폐 스펙트럼 중에 지능이 높은 사람이 많지만, 대부분이 말보다 글이 낫다고 말하는 것을 보면 과독증은 아니라고 해도 그런 경향을 가진 사람이 비교적 많다. 자폐 스펙트럼 당사자들이 일반인보다 높은 비율로 절대음감을 갖는다는 연구 결과도 있다.[53] 공감각이나 절대음감 등 우수한 지각과 자폐증의 관계는, 자폐증이 단지 인지적인 문제나 결여가 아니라는 점을 시사한다.[54]

공감각 자체의 원인과 구조를 뇌신경학적으로 설명하는 가설이 몇 가지 있지만, 크게 두 가지로 나뉜다. 하나는 신경 활동에는 흥분과 억제 두 가지 작용이 있는데, 공감각을 가진 사람의 뇌에는 억제 계통의 작용이 적어서 한 감각 분야에서 일어난 흥분이 어떤 메커니즘을 통해 다른 감각 분야로 전달되어 공감각이 나타난다는 가설이다. 공감각이 없는 경우에는 정보 전달의 억제 작용의 회로가 활성화되어 있다고 보는 것이다. 이것을 '억제 반응 이론The disinhibited-feedback theory'

이라고 한다.[55] 또 하나의 가설은, 2개 이상의 감각 분야가 실제로 신경회로에 의해 접속되어 있다고 보는데, 그 원인은 신경 접합점(시냅스)의 가지치기 과정과 관련되어 있다고 본다. 이런 관점에서는, 뇌의 초기 발달기에 뇌 신경세포의 접합점의 가지치기가 제한적이었기 때문에 뇌에 서로 다른 감각 분야의 연결점이 남아 있다고 본다.[56]

흥미로운 것은 과학 물질의 불균형으로 인한 흥분과 억제의 메커니즘의 이상으로 신경 활동에 이상이 발생한다는 가설과 신경 접합점의 가지치기 이론이, 서로 다른 맥락에서 각각 자폐증을 포함한 발달장애의 발현과 관계가 있다고 보여지는 점이다.[57] 최근 신경회로의 발달 과정에 대한 연구도 진전되면서, 뇌의 발달 과정에서 신경 접합점의 가지치기의 작용이 자폐증의 출현과 관계 있다는 관점이 매우 유력한 가설로 부상했다. 즉, 공감각이 출현하는 발달적 기초와 자폐증이 출현하는 뇌의 발달 경로에 관한 설명에는 중복되는 부분이 있다.

뇌의 과잉 발달과 편집

아기의 뇌는 모태에 있을 때부터 시작해서, 출생 이후에도 몸의 성장과 함께 대단한 기세로 진화해서 여러 가지 기능을 획득한다. 그런데 자폐 스펙트럼인 아기의 경우에는 뇌의 발생과 발달 과정이 다수파의 뇌의 궤적과 다르다. 이 때문에 자폐 스펙트럼인 사람들은 '발달'에 장애가 있다는 식으로 이해되곤 한다. 하지만 뇌의 발달 과정이 어떻게 달라서 자폐증 증상이 나타나는지는 밝혀지지 않았다. 또한 뇌

발달 궤적의 다양한 단계에서 소위 자폐증 관련 유전자가 어떻게 관련되어 있는지에 대한 메커니즘도 해명되지 않은 상태다. 뇌는 발달하면서 능동적으로 네트워크를 복잡하게 만들어나가기 때문에 그 과정은 우연성으로 가득 차 있다. 최전선에서 연구하는 전문가들에게도 수수께끼투성이인 것이다.

그렇기 때문에 예컨대 자폐 스펙트럼 아바타인 마거릿이 주장한, "자폐증적인 마음은 어른이 잃어버린 아기의 감각을 보전하고 있다"라는 생각도 근거는 없다. 또한, 공감각을 느끼는 자폐 스펙트럼 당사자들의 세계는 풍요롭지만 과도하게 강렬하다는 주장이 뇌신경과학적으로 맞는 말이라고 하기도 어렵다. 이는 어디까지나 당사자의 느낌에 근거해 직감적으로 세운 가설인 것이다.

다만 자폐 스펙트럼 당사자들의 이런 기술이 최신 뇌신경과학의 성과와 매우 동떨어져 있지는 않다. 실제로 뇌신경과학의 최신 성과에서는, 왜 자폐 스펙트럼 당사자의 뇌 속 세계가 과잉이고 강렬한 감각 정보의 폭풍우에 휘말리는가에 관한 몇 가지 새로운 가설이 나오고 있다. 그중 하나를 소개하겠다.

인간의 뇌가 모태에서 성장하는 과정은 생명의 경이로움으로 가득 차 있다. 신경 줄기세포는 한 곳에서 생기지만 그곳에서부터 신경세포가 대단한 기세로 생성되어간다. 인간을 포함해 포유류의 뇌의 경우, 성장 과정에서 나중에 생성되는 신경세포가 바깥쪽으로 이동해서 차례로 층을 만드는, '인사이드 아웃'형의 생성 양식을 취한다. 신경세포가 한 곳에서 생겨나 점점 먼 곳으로 이동하기 때문에 그 과정에서 문제가 생기기도 한다. 또 신경세포를 이어주는 신경회로가 차례로 생성되는데 여기에서도 문제가 생길 수 있다. 출생 뒤에는 불필요하게 연장된 시냅스의 가지돌기를 '프루닝pruning(가지치기)'하는 과정이 나타나는 것도 잘 알려져 있다. 나 같은 뇌신경과학의 문외한은 정보 회로의 연결 지점인 시냅스의 돌기가 많을수록 좋다고 생각하기 쉽다. 하지만 신경 정보 전달의 효율화를 위해서는 쓸데없는 우회로는 없는 것이 좋다고 한다. 불필요한 우회로 쪽의 결합점을 줄임으로써, 자주 사용하는 회로의 연계나 뇌의 먼 곳에 있는 신경세포들의 연결이 개선된다.

만약 뇌가 과잉 정보를 모두 받아들여 그대로 전달해버린다면 과충전 상태가 될지도 모른다. 마치 교통 정리가 전혀 안 되는 개발도상국의 길거리, 러시아워 시간에, 삼륜차, 오토바이, 자전거까지 다양한 탈것들이 모여들어 정체되어 굉음으로 소란스러운 교차로처럼 혼잡한 상태가 되는 것이다. 그렇게 되면 정보의 도로 시스템으로서 뇌의 효율이 악화된다. 뇌 속 정보 프로세스는 다양한 부분이 분업하면서 공동 작업을 하기 때문에 러시아워의 교통정체와 비슷한 상황이 되면 거리가 먼 신경세포의 연계가 제대로 되지 않을 수 있다. 뇌의 생성이나 발전은 기적과도 같지만, 발달 과정에 함정도 있다. 어떻게 보자면 완벽한 뇌라는 것은 존재하지 않고, 이런 함정이야말로 개성의 원천일지도 모른다.

한편, 시냅스의 가지돌기는 그 이름 그대로 나뭇가지 모양으로 생겼다. 프루닝 과정은 작은 가지를 쳐내가는 이미지다. 어렸을 때에 마당에 정원사가 와서 내가 좋아하는 수국과 소나무를 앙상하게 가지치기해서 슬펐던 기억이 있다. 나중에 내 정원이 생긴 뒤에, 나무들을 가지치기하지 않으면 오히려 가지들이 상하기 쉽고, 마당 전체가 정글처럼 변한다는 것을 배웠다. 필요한 가지들은 남겨두고 쓸데없는 가지를 쳐나가는 뇌의 프루닝 과정도 각각의 나무가 제대로 관리되고, 나아가 전체적으로도 미적인 표현으로서 최적화된 아름다운 정원을 만드는 것과 비슷할지도 모른다.[58] 하지만 달리 보면 특정한 미적, 문화적 가치관에 따라서 수행되는 정원의 가지치기 때문에, 나무들이 다양한 방향으로 성장할 가능성이 사라지는 것도 사실이다.

뇌를 편집하는 발달 과정에 비유하면, 뇌는 고정관념이라는 일정한 필터를 통해서 현상을 처리하고 이해하며 그 정보 처리 과정을 효율화한다. 그런 정형발달 과정에서 성인의 마음이 사회적, 문화적으로 좁게 고정화한 현실감에 특화된 세계를 인식하게 된다고도 할 수 있다. 언어 발달은 사물을 일정한 형태로 개념화해서 볼 수 있게 한다. 더 나아가 문화적, 생물 진화적으로 규정된 '상식'에 따라 정보 처리를 최적화한다. 이로 인해, 보통 사람들이 생각지도 못한 방법으로 정보를 처리하거나 해결책을 찾아내는, 혹은 완전히 새로운 문제를 발견하는 능력이나 상상력이 사라질 가능성도 있다. 자폐증을 포함해 발달장애를 가진 사람들의 뇌는, 일반적인 뇌와는 다른 방식으로 발전했기 때문에, 언어에 의존하는 인간 특유의 고정관념에 얽매이지 않는 발상이 가능하다고도 할 수 있다. 세부적인 것에 주의를 기울이고 완벽하게 만들고자 하는 경향에 의해, 상식과 기존 개념으로 바라보는 정형발달인과는 다른 관점이 가능한 것이다.

태어난 지 얼마 안 되는 아기의 뇌는, 다양한 발전 가능성으로 가득 차 있어서 무한한 가능성이 있다. 환경에 따라 몽골어 혹은 스와힐리어를 말하도록 발전할 가능성이 있는 것이다. 하지만 한 언어를 모국어로 획득하는 과정에서, 다른 언어를 자연스럽게 받아들이고 말할 가능성은 사라진다. 모든 소리에 열려 있던 지각이, 점차로 모국어라는 필터가 작용하는 지각으로 진화하는 것이다.

자폐 스펙트럼인 사람들 중에는 절대음감이 있는 사람이나, 한 번 들었을 뿐인 곡을 정확하게 따라 하거나, 몇 개의 언어를 쉽게 배우는 서번트 증후군인 사람이 있다는 것은 잘 알려져 있다. 언어를 소리로서 필터 없이 기억하는 능력이 뛰어난 것이다.

프루닝은 아기 때에 활발하게 이루어지지만 그때만의 문제는 아닌 것 같다. 사춘기를 거치면서도 뇌는 계속 발달하고 특정한 인지적 방향성이 문화적 환경에 맞도록 효율적으로 편집된다. 이 과정도 프루닝과 관계가 있을 것으로 추정된다. 바로 이 프루닝 과정이 자폐 스펙트럼과 관련되어 있다고 생각하는 뇌신경과학 연구자도 있다.

프루닝과 자폐 스펙트럼의 관계는, 예전에는 가설이나 추측의 영역이었지만, 점차로 연구 성과가 나오고 있다. 최근에는 컬럼비아대학 연구팀이 이전에 소개했던 사이먼스 재단(167쪽)의 자금 원조를 받아, 프루닝과 자폐증의 관계 가설을 검증하는 흥미로운 연구를《뉴런*Neuron*》에 발표했다.[59] 그에 따르면 2세에서 9세 사이, 그리고 13세에서 20세 사이의 자폐 스펙트럼 당사자와 비교 집단의 정형발달인의 대뇌피질 조직 샘플을 비교하면 자폐 스펙트럼 당사자의 경우에는 보통 사람의 뇌보다 시냅스의 수상돌기가 과잉하며, 프루닝이 충분히 이루어지지 않은 상태였다. 가지돌기가 너무 많아서 신경회로가 지나치게 연결된 상태가, 자폐증 증상을 일으킬 가능성을 시사한다. 이 발견이 유의미하다고 해도, 그 사실이 자폐증적 증상과 실제로 어떻게 관계 있는지는 앞으로 추가 연구 결과가 필요하다. 다만, 정보의 러시아워라는 이미지는 아바타들이 스스로의 경험을 기술한 내용과 상당히 가깝다고 생각한다. 자폐 스펙트럼이면서 공감각을 가진 사람들의 다채로운 경험에 대해 알게 되고, 다른 한편으로는 프루닝 이론에 대한 이야기를 듣다 보면, 하나를 얻으면 다른 하나를 잃는다는 신화적 진리를 떠올리고 만다. 내가 문과 계통의 인간이기 때문일까?

물론 이런 뇌신경학적인 '가설'도 하나의 유력한 방향성일 뿐, 자폐 스펙트럼의 모든 것을 설명하지는 못한다. 원인의 탐구는 더 복합적인 방향으로 움직이고 있다. 1990년대에는 자폐증의 원인은 '이것이다'라고 단언할 결정적인 유전자를 특정함으로써 유전적 발현의 메커니즘을 밝히려 했다. 지금은, 다수의 유전자 사이의 복잡한 관계성 때문에 발현할 가능성, 더 나아가 모태 환경 등의 환경 요소가 복잡하게 얽혀 있을 가능성 등이 확인되었다. 신경학적이든, 생물학적이든, 유전적이든 자폐 스펙트럼의 원인을 하나의 이론이나 가설로 설명할 수는 없다고 생각하기 시작한 연구자도 많다. 자폐 스펙트럼의 원인 탐구는 복잡계의 영역으로 들어서기 시작했다.

이미 성인이 된 자폐 스펙트럼 당사자 아바타들의 관점에서는 자폐 스펙트럼의 유전자 해명이나 신경학적 설명보다 더 중요한 것이 있다. 자신의 자폐증적 신경 경향을 어떻게 이해하고 타협하고 더 나아가 스스로의 경험을 어떻게 다른 사람에게도 설명할 것인가의 문제다. 자폐 스펙트럼 당사자 아바타들도 자폐증 연구 동향에 주의를 기울이면서, 스스로의 강렬한 감각 세계나 마음속 세계를 어떻게 해석해야 할지 고민하고 있다.

감각 과민이라는 문제는, 풍요롭고 긍정적인 측면도 있다고 래디언트는 강하게 주장한다. "생각해보면 자폐증적인 인간은 NT보다도 **훨씬 훨씬 더 많은**(그녀는 대문자 'MORE'라고 채팅창에 썼다) 세계를 경험하고 있다고 할 수 있지 않을까?" 래디언트는 감각의 '필터'가 약해서 다량의 정보를 받아들이기 때문에 때로는 완전히 녹초가 되곤 한다. 이 때문에 곤란하기도 하지만, 동시에 그것 역시 풍부한 경험이라고 느끼고 있는 듯했다. 하나코가 대답했다. "나도 비슷한 느낌이야. 자폐증인 사람은 (NT보다) 세계를 더 많이 경험한다고 생각해."

NT인 사람들의 관점에서는 자폐 스펙트럼 당사자는 이것도 할 수 없고 저것도 할 수 없다는 식으로 보기 쉽지만, 가상공간에서 만난 당사자들에게 직접 들은 그들의 내면세계는 정보를 과잉하게 받아들이는 강렬한 뇌 속 풍경, 하이퍼월드였다. 자폐 스펙트럼 당사자는 과할 정도로 강렬하게 보고, 듣고, 세계를 느끼고 있을지도 모른다. 원인은 아직 안개 속에 있지만 당사자 아바타들이 자신들의 하이퍼한 뇌 속 세계를 실감하는 것은 분명했다.

하이퍼hyper라는 말은 일반적으로 '초과'라든가 '과잉'이라는 의미를 갖지만, 그 자체로는 가치 중립적인 언어다. 덧붙이자면 반대말은 하이포hypo(하위, 과소, 부족)로 둘 다 그리스어가 어원이다. 자폐 스펙트럼 당사자들은, 예전에는 자기 속에 숨어 있는 하이포한 이미지로 그려지곤 했다. 하지만 가상공간의 아바타들은 정반대로 하이퍼하고 강렬한 주관 세계를 깊이 있게 묘사했다. 자폐 스펙트럼 당사자들이 실은 정보를 과도하게 수용하기 때문에 그 처리에 문제가 있다고 해도 좋지 않을까?

래디언트가 자폐증적 경험을 'MORE'라고 표현한 것에 대해, 토머스가 부지런히 손가락을 움직여서 키보드를 치고 있다. 세컨드라이프의 채팅에서는 누군가 타이핑을 할 때에 이렇게 보인다. 그가 하고 싶은 말이 잔뜩 있는 듯해 모두가 주목했다. "음, 사실 내가 소개하려는 것은 자폐증적인 사람들은 세계를 더욱 강렬하게intense 느끼고 있다는 이론으로, 아주 복잡한 이야기야. '자폐증 인텐스 월드 이론 The Intense World Theory of Autism'이라고 하는데." 토머스는 자폐증적 경험은 'MORE'라는 래디언트의 표현에 촉발되어 이 이론을 생각했던 것 같다. 이 이론에서는 자폐 스펙트럼인 사람들은 정보가 과충전된 뇌를 갖고 있어서 세계를 더욱 강렬하게 느낀다고 본다. 그리고 자기의 강렬한 뇌 속 세계를 조금이라도 가라앉히기 위해 감각의 폭풍을 억누르는 다양한 방법을 찾아낸다. 나도 '자폐증 인텐스 월드 이론'이라는 뇌신경과학 이론에 대해 들은 적이 있다. 이를 지지하는 자폐 스펙트럼 당사자도 많다고 한다.

제창자는 스위스에 사는 2명의 뇌신경학자 헨리 마크램Henry Markram과 그의 부인 카밀라 마크램Kamila Markram이다. 헨리 마크램은 유럽연합EU이 총력을 기울여 진행하고 있는, 뇌를 시뮬레이션하려는 야심적인 초대형 프로젝트 '휴먼 브레인 프로젝트HBP: Human Brain Project'의 창시자이며 초대 소장이다. 마크램의 아들 카이는 자폐 스펙트럼이라고 진단받았다. 카이는 매우 활발한 아이로, 마치 전력이 끝없이 나오는 배터리를 달고 있는 듯했다. 5살 때에 가족 모두 인도에 갔는데, 갑자기 뛰어나가서 코브라 머리를 만지려고 했다고 한다.[60]

자폐증을 강렬한 세계(인텐스 월드)라고 생각하는 이론은, 마크램의 개인적인 상황과 뇌신경과학적인 발견이 교차하는 지점에서 생겨났다. 이 이론에서는 자폐증의 뇌가 과잉 정보 때문에 부하가 걸린 상태라고 본다. 초고기능이며 과민한 뇌의 마이크로 신경회로hyper-functional microcircuits가 과도하게 부하가 걸린 상태로 처리하고 있다는 것이다. 마이크로 신경회로란, 신경회로의 가장 작은 생태 체계이지만, 자폐 스펙트럼인 사람은 그곳이 과도하게 반응하는 데다hyper-reactive, 과잉한 신경가소성hyper-plasticity을 갖고 있기 때문에 기억도 오랫동안 지속된다. 말하자면 자폐 스펙트럼인 사람들은 모든 것을 과도하게 기억하고, 정보를 완벽하게 처리하는 과잉한 신경 구조를 갖고 있다.

초고기능인 뇌는 실제로는 너무 강렬하고 고통스럽기 때문에, 자폐 스펙트럼 당사자들은 각각의 뇌에 맞는 방식으로 적응하면서, 행동상의 버릇이나 주의, 흥미의 폭을 좁히는 등의 수많은 사회적 '증상'을 발달시킨다. 예를 들어, 기억력이 좋은 것은 일반적으로 좋은 일이지만, 한번 괴로운 하루를 보냈던 기억은 트라우마가 되기 쉽고, 또다시 그런 일이 일어날지 모른다는 불안감을 갖기 쉽다. 이를 피하기 위해 자폐 스펙트럼 당사자는 자신이 안전하다고 생각하는 행동을 반복적으로 하는 습관을 만들곤 한다.[61]

자조 그룹의 대화에서는 토머스가 자폐증적인 인간이 더 강렬한 세계를 경험한다는 나름의 해석을 채팅으로 밝혔다. 래디언트는 "꽤 가치 있는 이론이네"라고 반응했고, 애니스도 바로 "나의 경험과도 비슷해"라고 말했다. 특히 보통 때에도 비평 정신이 왕성한 래디언트가 과학자의 자폐증 '이론'에 공감을 표시하는 것은 드문 일로, 토머스는 "영광스러운걸"이라며 기뻐했다.

그건 그렇고 '인텐스intense'라는 단어는 사전에서는 '강렬' 혹은 '맹렬'이라는 의미이지만 일상 대화에서는 사람의 성격을 표현할 때에도 자주 사용된다. 최근 일본에서는 느슨한 캐릭터를 좋아하는 분위기가 있기 때문에, 누군가가 '맹렬'하다고 표현하는 것이 별로 좋은 의미가 아닐지도 모른다. 하지만 원래 개인주의적 성향이 있는 미국 사회에서는 개인의 성격이 분명하고 에너지가 강한 사람을 높이 평가하는 편이다. 그런 맥락에서 자주 사용되는 말이 '그 사람은 정말 인텐스해'라는 표현이다. 여기에는 강렬한 집중력이라든가 과잉이라는 뉘앙스도 들어 있지만, 말이 많지 않아도 강렬한 에너지가 있는 사람을 '인텐스'라고 표현하는 등 강한 성격을 뜻하는 표현이다.

자폐증의 뇌 속 세계를 '인텐스 월드(강렬한 세계)'라고 표현하는 것은 비유적으로는 하이퍼한 감각 세계를 중심으로 묘사하는 자폐증 당사자 아바타들의 설명과도 맞아떨어진다. 다만, 이 자폐증 모델의 생쥐 등을 사용한 실험 결과에 대한 신경학적 설명과 야심만만했던 연구 문헌 해석의 타당성에 대해서는 앞으로 검증이 필요하다.[62]

일반적으로 자폐 스펙트럼 당사자들은 뇌 속의 폭풍우가 잠잠해지고 예측 가능한 세계 속에서 진정된 상태에서 자신의 능력을 충분히 발휘한다. 하지만 그런 진정된 상태가, 반복 행동처럼 폭 좁은 경험의 범위로만 한정되어서는 풍족한 삶이라고 할 수 없다. 그런 상태를 "상자 속에 들어 있다"고 표현하는 아바타도 있었다. 확실히 안전할지는 몰라도 풍요로운 생활이라고 할 수는 없다. 예측 불안을 불러일으키는, 감각에 대한 과잉 부하를 막고, 스스로 감각을 받아들이는 방법을 컨트롤할 수 있는 낮고 익숙한 환경, 거기에 더해 풍부한 경험을 선택할 수 있는 환경이야말로 진정된 상태에서 본래의 능력을 키우고 발휘할 수 있는 조건이다. 이렇게 자폐증을 배려한 환경을 '예상 가능하고 풍요로운 환경predictable enriched environments'이라고도 표현한다. 다만, 어떻게 예상 불안을 억제하고 차분한 환경을 만들 수 있을까 하는 부분은 사람에 따라 매우 다르다는 것은 말할 필요도 없다.[63]

한편, 이 자폐증의 뇌 속 세계의 강렬한 폭풍에 대해 알면, 자폐 스펙트럼 당사자들 중에 컴퓨터를 매개로 하는 커뮤니케이션을 더 편하게 느끼는 경우가 왜 많은지 이해할 수 있다. 뇌 속의 웅성거림을 줄이고 더 차분한 환경을 만들 수 있기 때문이다. 가능한 한 넓은 세계를 풍부하게 경험할 수 있도록, 예측 가능하면서도 다양성이 있는 환경이라면 더욱 좋다. 아바타를 사용한 가상공간에서의 대화는, 현장감과 자신의 신체를 연장한 듯한 감각을 가지면서 교류할 수 있는 공간이다. 인간의 신체가 도구와 일체화한다는 것은 옛날부터 알려져 있다. 도구로서의 아바타를 통해 신체감각을 느끼는 것은 이상한 일이 아니다. 예를 들어, 솜씨 좋은 숙련된 목수는 대패를 다루는 손가락의 아주 미세한 감각을 통해 믿을 수 없을 정도로 훌륭한 목재를 만든다. 대패가 마치 목수의 신체의 일부인 양 기능하는 것이다. 신체가 도구를 사용하는 것뿐 아니라, 도구를 완벽하게 쓸 수 있게 되는 신체의 학습과 숙련 과정에서 뇌가 진화한 것이다.

일본원숭이를 이용해 도구 사용으로 인한 뇌의 진화에 대해 실증한 이화학연구소의 이리키 아쓰시入來篤史가 이끄는 팀의 연구는, 미국 매스미디어에서 다루어질 정도로 주목을 끌었다. 이리키의 연구팀은 일본원숭이 세 마리에게 단계적으로 조건을 주어, 길이 30센티미터의 갈퀴 형태의 도구를 사용해 멀리 있는 먹이를 갖고 오도록 훈련했다. 2주 정도의 짧은 기간의 훈련이었지만, 원숭이들은 능숙하게 도구를 쓸 수 있게 되었다.

이 훈련 뒤에 고해상도 MRI(자기공명영상) 장치를 사용해 원숭이들의 뇌를 조사하자, 대뇌피질의 특정 부분의 신호 강도가 17퍼센트나 활성화되었고, 소뇌다리*의 신호 강도도 크게 강화되어 있었다. 대

---

*   소뇌와 뇌줄기의 접속 부분.

뇌피질이나 소뇌의 부위는 인간이 진화 과정에서 현저하게 확장된 뇌 부위에 해당한다고 한다. 즉, 도구를 사용함으로써 진화한 인류의 역사 과정을 방불케 하는 실험 결과였던 것이다. 도구를 사용함으로써 뇌 속 신호가 증강되는 것은 인간의 경우에도 관찰되지만, 원숭이의 경우에 대단히 높은 확률로 변화가 생겼다. 보통은 도구를 사용하지 않는 원숭이에게는 갈퀴를 사용하는 행위가 뇌의 진화를 촉진한 획기적인 자극이었다고 해석할 수 있다. 내가 이 연구에 특히 흥미를 갖게 된 것은 인간의 외부에 있는 무엇인가(도구라고 해도 좋고, 아바타라고 해도 좋고)를 사용함으로써 뇌의 능력 자체가 증가한다는 점이다.[64]

가상 세계에서든 현실 세계에서든, 몸을 쓰는 법을 배우고 숙달하는 것은, 몸의 그 부위뿐 아니라 뇌의 변화를 촉진한다. 새로운 시대의 가상 기술에서는 지금보다 더 현실감 있게 가상적인 신체를 쓸 수 있을 것이다. 앞으로 더더욱 몰입감이 있는 가상현실 기술이 나올 것이며, 몸의 기능 향상뿐 아니라 뇌의 성장도 촉진할 것이다. 그뿐 아니라, 브레인머신 인터페이스brain-machine interface라고 불리는 연구 분야에서는, 실제로 의학적인 재활치료 등에 응용될 가능성도 충분하다. 몸과 마음이 도구와 일체화함으로써 성장하고 회복할 가능성이 있기 때문이다.

이런 연구가 장애가 있는 사람들이나 질병의 후유증으로 생긴 신체 부자유 등으로 고민하는 사람들을 위해 응용된다면, 정말로 좋은 일이라고 생각한다. 단, 현재 빠르게 진화하는 가상현실 기술이 자폐 스펙트럼 아바타들에게도 도움이 되리라고 장담할 수는 없다. 앞으로의 가상현실 기술에서는 시각 정보뿐 아니라, 촉각을 재현하는 기술 등도 실용화될 것이다. 몰입감이 너무 강한 기술은 그만큼 이용자에게 다양한 과잉 감각의 자극과 신호를 보낼 것이다. 가만히 있어도 감각 정보의 과잉 부하 때문에 괴로운 자폐증 당사자를 감각 포화 상태에 이르게 할 가능성이 있다. 장래에는 각각 개인의 신경회로 특성이나 장애의 형태에 맞춘 가상 기술이 있어서, 정보의 입력을 컨트롤하면서 장애가 있는 사람들의 하이퍼월드 속 폭풍우를 가라앉히고, 뇌의 개성과 장점을 활용하면서 커뮤니케이션 능력을 키우도록 도울 수 있다면 정말 좋을 것이다.

자폐 스펙트럼 당사자들은 인간 뇌의 진화의 최전방에 서 있는 것일지도 모른다. 만약에 그 두뇌가 뇌의 과잉 정보의 폭풍우 때문에 혼란에 빠지지 않고, 그 능력을 좋은 방향으로 발달, 발휘할 수 있다면 사회 전체적으로도 유익할 것이다. 실제로, 과학기술의 발전을 위해서는 어느 정도 자폐증적인 두뇌가 더 성과를 발휘할지도 모른다. 이런 생각은 누구나 조금씩 느끼고 있는 것이기도 하다. 하지만 이는 우연히 실리콘밸리와 같은 디지털 세계가 주류 산업의 하나로 자리 잡았고, 자폐증적인 뇌가 유익하다는 사실을 가시적인 형태로 확인할 수 있었기 때문에 갖게 된 생각이다. 다양한 신경회로를 가진 사람들을 포용하는 사회는 전체적으로 활력을 얻을 것이다.

일본의 전통사회는 실은 자폐증 친화적인 측면이 있었다. 하나의 예술에 뛰어난 능력을 발휘하는 장인을 존경하는 전통도 그중 하나이며, 어떤 일이든 완고하게 혼자 묵묵히 해내는 사람을 높이 평가하는 문화도 있었다. 하지만 기업을 중심으로 발전한 일본 사회의 자본주의는, 집단적인 균질화를 선호하는 문화, 그것도 암묵적인 이해나 찰떡 호흡처럼 일사불란한 동조, 공명의 문화를 근대적 조직 문화로 삼았다. 또, 대기업이나 공무원 조직 등에서는 정기적으로 인사 이동을 해서, 별로 잘하지 않는 일이나 새로운 환경에 바로 적응할 수 있어야 우수한 인재라고 평가한다. 자폐 스펙트럼 당사자처럼 분위기를 읽지 못하는 사람이나, 새로운 것에 대한 불안이 큰 사람은 익숙해질 수 없는 조직문화다. 자폐 스펙트럼을 둘러싼 과제는, 단순하게 스펙트럼을 가진 사람들의 이야기가 아니라, 남다른 능력을 가진 사람이나 소수자를 포용하지 못하는 다수파인 정형발달인 측의 문제이기도 하다.

자폐증 자조 그룹에 있는 고기능 자폐 스펙트럼 당사자들 중에는, 다수파인 NT나 사회를 이해하기 위해 애면글면 노력하는 사람이 많았다. 반면, 다수파인 정형발달인 대부분은 자폐 스펙트럼 당사자들이 어떻게 느끼고 어떻게 생각하는지에 대해 무지하다(물론 자폐 스펙트럼 자녀가 있는 가족 등은 전혀 다르지만). 무지에서 오는 다수파의 오만이라고 할 수 있다. 이 연구를 하기 전에는 나 역시 그런 사람 중의 한 명이었음을 깨달았다.

제2장에서, 자폐증의 사회사를 기술하면서, 자폐증이라는 카테고리를 정의하는 행위는 무연하게 이어진 대지에 선을 그어 구분하는 행위와 비슷하다고 기술했다. 정신의학적인, 혹은 심리학적인 분류를 만드는 것에서 끝나지 않고, 자폐증이란 무엇인가에 대한 사회적

인 합의를 한다는 측면이 있다. 만약 그렇다면, 소수파인 자폐 스펙트럼 당사자가 스스로를 어떻게 설명하고, 어떻게 인식하는지를 고려하면서 카테고리의 사회적 합의, 인정을 재구축하는 것은 그 자체로 사회적 의미가 있다.

'보통' 사람의 기대나 사회의 요구에 응해 자폐 스펙트럼이라는 사실을 감추려 노력하는 무리를 하지 않는 것이 좋은 전략일까, 아니면 사회적 요구를 인식하고 때로는 자신의 틀을 넘어서기 위해 노력하는 것이 바람직할까? 자조 그룹에서의 이야기를 떠올려보기 바란다. '무리'는 몸에 영향을 준다. 하지만 경험하지 않으면 인간은 성장하기 어렵다. 언뜻 보면 정반대의 삶의 방식처럼 보이지만, 실제 생활에서는 양자택일의 문제는 아니다. 가장 중요한 전제는, 자폐 스펙트럼을 가진 성인들이 어떻게 사회에 적응할 것인가 하는 부분에서 자기 결정권을 갖는 것, 자신의 삶을 컨트롤하는 것이다. 이는 자폐 스펙트럼 당사자의 문제이기도 하지만, 그들의 자기 결정권을 사회가 존중하는 것과 관련된 문제이기도 하다. 그들의 특성을 살릴 수 있는 선택이 가능한 환경을 제공하는 것은 사회이기 때문이다. 결국 자폐 스펙트럼 당사자들에 대한 '존중'에 관한 이야기다. 이런 바탕 위에서 당사자들이 사회에 어떻게 적응해나갈 것인가는, 본인의 감각이나 심신의 조건, 환경, 그리고 전략에 따라, 혹은 시기나 경우에 따라 달라질 수 있다.

제1장에서 자폐증에 대한 지식은 치료나 교육에 관여하는 사람들뿐 아니라, 모든 정형발달인의 일반적인 교양으로 필요하다는 생각

을 밝혔다. 교양이라는 말은 어떻게 보면 별로 중요하지 않은 지식이라는 인상을 준다. 대학 전공 등 전문적, 직업적으로 장래에 도움 되는 분야가 아니고, 문화적인 세련됨을 뜻하는 뉘앙스로 받아들여질지도 모른다. 하지만 내 주장은 그런 뜻이 아니다. 교양이란 본래 자기의 위치를 폭넓은 맥락에서 이해하는 것을 뜻하며, 궁극적으로는 자기 자신을 아는 것으로 연결된다. 자폐 스펙트럼 당사자들의 느낌, 신경회로의 차이 때문에 생기는 사물을 보는 관점은 대다수 정형발달인에게는 모든 것이 너무 다른 타인처럼 느껴질 수 있지만, 그렇기 때문에 자기 자신을 알기 위한 최고의 거울이 될 수도 있다.

가상공간에서 만난 자폐 스펙트럼 당사자들은 놀라움으로 가득 찬 하이퍼월드의 심오한 세계로 나를 안내해주었다. 무엇보다 나는 그 뇌 속 세계의 깊은 연못 옆에 잠시 동안 서 있었을 뿐이었는데도, 아주 먼 곳까지 여행했다는 감각이 있다. 자폐 스펙트럼 당사자의 느낌이나 사물을 보는 법은 내가 세상을 느끼는 방법과 정말로 다르다. 그럼에도, 내게도 부분적으로는 그들과 닮은 느낌이 있음을 알게 되었고, 내 주변 사람들을 보는 눈이 달라지는 경험도 했다.

자폐증은 장애인가 개성인가 하는 논란이 있다. 나는 개성이라고 보고 싶다. 그리고 개성이라는 의미에서 말하자면, 모든 신경회로의 스타일은 개성적이다.

날치의 비상을 좇아 ― 연고가 없는 자유 공간에서 활기를 띠는 아바타들

해외여행이 잦다 보니 외국의 호텔에 체류할 때가 많다. 호텔의 TV
에서 일본의 방송이 흘러나오면 나도 모르게 마음이 놓여 넋을 놓고
보는 경우가 있다. 어느 도시에 머물던 때였는지 잘 기억나지는 않는
데, TV를 켜자 날치의 생태의 신비를 다룬 NHK 특집 다큐멘터리가
흘러나왔다. 수많은 날치가 해면 위를 일제히 날아올라 햇빛에 날개
를 반짝이면서 글라이더처럼 매끄럽게 비상하는 모습이 실로 아름다
웠다. 어떨 때에는 수백 미터를 계속해서 날아가는 경우도 있다는 날
치들. 날치들이 거대한 바닷속 파도 아래에서 언제 어디에서 튀어나
올지, 어느 쪽으로 날아갈지는 전혀 알 수 없다. 카메라맨이 예측 불
가능한 날치를 좇는 것은 야구 중계에서 홈런볼의 행방을 좇아 비추
는 것보다 몇 배나 어려울 것이다. 흔들리는 배 위에서 잠잠한 바닷물
의 표면을 몇 시간이나 계속 노려보는 노력과 인내 끝에 운 좋게 날

치가 비상하는 아름다운 순간을 포착할 수 있었을 것이다.

이후 나는 민족지 연구나 사회사를 통해 사람들의 정신세계를 탐구하는 어려움은, 흔들리는 배 위에서 날치가 비상하는 순간을 촬영하려는 카메라맨의 도전과 비슷하다고 학생들에게 말해왔다. 엄청나게 어려운 일을 해왔다고 으스대려는 것이 아니다. 디지털 세계에 있는 현대인의 정신세계를 탐구하는 버추얼 에스노그래피도, 인류의 정신세계를 탐구하는 사회사도, 그 어려움과 묘미가 날치의 도약을 뒤쫓는 것과 많이 닮았다.

어떻게 보자면 다른 사람의 마음을 안다는 것은 거의 불가능에 가까운 작업이다. 알 수 없음을 인식하면서도 어떻게든 한정된 자료와 언어의 조각들을 해독해서, 자신과는 다른 세계에 사는 사람들의 마음의 궤적에 접근하려는 행위이기 때문이다. 과거의 일이든 현재의 일이든, 다른 사람의 마음은 보이지 않는다. 깜깜한 바닷속의 날치와도 같다. 흔들리는 배에서 몇 시간이나 꼼짝 않고 카메라를 들고 기다리는 사람에게는 잘 보이지 않고, 알고 싶어도 알 수 없는 세계다. 하지만 끈질기게 기다리다 보면 날치가 해면 위로 뛰어올라 비상하는 순간을 만날지도 모른다. 전혀 다른 정신세계를 엿볼 수 있는, 그런 행복한 때가 오는 것이다.

일본 중세사에 정신세계의 사회사를 접목한 역사학자 아미노 요시히코網野善彦의 획기적인 저서 『무연·고카이·라쿠: 일본 중세의 자유와 평화』는, 날치의 비상과 조우한 듯한 자료를 발견했기 때문에 가능했다. 문헌자료 속의 아주 작은 조각에 불과한 기술이나 어휘, 민속

학적인 전승이나 어린아이의 놀이 속에서 계승된 어휘, 예를 들어 '엔가쵸(인연을 끊음, 즉 무연을 의미함)'와 같은 말에 주목했다는 점 등이 그렇다. 이런 어휘나 자료를 지렛대 삼아, 남아 있는 자료가 적어서 어떤 삶을 살았는지 잘 알려지지 않은 사회 주변부 서민들의 삶을 탐구했다. 가케코미데라驅け込み寺*나 라쿠이치楽市** 등의 다양한 제도가 존재했고, 이런 제도들을 통해 오래전부터 존재해온 인간의 본원적인 자유의 영역을 개척하고 실천해왔다는 사실을 밝혔다. 그런 자유를 가능하게 하는 공간을 아미노는 '무연無緣'의 공간이라고 부른다.

역사적으로 사회의 주변부에서 살았던 서민들의 정신세계를 복원하려는 사회사의 경우, 단순하게 지성사intellectual history 연구의 왕도인 지식인, 문인, 정치적 중요 인물들이 남겨놓은 논문이나 글, 일기 등의 분석만으로는 불충분하다. 당연한 일이지만, 이런 역사 속 주변적인 사람들의 마음을 읽을 수 있는 자료는, 언제나 쉽게 손에 넣을 수 있는 것이 아니다. 상상력과 인내력 둘 다 동원해 날치가 날아오르는 궤적을 알려줄 자료를 스스로 찾아낼 수밖에 없다.

아미노는 역사학자일 뿐, 철학자도 사회학자도 아니기 때문에, 무연이라는 개념을 일반적인 분석 개념으로 한층 더 승화시키는 데에는 별로 흥미가 없었던 것 같다. 스스로 발견한 무연의 공간이 역사적

---

* 에도시대에 남편과 절연하고 싶은 부인이 도망가서 숨었던 절을 뜻한다. 부인이 도망쳐 들어오면 절이 대신 나서서 남편과 교섭해 이혼을 성립시켰다.

** 일본 중세시대에 추진된 자유 시장 정책으로 일부 상인의 특권과 독점을 막고 상인의 자유로운 영업과 과세 면제를 보증했다.

으로 실제로 존재했다는 것을 실증하는 작업에 집중하다 보니, 그 개념을 일반화하지는 못했다. 하지만 이 '연'이라는 용어는 사회학적으로는 네트워크라는 뜻이다. '네트워크가 없는 무연'의 공간은 역설적으로 자유를 속박하고 인간을 규제하는 종적인 사회구조로부터 자유로워질 수 있는 장을 뜻한다고 해석할 수 있다. 다시 말하면 기존의 사회적 규칙이나 얽매임 등에서 벗어나 새로운 네트워크로 나아가는 '유연有緣'의 공간이라는 의미다. 나아가 본질적으로는 기존의 정치적, 사회적인 질서나 속박을 체현하는 사회적, 인지적인 네트워크에서 일시적으로나마 벗어나, 다른 쪽으로 뻗은 네트워크에 합류하는, 전환의 공간이라는 의미로 이해할 수도 있다.

그러므로 나는, 아미노가 말하는 '무연'의 영역이 그가 묘사하는 역사상의 공간이나 제도, 예컨대 가케코미데라와 같은 장소만으로 실현될 수는 없다고 해석한다. 내 책『아름다움과 예절의 끈: 일본 교제 문화의 정치적 기원』에서, 일본의 문예와 예능의 문화에 상대방을 인지하는 신분제도의 방향성을 바꾸는 스위치가 숨어 있다고 지적한 것도 이 때문이다. 문예 공간에는 누구나 일시적으로 예명을 써서 교제하는, 일시적으로 무연을 상징하는 가상공간과 같은 메커니즘이 존재한다. 또, 그 속에서 적대하는 사람들, 사무라이, 상인 등 신분이 서로 다른 사람들이 함께 시를 읊고 즐기면서 사회적 네트워크를 넓히는 경우도 있다.

나는 이런 사회적 영역을 '퍼블릭권'이라고 이름 붙였다. 공공권이라는 용어는 정치적인 맥락에 한정되어서 사용되는 경향이 있지만, 퍼블릭권은 인지적, 사회적 네트워크가 교차하는 자유로운 공간이라고 생각한다. 나는 가상공간의 자유로움에 이끌렸다. 그곳은 자폐 스펙트럼인 사람들뿐 아니라 다양한 소수자들이 사회적인 질곡으로부터 일시적으로나마 해방되어 생각지도 못한 방식으로 비상하는 장소였다.

성인 자폐 스펙트럼 당사자들의 정신세계를 탐구하는 것과 중세시대의 서민들의 정신세계를 연구하는 것은 겉으로는 전혀 다르게 보일지 모르지만 충분한 자료가 없다는 측면에서는 유사한 점이 많다. 정보를 전달하는 신경회로의 패턴, 외부 세계를 느끼는 방법, 관여하는 방법, 그리고 자기 표현의 방법 등이 사회의 다수파와 다른 사람들이다. 당사자들의 목소리를 오랫동안 들어온 요양보호사나 치료에 종사하는 의료 관계자들에 비하면, 내 지식은 대수롭지 않을지도 모른다. 그럼에도 이 책을 써야겠다고 마음먹었던 것은, 자폐 스펙트럼 당사자들이 가상공간에서 빛나는 날치처럼 눈부시게 비상하는 순간을 목격한 듯이 느꼈기 때문이다. 정형발달인 연구자가 성인이 된 자폐 스펙트럼 당사자들의 정신세계를 탐구하는 것은 쉽지 않다. 특히 당사자들이 해주는 이야기 이외에 어떻게 행동하고 다른 사람과 교류하는지 등을 좀처럼 파악하기 어렵다.

하지만 가상공간은 커뮤니케이션 환경 전반이 우연하게도 자폐 스펙트럼 당사자들의 느낌이나 표현 방식 등에 잘 맞는다. 그들은 사회적 침묵을 지킬 필요가 없다. 그저 일방적으로 표현하는 것이 아니라 타인과 시간과 (가상의) 장소를 공유하면서 대화를 나눌 수 있다. 그런 공간은 아바타에 의한 무연의 공간이라는 분위기도 있다. 누구나 아바타의 이름이라는 가명을 쓰고, 가상의 신체를 가상의 환경에 맡긴다. 고기능 자폐 스펙트럼 당사자도 읽기 어려운 표정이나 제스처 등 비언어 정보 때문에 고민할 필요가 없고, 감각 과민인 사람을 괴롭히는 소리나 빛 등의 감각 정보도 자기가 원하는 정도로 제어할 수 있다. 또 갑자기 상대방이 다가오거나 껴안는 일도 일어나지 않는다. 그렇기 때문에 그곳에 안전한 '퍼블릭권'이 출현한 것이다.

제1장에서 기술한 것처럼, '아바타는 모두 자폐증적이다'라는 로고가 들어간 상의를 입고 나타난 아바타 토머스를 보았을 때에, 나는 날치가 가상공간에서 날아오르는 순간을 엿본 듯한 기분이었다. 가상공간은 자폐 스펙트럼 당사자들에게는 우리 편의 커뮤니케이션 무대에서 자유롭게 발언하면서 타인과 교류할 수 있는 장이다. 한편, 내게는 성인 자폐 스펙트럼 당사자들의 세계관을 이해할 수 있는, 좀처럼 확보하기 어려운 포지션을 제공해주었다. 그곳에서 이야기하는 당사자 아바타들 모두가 달변이었던 것은 아니지만 각각 아름답게 가상공간에서 헤엄치는 날치들이었다. 가상 기술의 가능성과 한계의 교차점에서 우연히 출현한 흔치 않은 공간이자, 자폐 스펙트럼 당사자들의 커뮤니케이션 스타일에 너무나 잘 맞는 무연 공간이었다.

풍랑 속 배 위에서 흔들리는 관찰자

날치의 비상을 카메라로 좇는다는 비유에는 또 하나의 숨겨진 의미가 있었다. 날치를 좇는 카메라맨도 파도 위의 배 위에서 흔들리고 있다는 의미다. 다시 말하자면, 관찰자의 시점도 흔들리고 변화한다는 것이다. 나도 가상 세계에서 자폐 스펙트럼 당사자들과 생각지도 못하게 만난 것을 계기로, 전혀 알지 못했던 세계에 대해 조금씩 시야를 넓혀나갔다. 그 하나하나의 만남이 마치 배에서 파도에 흔들리는 듯한 경험이었다.

심리학에서 자폐증 연구는, 자폐 스펙트럼 당사자가 지능이 높아도 타인의 마음을 미루어 짐작하는 것에 문제가 있다는 수수께끼에 초점을 두고 발전해왔다. 하지만 실은 정형발달인도 다른 사람의 마음을 가늠하는 것이 매우 어렵다. 나도 처음에는 가상공간에서 만난 자폐 스펙트럼 당사자들의 말을 전혀 이해할 수 없었던 적이 많았다. 예를 들어, "배가 고프다는 감각이 무엇인지 모르겠다"라는 것은 도대체 무슨 뜻이란 말인가? 하지만 다른 아바타와 대화를 하면서, 나중에 채팅 로그를 다시 읽어보니, 아 그런 뜻이었던 것이구나, 이런 이야기를 하려 했던 것이구나, 하고 이해되는 것이 많았다.

지금 내가 '타고 있는 배'는 가상공간의 자폐 스펙트럼 아바타의 연구를 시작하던 때와 비교하자면, 조금은 '날치'들의 해역에 가까워졌을지도 모르겠다. 하지만 배가 나아갈수록 날치들은 높이 뛰고 배도 흔들린다. 그리고 어느 사이엔가 날치들은 더 높이 날아가버려서 파도 속으로 사라져 보이지 않게 된다. 그러니까 이 책은 아무리 다가가도 포착하기 어려운 날치에게 어떻게든 가까이 가보려 했던 기록이다.

자폐 스펙트럼과 사회적 적응의 문제는, 아마도 글로벌 시대의 다

문화주의, 다언어주의의 문제와 비슷하다. 이민 국가인 미국은 다양한 음성언어나 인종, 문화를 백그라운드로 삼은 이민자들에 의해 성립했지만, 소위 다언어주의의 나라는 아니다. 영어라는 엄연히 존재하는 하나의 공통언어를 중심으로, 다양한 문화적 차이를 넘어서 소통하려 한다.

그런데 20세기 후반 이후, 미국에서 다양한 카테고리의 사람들이 자신들의 문화 그대로의 존엄을 인정해줄 것을 요구하는 운동이 활발해졌다. 인종차별에 반대하는 시민권 운동에서 시작해서, 페미니즘이나 게이·레즈비언 등의 권리와 존엄에 대한 인정까지, 미국은 기나긴 여정을 헤쳐나가고 있다. 자폐 스펙트럼의 존엄을 인정하라는 요구도 20세기 이후 미국에서 드높아지고 있는 소수자 운동의 일환으로 볼 수 있다. 이렇게 다양한 소수자가 목소리를 높이고 스스로에 대한 존엄을 인정할 것을 요구해왔지만, 미국은 언어적으로는 단일언어 국가다. 다문화적이라고 해도, 언어나 민족적 소수자에 대한 분리주의나 정치적 독립을 허용하려는 분위기는 없다.

미국에서의 언어적, 문화적 소수자의 체험

미국에서 나는 언어적, 인종적 소수자로서 어쩔 수 없이 적응을 해야만 했다. 아스퍼거 등 고기능 자폐 스펙트럼 당사자들의 세계에 다가갔을 때에는 나 자신의 경험이 겹쳐졌다. 내가 타고 있는 배가 관찰의 시작점이 되는 것은 어떻게 할 도리가 없다. 나 스스로 이문화 교류의 경험이 만든 배 위에 있기 때문이다.

　예를 들어 나는 템플 그랜딘의 TED에서의 멋진 연설 퍼포먼스를 보면서, 내 과거를 떠올렸다. 나는 거의 영어로 말하지 못하고 타이핑도 잘하지 못하는 상태에서 유학길에 올라 하버드대학 박사 과정에 들어갔다. 처음 1, 2년은 거의 자폐증 아이처럼 수업시간에 아무 말도 할 수가 없었다. 세미나 중에 이야기를 꺼내는 보지만, 경쟁적으로 자신의 똑똑함을 어필하고 싶어 하는 미국인 학생들은 쉼 없이 전혀 다른 화제를 던지기 때문에, 애써 열심히 생각해낸 논리와 머릿속에서 어렵사리 구성한 문장이 순식간에 수포로 돌아간다. 언어의 처리 속도와 발화 타이밍이 나쁜 것이다. 나의 '메이드 인 재팬' 신경회로는 완고하게 영어의 음운을 거부해서 알아듣는 것도 힘들었다. 듣는 회로에서 소수자를 벗어나지 못하니 당연히 발성에도 영향을 주어, 일본풍 악센트나 발성법도 그렇게 간단하게 고쳐지지 않는다. 이미 입 근처의 근육을 움직이는 신경회로의 패턴이 만들어져버렸을 터다. 영어를 읽는 것도 당연히 늦었지만 그래도 어느 정도 극복할 수 있었다. 하지만 사고를 의식적으로 언어로 정리해서 발화할 때까지는 시간이 걸린다.

　나는 나 자신이 매사를 어색해하고 부끄러움을 타는 일본인으로 보이리라는 것을 의식하고 살았다. 그것 때문에 외롭지는 않았지만, 타 문화에 적응해야 한다는 동기 부여가 있었고, 다른 한편으로는 내 능력이 생각지도 못하게 개선된다는 감각이 있었다. 박사 과정을 끝내고, 예일대학에서 교편을 잡게 되었다. 예일대학 캠퍼스는 아름답지만 중후한 네오고딕풍의 건물이 줄지어 서 있어서 조금 어두운 느낌이다. 막 박사 학위를 딴 나는 미국의 학계에서는 가장 아래의, 하지만 모두 그곳에서 시작하지 않으면 안 되는 조교수라는 지위를 얻었다. 미국의 학계에는 특유의 다양한 규칙이 존재해서, 일본인인 나도 하나씩 배워나가야 했다. 예를 들어, 연구 자금을 따기 위해 어떻게 제안서를 써야 하는지 등의 암묵적인 방법이나 규칙들을 하나씩 실전에서 익혀나갔다. 학부생을 대상으로 영어 강의를 하는 것은 어려웠다. 미국의 교단에서는 약간 퍼포먼스를 할 필요가 있었는데, 그런 것을 잘 못했다.

사무라이의 역사사회학 강의를 한다고 하면, 주제에 흥미를 가진 학부생이 100명 정도 계단식 교실에 모인다. 이유는 몰라도 앞줄 자리에는 하키팀의 맹렬한 선수 출신들이 꽉 들어차서 그들의 거대한 몸이 마치 벽처럼 느껴진다. 미국의 대학에서는 학기말, 학생들이 수강한 과목의 감상과 평가를 제출하는데, '강사의 영어를 이해하기 어렵다', '강의가 재미없다' 등 인정사정없는 평가가 되돌아온다. 예일대학의 똑똑한 학생들에게 내가 화성에서 온 선생이었음에 틀림없다. 학생들의 반응에 생각보다 상처를 받았지만, 앞으로 나아가는 수밖에 없었다. '선생님의 사무라이에 대한 책이 꽤 좋다' 등의 감상이 구원 같았다. 예일대학의 학부생들은 정말로 총명하다. 하지만 다른 언어를 말하는 여러 나라가 모여 있는 유럽에서 온 학생들과는 달리, 미국의 유복한 가정에서 자라나고 특히 엘리트 중고교를 다닌 학생들일수록, 이상한 영어를 쓰는 인간과 '대등'하게 말할 기회가 없다.

물론 이는 '대등'이라는 조건이 붙은 대화를 뜻한다. 이민자인 택시 운전사나 청소부 등 명백하게 다른 계급의 사람들과 이야기를 한 적은 있을 테지만. 말하자면 영어를 중심으로 하는 신경회로 체계의 정당성을 의심하는 기회가, 이민 국가임에도 의외로 적은 것이다.

나는 그랜딘에는 도저히 미칠 수 없지만, 영어로 하는 강연이나 퍼포먼스를 섞은 강의에 이제는 조금은 익숙해져서 미국의 대학에서 계속 교편을 잡고 있다. 인간의 뇌는 실로 유연한 것이어서, 과제에 대응한다. 하지만 내가 나고 자란 일본어의 언어 신경회로가 미국에서는 '비정형발달의 언어 신경회로'라는 사실은 바뀌지 않는다. 소위 NT는 아닌 것이다. 이런 언어적, 문화적 소수자로서의 체험이 있기 때문에, 나는 소수자로서의 자폐증 당사자 운동에 더욱 공감할 수 있었다. 좀처럼 직접적으로 전달되지 않는, 자폐 스펙트럼 당사자들의 목소리를 이 책을 통해 널리 전하고 싶다고 생각했지만, 내 관점이 정형발달인에서 벗어날 수는 없는 만큼, 빛나는 날치와 같은 그들에게 얼마나 가까이 갈 수 있었는지는 모르겠다. 이 책은 자폐증 연구의 정도라고 할 수 있는 심리학이나 정신의학 분야의 전문가가 '객관적으로' 자폐증에 대해 연구한 결과가 아니고, 자서전 등 당사자에 의한 기술도 아니다. 그런 입장에서는 과연 이 책이 가치가 있을지 자신 없을 때도 있다. 다만 너무 스스로를 몰아붙이면 앞으로 나아갈 수 없기 때문에 일단 그 마음을 담아 집필했다.

존과의 재회

첫머리에 등장했던, 일본사 속 전쟁터 유적을 돌다가 교토에서 만난 존은 지금 어떻게 지내고 있을까? 이 책을 집필하면서 줄곧 그가 신경 쓰였다. 처음으로 존과 만났을 때에, 나는 자폐증에 대해서도 아스퍼거에 대해서도 아무것도 몰랐다. 그와의 첫 만남이 인상적이었지만 조금 어긋나 있었던 것도 사실이다. 다시 만난다면 이번에는 어떤 만남이 될 것인가? 내가 자폐증 연구를 하고 있다는 것을 기쁘게 생각할까? 고맙게도 남편이 존의 아버지에게 연락을 해주었다. 존은 미국 동부에 살고 있다는데, 내가 가상공간의 고기능 자폐 스펙트럼 당사자들에 대해 연구한다는 이야기를 듣고, 주말을 틈타 일부러 뉴욕까지 와주었다. 점심 약속을 하고 그날이 오기를 목이 빠져라 기다렸다.

그리고 존이 뉴욕 어퍼웨스트사이드에 나타났다. 전에 만났을 때보다 쾌활한 느낌이었다. 내 눈을 똑바로 바라보며 악수를 청했다. 키가 크고 서글서글한 청년이다. 이전에 만났을 때에는 대학생이었지만, 대학 졸업 후에 로스쿨에서 법학을 공부했다. 그동안 일본어, 중국어, 포르투갈어 등 몇몇 언어를 공부한 것이 아주 즐거웠다고 한다. 로스쿨 수료 후 변호사 자격시험에도 합격한 뒤 일본으로 갔다. 초중학교에서 영어를 가르치고, 한 대기업 법무부에서 회사원 생활도 경험했다고 한다. 일본에서의 생활은 즐거웠던 것 같다. 미국으로 돌아와서 변호사로 일한 뒤에는 어학 능력을 살려서 해외의 법무 자료를 조사하는 일을 하고 있다.

점심 식사는 오랜만에 맛있는 일본 음식으로 하고 싶다는 존의 희망에 따라, 초가을의 콜럼버스애비뉴를 따라 걸어서 일식 전문점 가리스시로 향했다. 걸으면서 남편은, "자네는 대체 몇 가지 언어를 할 줄 아는가? 택시를 타면 운전사와 일상적인 대화를 나눌 수 있는 정도의 언어가 몇 가지인가?" 등 그의 리듬에 맞춰 질문을 던졌다. "글쎄요, 간단한 일상적 대화라면 10개 국어 정도일까요? 하지만 일을 하면서 사용할 수 있는 언어라면 일본어, 한국어, 중국어예요." 나도 질문해본다. "한자를 외우는 것을 좋아하죠?" 그는 바로 기쁜 얼굴로 한자에 대해 이야기하기 시작했다. 가끔은 즐거운 듯이 목소리를 높여서 웃기도 한다.

가리스시에 도착해 자리에 앉자마자 질문 공세를 퍼부었다.

"존은 언제 진단을 받은 거죠?"

"꽤 어렸을 때, 세 살 반 때 정도였어요."

"말을 했었나요?"

"그게 꽤 늦었대요. 두 살 반 정도에 말을 하기 시작했는데, 그 전에는 한 마디도 한 적이 없다는 것 같아요. 하지만 일단 말을 시작하자 문장을 제대로 말했다고 해요. 실은 한 살 반 아래의 남동생이 있어서 지기 싫어서 말을 하곤 했어요."

나도 모르게 질문을 던진다.

"와, 그런 것까지 기억하고 있어요?"

"네, 그때의 기분을 기억해요. 우리는 울타리가 있는 아기 침대에서 나란히 자곤 했어요. 옆에서 자고 있는 동생을 보고 '이 녀석은 아직 말을 못 하지'라고 생각했었죠."

솔직하면서 유머 섞인, 기분 좋은 대화가 계속되었다.

"자폐 스펙트럼인 사람은 어렸을 때에 장난감 기차나 미니카를 끊임없이 늘어놓는다든지, 어른이 되어서도 수집을 하거나 리스트를 만들기를 좋아한다고 하잖아요. 그런 경향이 있나요?"

존은 싱긋 웃더니, "늘어놓는다기보다는 '정돈한다'라는 표현이 정확해요"라고, '나라베루並べる'*와 '소로에루揃える'**라고 일본어를 섞어 말했다. 무엇인가를 '소로에루' 하면 기분이 좋다는 것이다. 그리고 시각이 뛰어나고 세부적인 것에 주의를 기울이는 경향이 일할 때에 어떻게 도움이 되는지 설명해주었다.

식탁에는 역대 요코즈나***의 얼굴이 나란히 그려진 디자인의 찻잔이 있었다. "그러고 보니 여기에도 요코즈나가 '소로에루' 되어 있네요"라며 모두 함께 웃었다. 존은 어렸을 때에는 감각 과민도 있었는데, 그 증상은 점차로 완화되었고, 옛날에는 공감각도 훨씬 강했다고 말했다. 찻잔에 'Columbus Avenue'라고 가게 주소가 찍혀 있었는데, 존은 그것을 손에 들고 가만히 쳐다보더니 "하지만 지금도 이 콜럼버스애비뉴의 C자가 푸른색으로 보여요"라고 말했다.

존은 늘 언어에 흥미가 있었다고 한다. 한자를 배울 때에도 수업이

---

* 늘어놓다는 뜻의 일본어.

** 정돈하다는 뜻의 일본어.

*** 일본 스모 리그의 최고 서열 장사를 일컫는 말.

끝나고도 4시간 동안 계속해서 한자를 외워도 피곤하지 않았다. 한자를 정돈하는 것도 좋았을지 모른다. 지리도 좋아해서 일본의 거의 모든 도도부현*을 모두 돌아보았다고 한다. 법률을 배우면서 얻은 것도 컸다. "법률이 사회의 규칙을 그대로 표현한 것은 아니지만, 법률을 공부하면서 사회가 어떻게 성립하는지를 알게 된 기분이 들었어요."

존은 어렸을 때에 흥미를 보이는 대상이 적고, 한 가지 행동을 반복하는 아스퍼거 특유의 성향이 있었다. 하지만 부모는 그가 집중하는 것이나 잘하는 것을 하고 싶은 만큼 하게 해주었고, 불편해하는 것은 절대로 무리해서 시키지 않았다. 예를 들어, 존은 너덧 살 때에 오렌지색이 좋아서 오렌지색 음식만 먹으려 했던 시기도 있었다. 그때 엄마는 당근이나 치즈를 주었고, 그러다가 존은 다른 색 음식도 먹게 되었다. 나중에 그의 엄마에게 그때 상황을 물어보았더니 "무엇보다 존이 자기답게 있을 수 있도록 배려했어요. 그 아이는 정말 좋은 장점이 있기 때문에, 그 점을 어떻게든 더 살려줌으로써 언젠가 단점을 커버할 수 있게 되기를 바랐지요"라는 답을 들었다.

엄마는 존의 자기 결정권을 존중했다. 자폐 스펙트럼인 사람은 익숙지 않은 새로운 것에 고통을 느낄 때가 많은데, 좋아하거나 고집하는 대상에 대해서는 그 나름의 맥락이 존재하는 만큼, 흥미나 경험의 폭이 자연스럽게 넓어질 것이라고 생각했기 때문이기도 하다. 3살 때에 초밥을 먹은 뒤, 일본에 강한 흥미를 느꼈고, 언제부터인가 일본의

---

* 일본의 광역 행정구역을 통틀어 칭하는 표현으로 일본에는 1도都 1도道 2부府 43현県, 총 47개의 광역 행정구역이 존재한다.

언어, 역사, 지리를 공부하고, 또 일본에서 일을 할 정도로 흥미의 폭이 넓어져서 새로운 일을 시작하는 계기가 되었다. 존의 자기 긍정감도 그런 배경에서 비롯되었을 것 같다.

미국에는 변호사 자격을 취득한 뒤에 법률 지식을 활용해 다양한 분야에 진출하는 사람도 많다. 존은 어떤 분야가 재미있고, 또 그의 성격이나 능력에 부합할까? 그런 점도 화제에 올랐다. 존은 어쩌면 자기가 잘할 수 있는 것은, 호스피스처럼 생과 사에 관련한 윤리적 난제를 다루는 분야일지도 모른다고 말한다. 인간의 생사에 관한 문제를 다루려면, 생명에 대한 깊은 경애의 감정이 필요하다. 동시에 그런 감정이 합리적인 판단을 흐려서는 안 되기 때문에 일정한 규칙을 지킬 필요도 있다.

"나는 감정과 공감을 느껴도, 중요한 합리적 판단을 흐리지 않도록, 구분해서 생각하는 것이 가능한 것 같아요."

우리는 이미, 먼 곳에서 놀러 온 총명한 조카를 보고 있는 친척 아저씨와 아주머니 같은 마음이 되어 있었다. 과학자인 남편이 말을 덧붙였다.

"그런 분야라면 인공지능이나 자율주행과 관련한 분야는 어때? 자율주행 차량은, 혹시라도 사고가 난다면 여러 명의 타인과 운전자 자신의 생사를 가르는 판단을 하는 프로그램을 탑재해야 하거든. 인간의 생명을 좌우하는 규칙을 생각하지 않으면 안 되는 거야."

존은 조용히 그 말을 곱씹고 있다. 그의 미래에는 많은 가능성이 펼쳐져 있다.

식사 후에는 우리 아파트에 와서 내 원고를 읽어준다고 했다. 존이 등장하는 이 책의 프롤로그 부분의 원고를 프린트해서 우선 전달했다. 그는 그 자리에서 앉아서 찬찬히 신중하게 원고를 읽고 있다. 내가 조금은 걱정스러운 마음으로 "멋대로 한 관찰을 쓴 거라 기분이 나쁘지 않았으면 좋겠는데⋯⋯"라고 말하자 "내가 그렇게 느끼는지 여부는 중요하지 않죠. 저를 만났을 때의 느낌이 어땠나, 그리고 그것을 독자가 어떻게 받아들일까 하는 점을 중시하면서 읽는 중이에요"라고 말해주었다. 그의 반응은 호스피스 문제에 대해 언급했던 것처럼 논리적 반응이었다. 오자도 한 군데 발견해주었다.

존은 확실히 진화했다. 아스퍼거로서의 특징은 그대로이지만, 세간의 일반적인 감각과는 어딘가 다르다는 것을 의식하면서도, 자신의 강점에 대해 자신감과 자부심이 있었다. 그 위에 아스퍼거적인 자기를 한편으로는 받아들이고 다른 한편으로는 극복하려는 자아의 성장과 성숙을 느꼈다. 또, 타인과 다르다는 점을 의식하지 않으면 안되는 커뮤니케이션 매너도 완벽하게 마스터하고 있는 듯했다. 마치 프렌치 레스토랑의 일류 셰프가 소박한 가정 요리를 자신의 레시피로 만들었을 때와 같은 느낌이었다.

존이 해온 다양한 공부, 일본에서의 경험을 포함한 여러 가지 사회 경험의 폭이 그의 진화를 북돋웠다는 점에는 의심의 여지가 없다. 존은 자신의 성향에 맞도록 착실하게 생활하며 사회 경험을 쌓아온 듯했다. 이는 우리에게도 정말로 기쁜 일이었다. 가상 세계에서 만난 자폐 스펙트럼 당사자들로부터 배운 덕분에, 이전처럼 어긋나지 않고 존과 즐겁게 심도 있는 대화를 나눌 수 있었다. 이 연구를 통해 얻은 기쁜 보너스이기도 하다.

이 연구는 가상공간에서 조우한 다양한 자폐 스펙트럼 당사자 아바타들 덕분에 수행할 수 있었다. 실제 생활에서는 여러 곤란이 있는 분이 많았지만, 가상공간에서는 모두 반짝반짝 빛나고 있었다. '인간의 창의성이란 무엇인가? 또한 그것을 발휘하려면 어떤 조건이 필요한가?'라는 큰 질문을 던져주었다는 생각이 든다. 이에 대해서는 다른 기회에 고찰하고 싶다.

연구자의 참여를 허락해준 자폐증 자조 그룹 분들에게 특별히 감사의 뜻을 밝히고 싶다. 가상공간에서 만난, 다양한 장애를 가진 아바타들과의 대화는 정말 즐거웠다. 자폐 스펙트럼은 물론이거니와, 보통의 생활에서는 좀처럼 만날 수 없는 감각과 생각을 가진 분들, 그리고 멋있는 예술적 감각을 가진 분들과의 교류는, 두근두근한 놀라움으로 가득했다. 이 책에서 그런 흥미진진한 경험을 얼마나 잘 전했는지 모르겠지만, 인간에 대한 내 이해의 폭이 넓어진 것은 사실이다.

또, 제1장에서 소개한 젠틀 헤런과, 덴버의 자택을 방문한 뒤에도 계속 교류할 수 있었던 것이 기억에 남는다. 이 연구의 다양한 단계에서 가상공간에 출입했던 많은 분들과 온라인과 오프라인 양쪽에서 정말로 신세를 졌지만, 그 한 분 한 분을 여기에 다 쓰지 못하는 것이 죄송스럽다.

연구에 대해서는 전미과학재단과 로버트 우드 존슨 재단의 기금 조성에 감사한다. 미국의 연구 조성 제도의 진취성에 대해 진심으로 고마움을 느낀다. 또 가상공간의 연구에 학생 팀 멤버가 참여했다. 특히 자폐증의 부분과 관련해 로버트 프루버브 씨는 데이터의 수집이나 인터뷰 등에서 분투했고, 공헌이 컸다. 스테파니 큐리아 씨는 몇 년 동안 다양한 각도에서 연구를 도와주었고, 이번에도 정말 큰 힘이 되었다. 그녀의 협력이 없었다면 몇몇 아바타의 이야기는 들을 수 없었을 것이다. 참고문헌 목록 작성에는 구미코 엔도 씨가 협력해주었다. 뉴욕의 파슨스디자인스쿨에 다니는 일러스트레이터 루시아 딩 씨는 아바타들의 일러스트를 섬세한 터치로 그려주었다.

전작에 이어 출판의 기회를 준 NTT출판의 사토 히로시 씨에게도 마음으로부터 감사를 드린다. 일본어로 책을 쓰는 것이 서투른 내게 언제나 적절한 조언을 주신다. 또 기획 단계에서부터 일본의 독자를 대표해서, 솔직한 질문을 던져주어서 큰 도움이 되었다. 훌륭한 편집자와 함께 책을 만드는 기쁨을 충분히 느꼈다. NTT출판의 미야자키 시노 씨에게도 정밀한 편집 작업에서 큰 신세를 졌다.

뉴욕을 근거지로 삼는 의식 연구와 계몽의 거점, 살롱으로서 최근 탄생한 YHhouse(Y 하우스)의 모두에게도 감사하고 싶다. 나도 남편인 피트 하트와 함께 창립에 참가했는데, 그곳에 모이는 다양한 학제적 과학자와 학자, 그리고 아티스트들과 가상 세계와 의식에 대해 이야기를 나눌 수 있었던 것은 생각을 진전시키는 데에 큰 도움이 되었다. 피트 하트는 나보다 앞서서 가상공간에 관심을 가졌기 때문에, 이 연구의 원인을 제공했다고도 할 수 있다. 둘 다 학자이지만, 그의 물리학적 마인드와, 맥락을 중시하는 인문사회과학계의 내 머릿속은 근본적인 지향이 다르다. 아바타들로부터 배운 의식의 불가사의함을 함께 이야기하면서 우리가 서로 다르다는 것을 인식할 수 있었다. 이 연구의 또 하나의 재미있는 부산물이었다. 그가 좀처럼 하기 어려운 지적 탐구에 동반해준 것에도 감사한다.

2016년 겨울 뉴욕에서

이케가미 에이코

제1장

1. Blackslee, Sandra (2002). 티토는 처음에 영국의 자폐 스펙트럼 어린이를 위한 자선단체 The National Autistic Society에 의해 인도에서 '발견'되어, 1999년 영국으로 초대된 뒤에 알려졌다. 그때는 명백하게 지능이 높은 아스퍼거가 아니라, 티토처럼 말을 하지 않아서 인지능력이 낮은 듯 보이는 고전적인 자폐 스펙트럼 어린이가, 실은 뛰어난 문장력과 인지능력을 가질 수 있다는 사실이 알려지지 않았다. 영국의 자폐 스펙트럼 연구의 선구자인 로나 윙(Wing, Lorna 2003)도 티토가 쓴 시집의 서문에서 처음으로 그를 검사했을 때의 놀라움에 대해 회상하고 있다.

2. Ikegami, Eiko (2006).

3. 가상공간 속 아바타의 인종, 그 밖의 겉모습의 상이함에 관한 연구는, 학생의 과제를 포함해서 몇 건 찾아볼 수 있다. 예컨대 인터넷에 공개된 실험으로 https://prezi.com/tgpnr1ym3uj6/experimenting-discrimination-in-virtual-reality/이 있다. 아바타를 이용한 심리학적 실험을 소개한 다음 저작도 참고가 된다. Blascovich, Jim, and Jeremy Bailenson (2011); Maister, Lara, et al. (2014): 6-12.

4. Luhrmann, Tanya M. (2002).

5. 네트워크 이론과 관계 지어서 '퍼블릭권'을 논한 상세한 내용은, 이케가미 에이코(池上英子, 2005) 제2장 '창의성으로서의 문화와 정체성'을 참조.

6. 여기에서는 디지털 민족지에 대한 선행 연구를 제시하는 정도로 하겠다. Bainbridge, W.S. (2007): 472-476; Bainbridge, W.S., ed. (2010); Boellstorff, Tom (2008); Boellstorff, T. et al. (2012).

7. 당사자 자서전의 개척자인 템플 그랜딘의 저작은 여러 권 일본어로 번역되었고, 다른 저자의 자서전도 번역된 것이 적지 않다. 여기에서는 각 저자의 대표 작품 중 일본어 번역이 있는 것을 소개한다. テンプル・グランディン/マーガレット・スカリアーノ (1994); テンプル・グランディン/リチャード・パネク (2014); ドナ・ウィリアムズ (2000); グニラ・

ガーランド (1997); ダニエル・タメット(2007).

8. 東田直樹 (2007); 綾屋紗月・熊谷晋一郎 (2008); ニキ・リンコ (2005).

9. Parsons, S. and P. Mitchell (2002): 430-443.

10. 예를 들어, 약물 의존증 지원 단체 '다르크'의 '말하는 둥, 듣는 둥' 방침에 대해서는, 綾屋紗月・熊谷晋一郎 (2010): 134-156을 참조.

11. 앞으로 등장하는 이 자조 그룹의 아바타들은 루시아 덩Lucia Deng의 일러스트로 소개하겠다.

12. 세컨드라이프의 '역사'에 대해서는 Au, Wagner James 2009 (=2008)이 참고가 된다. 저자인 아우는 세컨드라이프의 '신문'이라고 할 수 있는 블로그를 오랫동안 운영하면서, 가상 세계 속의 뉴스를 지금까지도 기록하고 있다.

제2장

1. Kanner, Leo (1943): 217-250.

2. Stoddart, Kim (May 23, 2015).

The Autistic Gardner, New Channel 4 programme featuring Alan Gardner and his team, with stunning garden makeovers. https://theautisticgardener.wordpress.com/

3. Kühl Stefan (1994) (=1999). 미국의 전쟁 전, 전시 중의 우생학적 사상의 정치적 영향에 대한 자료의 일부는 다음 웹사이트에서도 열람할 수 있다. http://www.eugenicsarchive.org/eugenics

4 Frosted Children, *Time*(April 26, 1948).

Kanner, Leo (1949).

5. Silberman, Steve (2015): 198; Silverman, Chloe (2011): Kindle Edition.: 257; Donvan, John and Caren Zucker (2016): 118-121.

6. Rimland, Bernard (1964). 림랜드의 역사적 공헌에 대해서는 다음을 참조. https://www.autism.com/50thanniversaryinfantileautism

7. Wing, L. (1981): 115-129.

8. Wing, L. (2005): 197-203.

9. Wing, L. (1979): 107-11.

10. Wing, Lorna. (1998). Wing, L. (February 10, 1996); Wing, Lorna (2005); Wing, L.

(1997): 253-257: Wing, L. (2000). 로나 등이 캠버웰 지역에서 수행한 연구를 소개한 일본어 책으로는 Frith, Uta (2003) (=2009: 122-139)을 참조.

11. 로나 윙의 생애와 연구에 대해서는, 그녀의 공저자이기도 한 주디스 굴드가 쓴 Gould, Judith (2014)를 참조.

12. Taylor, C. (1992): 25-73.

13. 루스 설리번 '서문'[Grandin, Temple (2008) (=2010) 수록]에 둘의 만남에 대한 회상이 실려 있다.

14. Sacks, Oliver, (1995) (=2001).

15. 루스 설리번 '서문' [Grandin, Temple (2008) (=2010) 수록].

16. 그녀의 시각적인 사고방식에 대해서는 Grandin, Temple (1995) (=1997) 혹은 Grandin, Temple, and Catherine Johnson (2008) (=2006) 등을 참조.

17. Williams, Dona (1992) (=2000).

18. Mukhopadhyay, Tito Rajarshi (2000); (2008).

19. 호프먼의 에피소드와 정신 의료에 대한 관심에 대해서는 Hertzberg, H. (January 21, 2013); Silberman, Steve (2015): 368; Meryman, Richard (1975) 등이 상세하게 기술하고 있다. 〈레인맨〉 제작의 역사는 앞서 인용한 Silberman, Steve (2015); Donvan and Zucker (2016)를 참조해도 좋다.

20. Cruise, Tom (2003).

21. Rimland, Bernard (1989).

22. Ibid. 관련 사정에 대해서는 Donvan and Zucker도 당시 관계자들을 인터뷰했다.

23. Donvan. J., and Caren Zucker (2016): 412; Silberman, S. (2015): 373. 그 밖에도 유명한 서번트 증후군의 킴 피크Kim Peek가 각본가 배리 모로Barry Morrow를 일찌감치 만나 각본 구성에 영향을 끼쳤다. 호프먼도 피크를 만났다고 한다. 당시에 모로는 자폐증이라는 단어도 몰랐던 것 같다. 그 후 영화는 림랜드 박사가 상담역을 맡으면서 '자폐증'을 가진 천재적인 주인공으로 초점이 바뀌었다고 한다. 누가 레인맨의 모델이었는지 지금도 화제가 되지만, 실제로는 다양한 관계자가 각각 다른 시점에 만났던 복수의 사람들이 영화가 만들어지는 데 영향을 미쳤다고 해야 할 것이다. 여기에서는 림랜드의 회상과 앞서 인용한 Silberman (2015)에 따랐다.

24. Cruise, Tom (2003), Frith, Uta (2013).

25. Celebrating 40 years of Individuals with Disabilities Education Act, Autism Speaks blog, November 25, 2015.

26. Deer, B, (February 22, 2004), Revealed: MMR research scandal, *The Sunday Times*, London.

27. 역사적 전환을 네트워크 복잡계의 역동성으로 파악하는 저자의 네트워크 역사사회학에 대해서는 Ikegami, Eiko (2000); (2005)를 참조.

28. 예컨대, *Nature Magazine* (November, 2011)의 특집: Editorial to the special issue, The Autism Enigma. 479, 05를 참조. 미숙아와의 관계에 대해서는 Shinya, Yuta et al. (2016).

29. Tocqueville, Alexis de (1969).

30. Putnam, Robert (2000) (=2006). 퍼트넘은 사회학자 제임스 콜먼James Coleman 등의 영향을 받아, 사회자본social capital이라는 개념을 풍부한 사회적 네트워크를 보유한 상태라고 생각했다. 그의 사회관계 이론은 Putnam (1993) (=2001)에 보다 체계적으로 기술되어 있다.

31. Wright, Bob (2016).

32. 이후 '발언하는 자폐증 재단'은 예방접종 원인설과 관련해서는 주의 깊게 중립을 지켰다. 그런데 창립자 밥의 딸(자폐증 손자의 어머니)이 미디어에 등장해 예방접종 원인설을 지지한 일로 논란이 불거져 내부적으로 분열의 위기를 겪었다. 밥 부부는 딸과 의견이 다르다는 점을 공표해서 사태를 수습했지만, 예방접종 원인설은 이런 상황에서도 분열의 싹이었다.

33. Regalado, Antonio (December 15, 2005).

34. 이 자폐 스펙트럼 유전자 리스트는 사이먼스 재단의 웹사이트에서 확인할 수 있다. https://gene.sfari.org/autdb/HG_Home.do

35. 후성유전학에 대해서는 仲野徹 (2014); 佐々木裕之 (2005); 大隅典子 (2016) 등을 참고할 것. 환경요인 및 유전과 환경의 상호관계에 대한 문헌 리뷰로는 Tordjman, S. et al. (2014), 환경 인자에 초점을 둔 문헌 리뷰로는 Rossignol, D. A., Genuis, S. J., and R. E. Frye (2014); 黒田洋一郎 / 木村−黒田純子 (2014) 등이 있다.

36. Sinclair, Jim (1993).

37. Sinclair, Jim (2005).

38. Williams, Dona (1994) (=2001).

39. Sinclair, Jim (1992).

40. Blume, Harvey (June 30, 1997); (September, 1998).

41. Ibid. Blume, Harvey (September, 1998).

42. 미국질병예방센터의 홈페이지에 공개된 자폐 스펙트럼 발현율 추이를 참조. https://www.cdc.gov/ncbddd/autism/data.html 단, 자폐 스펙트럼 발현율은 통계 조사 방법이나 샘플 크기에 따라 차이가 있다. 정부기관에 의한 전국 건강 인터뷰 조사 결과로 50명 중 1명이 자폐 스펙트럼이라는 최근 수치도 공개되어 있다. National Health Statistics Report, 87, (November 2015). https://www.cdc.gov/nchs/data/nhsr/nhsr087.pdf

43. Mediati, Nick (June 7, 2012).

44. Silberman, Steve (December 1, 2001).

45. Buchen, Lizzie (2011), When geeks meet, *Nature*, vol. 479:25-27.

46. 템플 그랜딘의 인터뷰는 Temple Grandin on "Happy Aspies." Autism, and Start-Ups | Inc.com. July 31, 2013. http://www.inc.com/kimberly-weisul/temple-grandind-on-happy-aspies-autism-and-startuos.html을 참조.

제3장

1. Brownlee, John, The Natural Language of Autism? *Wired* (January, 30, 2007).
2. 지난 장에서 소개했듯이, 자폐 스펙트럼의 진단 기준은 수십 년 동안 크게 변해서, 발달 장애를 폭넓게 포괄하게 되었다. 미국의 초기 진단 기준에서 자폐 스펙트럼은 기본적으로 다음의 세 가지 타입으로 나뉘어 있다. 첫번째 타입은, 자기 자신 속에 갇힌 듯이 보인다는 의미에서 캐너가 '자폐증'이라고 이름 붙인 고전적인 자폐 스펙트럼이다. 언어를 배우는 것이 늦고, 사회성에 문제가 있으며, 반복적인 행동이나 특정 주제에 집중하는 좁은 관심사 등 자폐 스펙트럼의 주요 증상을 모두 갖고 있다. 두번째 타입은, '고기능 자폐 스펙트럼'으로, 언어 습득이 늦지는 않지만 대인 관계 등의 사회성에 문제가 있거나, 반복 행동을 보이는 경우다. 세번째는, 아스퍼거라고 잘 알려진 카테고리다. 언어 습득에는 문제가 없고 오히려 지능도 높지만, 대인 관계나 사회적 적응에는 문제가 있거나, 흥미를 보이는 대상이 좁고 반복 행동을 하는 경우를 가리킨다. 아스퍼거의 경우,

2014년 이전의 미국 진단 기준(DSM-4까지)에는 자폐증의 하위 분류로 간주되어, 독립적으로 진단되었다.

이후 아스퍼거와 고기능이 구별이 애매하다는 지적이 있어서, 미국의 최신 진단 기준 DSM-5 (2014)에서는 양쪽을 모두 '고기능' 자폐 스펙트럼으로 포괄하게 되었다. 하지만 저자가 조사하면서 만난 사람들은 대부분 2014년 이전의 진단 기준으로 진단받았기 때문에, 아스퍼거라고 진단된 경우가 많았다. 어찌 되었든 세컨드라이프에서 활동하는 자폐증 아바타는, 아스퍼거를 포함한 고기능 자폐 스펙트럼이 주류다.

3. Grandin, Temple (2008) (=2010: 32). '자폐증 감각'의 일부에 수록된 토니 앳우드Tony Attwood 박사(자폐 스펙트럼 연구의 전문가)의 질문에 대한 답변이었다.

4. 최신 미국의 진단 기준 DSM-5에서는 처음 두 가지 특징, 즉 언어 등의 커뮤니케이션과 사회성 장애의 차이가 애매하다는 지적이 있어서, 결국은 '대인 커뮤니케이션이나 대인 행동에 있어서의 곤란'에서 기인하는 사회성 문제와 '반복적인 행동이나 흥미 패턴의 폭이 좁음' 등 크게 두 가지 증상으로 재정리되었다.

5. Baron-Cohen, Simon, Alan M. Leslie, and Uta Frith (1985).

6. Baron-Cohen, Simon (1995).

7. 이 '마음이론' 가설을 전개해 생물의 범주에서 보편화해서 설명하려고 한 것인 거울신경 가설이다. 이탈리아 파르마대학의 자코모 리촐라티Giacomo Rizzolatti 등이 원숭이를 대상으로 한 실험을 통해 거울신경의 존재를 증명했다. 원숭이가 사람이 땅콩을 집는 모습을 보았을 때와, 스스로 땅콩을 집을 때에, 동일한 뉴런이 활동한다는 것이 발견된 것이다. 거울신경이 인간에도 존재한다는 사실은 아직 증명되지 않았다. 하지만 원숭이에게 존재한다면 인간에게도 존재할 가능성이 높기 때문에 인간에게도 무엇에 대한 '거울 시스템'이 존재하고 자폐 스펙트럼의 경우에는 그 시스템에 문제가 있기 때문에 타인의 마음을 읽지 못하는 것이라고 추측하는 연구가 2000년대에 많이 나왔다. Gallese, Vittorio, and Alvin Goldman (1998); Williams, Justin HG et al. (2001): 287-295. 다만, 거울신경은 원래 원숭이가 손을 드는 신체 행동에 작용하는 것으로서, 이 가설을 인간에 그대로 대입하고, 게다가 자폐 스펙트럼 어린이가 타인의 시점을 읽지 못하는 마음의 '원인'이라고 생각하는 것은 가설 위에 가설을 또 얹는, 무리한 측면이 있다. 그래서 이 이론에 대해서는 찬반 양론이 존재한다. Pitts-Taylor(2016)에서 상세하게 설명하고 있다.

8. Baron-Cohen, Simon (2008) (=2011); Baron-Cohen, Simon, H. Tager-Flusberg, D. Cohen Ed.(1993)(=1997).

9. 이 연구의 독창성은, 더 많이 신체화한 마음을 가진 인공지능의 가능성을 탐구하는 데에 있다. 柏野牧夫 (2016). Lin, I.F., et al. (2015).

10. 아만다는 블로그에서 자신을 '메그'라는 미들네임으로 지칭하지만, 이때에는 아만다로 알려져 있었다. 아만다의 언어장애와 성장 과정에 대한 이야기는 그녀의 블로그를 참조. Ballastexistenz, Posted on March 10, 2006. https://ballastexistenz.wordpress.com/2006/03/10/lets-play-assumption-ping-pong/

11. 그녀의 주장과 관련해서, 2장에서 소개한 1990년대 이후 짐 싱클레어 등의 활동을 통해 자폐 스펙트럼 당사자 운동이 성립했을 때의 에피소드를 생각하기를 바란다. 짐 싱클레어는 처음으로 자폐 스펙트럼 당사자 동지끼리 만났을 때에, 서로의 반복 행동을 관찰하면서 상대의 취향이나 성향을 알아내는 것을 커뮤니케이션의 계기로 여겼던 경험에 대해 말했다.

12. 綾屋紗月·熊谷晋一郎 (2008): 156.

13. 그녀는 글쓰기에 있어서는 문장을 훌륭하게 구사하지만, 무리해서 발화 커뮤니케이션을 시도하면 멜트다운과 같은 상황이 되어버린다고 한다. 綾屋紗月·熊谷晋一郎 (2008): 126.

14. Kedar, Ido (2012).

15. 데릭은 극단적인 미숙아로 태어나서, 산소 흡입기 때문에 뇌에 손상을 입었다고 한다. 영국의 상류 계층에서 태어났기 때문에 보모가 키웠던 것 같다. 미숙아와 자폐 스펙트럼 발달의 관련성을 시사하는 최근의 연구로는 Toulmin, H. et.al. (2015) ; Shinya, Yuta, et al. I (2016) 등.

16. Baron-Cohen, Simon(2008) (=2011).

17. Ockelford, Adam, *In the Key of Genius: The Extraordinary Life of Derek Paravicini*, UK, Hutchinson, May 3, 2007. 데릭의 경력이나 콘서트, 관련 서적 등에 대해서는 그의 웹사이트를 참조. http://www.derekparavicini.net/publications.html

18. 직접적으로 경험하는 아름다움의 세계에 대해서는 村上靖彦 (2008)를 참조.

19. 일본의 청각장애인 문화에 대한 우수한 연구 성과로서, Nakamura, Karen(2006); 澁谷智子 (2009) 등이 있다.

20. 나와 친분이 있는 청각장애인 아바타는 모두 영어를 쓰는 사람들로, 청각장애인은 독립적인 언어 집단이라고 주장하는 문화적 분리독립파는 아니었다. 수어로 성장한 청각장애인의 문화를 존중하면서도 외부 세계와의 기교를 믿드는 것은 그리 쉽지 않다.

21. 지금은 회합이 이전처럼 빈번하지는 않지만, 8년이나 계속된 그룹이다. 내 남편 피트 하트가 창립한 그룹으로 나도 종종 참가해왔다.

22. 도나 윌리엄스도 자서전에서 유사한 감각에 대해 다음과 같이 기술했다. "시간을 들이면 나는 원하는 대로 사물과 일체화할 수 있었다. 예를 들어, 벽지나 카펫의 모양, 반복적으로 들려오는 사물의 소리, 내 턱을 두드리면 나오는 공허한 소리 등과 일체화할 수 있다." (Williams, Dona (1992) (=2000:26).

23. 일본에서는 선에 대한 철학적 저작과 국제적으로 소개한 공적으로 스즈키 다이세츠鈴木大拙가 유명하지만, 미국에서는 선과 명상 실천에 관심을 갖는 사람 사이에서 스즈키 슌류가 다이세츠보다 더 영향력이 있다. 그는 1959년에 미국으로 이주해서, 샌프란시스코에 선 센터를 창립했다. 鈴木俊隆 (2012)를 참조.

24. 자폐 스펙트럼 당사자 중에 절대음감을 가진 비율은 보통 사람보다 높다고 알려져 있지만, 구체적인 연구 사례는 아직 충분하지 않다. Mottron, Laurent, et al. (2012); Stanutz, S. et al. (2012); Sarris, Marina (2015); Brown, W. A. et al. (2003).

25. 시각 이상과 자폐 스펙트럼에 대한 연구 분야에는 오랫동안 축적된 성과가 있다. 그 개요에 대해서는 Simmons, David R., Ashley E. Robertson, Lawrie S. McKay, Erin Toal, Phil McAleer, and Frank E. Pollick (2009): 2705-2739 등이 참고가 된다. 자폐 스펙트럼 당사자가 상세하고 선명한, 마치 매와 같은 시각을 갖고 있는 경우에 대해서는 다음을 참조. Ashwin, Emma, et al. (2009): 17-21; Tavassoli, Teresa, et al. (2011): 1778-1780.

26. 가상공간에서 아바타는 본인의 단순한 대리가 아니기 때문에 구별하기 위해 타이피스트라는 호칭을 쓴다. 실제 공간에서의 본인과는 다른 정체성을 발전시켜서 자신의 '개성'으로 삼는 경우가 많고, 복수의 아바타를 쓰는 경우도 많기 때문이다.

27. Take the AQ Test, December 1, 2001, Wired.

28. 실제로는 진단에 높은 전문성이 필요하기 때문에 인터넷에 공개된 질문표는 정식 진단을 받기 위한 전 단계로 생각할 필요가 있다. 또한 질문표의 결과에서 아스퍼거라는 결과가 나왔다고 해도, 실제 진단에서는 실제 생활을 하는 데에 곤란을 주는 증상이 무엇

인가에 대해 면밀히 고려하지 않으면 안 된다.

하지만 일반적인 '병'과는 달리 신경회로의 개성이라고 생각되어지는 자폐 스펙트럼의 경우에는, 어디까지가 개성이고 어디까지가 '장애'인가를, 스스로 결정해야 한다는 특성이 있다. 또 성인 자폐 스펙트럼 당사자로서, 애니스처럼 본인이 이미 사회에 적응하는 방법을 익힌 경우도 있으므로, 본격적인 의학적 진단이 필요한지는 본인이 선택해야 하는 문제일 것이다.

　본인에게 자폐 스펙트럼이라는 자각이 없다면, 사회에 적응하는 방법을 발견하기 쉽지 않고, 주위 사람들과 갈등이 커질 수도 있다. 그런 의미에서 스스로의 경향을 자각하는 것은 큰 의미가 있다. 인터넷의 질문표 등은 그런 점에서 유효하게 사용할 수 있다. 단, 유아나 어린이의 경우에는, 조기 교육 지원이나 사회적인 규칙의 학습 방법 등이 다양하게 개발되어 있기 때문에, 어린이의 능력을 키울 수 있는 가능성이 높으므로 조기 진단이 바람직하다는 것을 강조하고 싶다.

29. 근통성뇌척수염은 난치병으로, 일본에서는 만성피로증후군이라고 불리는데 환자 단체에서는 병명을 바꾸라고 요구하고 있다. 만성피로라고 하면 마치 기분 때문에 생기는 증상인 듯한 인상을 주기 때문이다.

30. Williams, Dona(1994) (=2000: 257).

31. Frith, Uta (2003): 111-112 (=2009: 206-208)

32. 자폐 스펙트럼인 사람들이 공감 능력이 약하다는 심리학자의 관찰은, 자폐 스펙트럼 당사자들끼리의 커뮤니케이션을 관찰한 것이 아니다. Komeda, H., et al. (2015): 145-52.

33. 여기에서 우디나 오언은, 자신들의 입장에서 견해를 말하고 있으므로, 반드시 정확한 관찰 의견이라고 할 수는 없다. 예를 들어, 우디가 말하는 것처럼 모든 자폐 스펙트럼 당사자가 그림으로 생각하는 것은 아니고, 언어나 숫자에 강한 아스퍼거도 있다. 하지만 여기에서는 우디 등이 정형발달인에 대해 어떻게 생각하고 있는지가 중요하기 때문에 그의 표현을 그대로 옮겼다.

34. 内海健 (2015).

35. Happé, Francesca, and Uta Frith (2006): 5-25.

36. 예를 들어, "그 사람이 그런 것을 경험해보지 못한 것은 아니다"라는 식의 이중부정 표현은 결국 긍정의 뜻이다.

37. 앞서 말한 우쓰미 다케시는 ASD(자폐 스펙트럼)인 사람이 보는 세계는 실은 평평하고 앞뒤가 다르지 않다고 주장한다.

38. 이미 발표된 논문을 메타 해석한 가설인데, MIT에서 오랫동안 뇌과학 · 실험심리학을 이끈 노장으로 당시에 이미 91세인 리처드 헬드Richard Held 등이 저자로 참여하기도 해서, 일반 잡지에서도 다루어질 정도로 화제였다. Sinha, P. et al. (2014): 15220-15225

39. Mohan, Geoffrey (2014).

40. Tammet, Daniel (2006) (=2007).

41. Ibid.: 1.

42. Ibid.: 24. 이 부분은 공감각의 감각적·지각적 경험을 알기 쉽게 전달하고 있기 때문에 번역했다.

43. Simner, J. (2010): 1-15 에 따르면, 50 종류 정도의 서로 다른 공감각이 있다고 한다.

44. Bor D. et al. (2007)에 태밋의 fMRI의 결과가 보고되어 있다.

45. Baron-Cohen et al . (2013), 4(1): 1.

46. Galton, F. 1880, Visualised numerals. Nature, 21 (543): 494 - 495.

47. http://psychcentral.com/news/2014/02/11/synesthesia-linked-to-autism/65721. html.

48. 『宮沢賢治全集 3』筑摩書房, 1986: 64. 미야자와 겐지의 공감각적 문학에 대해서는 山下聖美 (2016)「日本文学における共感覚」을 참조.

49. Tammet, Daniel (2006) (=2007): 19.

50. Ibid. (=2007): 195.

51. Hupé, J.M., and M. Dojat (2015), 北村紗衣編 (2016).

52. Watson, Marcus R. et al. (2012): 1533-1540.

53. Brown, W.A., et al. 2003 : 163-167. 절대음감에 대해서는 주 24도 참조.

54. 캐나다의 연구자 로런 모트론Lauren Mottron 등은 이렇게 '우수한 지각 작용Enhanced Perceptional Functioning이 자폐 스펙트럼을 이해하는 열쇠라고 일찍부터 주장해왔다.

Mottron, Lauren, et al. (2013): 2009-228 (2006): 27-43.

55. Grossenbacher, Peter G., and Christopher T. Lovelace (2001): 36-41.

56. Ramachandran, V. S., and E. M. Hubbard (2001): 3-34.

Hubbard E.M. and V.S. Ramachandran(November 2005); 松田英子「共感覚の科学研

究」(北村紗衣 (2016), 序論).

57. Rubenstein J.L., and M.M. Merzenich, (October 2003) Yizhar, O., et al. (July 2011): 171-178.

58. 인간의 뇌의 생성과 자폐증의 관계에 대한 뛰어난 일본어 입문서로서 최근의 뇌 연구의 성과를 알기 쉽게 정리한 大隅典子 (2016); 山口真美 (2016) 등이 있다. 물론 정원의 나무를 가지치기하는 것에 대한 은유는 나의 상상이다.

59. Tang, Guomei, et al. (2014): 1131-1143. 이 논문이 전문가들 사이에서 관심을 불러일으킨 또 하나의 이유는, 자폐 스펙트럼 증상이 나타난 뒤에 프루닝의 흐름을 바꿀 수 있을지도 모른다는 실험 결과가 포함되어 있기 때문이었다. 이 실험은 인공적으로 자폐 스펙트럼 증상을 갖게 한 생쥐를 이용한 동물실험이었는데, 이 가지돌기의 프루닝을 약물로 촉진시키는 가능성도 제기되었다. 생쥐를 이용한 동물실험은 현재 자폐 스펙트럼 연구를 진전시키는 큰 원동력이다. 하지만 이런 동물실험의 결과가 인간에도 적용 가능한지에 대해서는 아직 검증이 필요하지만 시사점이 대단히 많기 때문에 여기에서 소개했다.

60. Szalavitz, Maia (2013). 이와 관련해서, 이렇게 차분하게 있지 못하는 어린이는 자폐 스펙트럼보다는 ADHD(주의력결핍 과잉행동장애)라고 생각할지도 모른다. 하지만 최근의 진단 경향에서는 자폐 스펙트럼과 ADHD가 함께 나타나는 일이 드물지 않다.

61. Markram, Henry, et al. (2007): 6; Markram, Kamila, and Henry Markram (2010): 224. 단, 약점이 아니라, 오히려 뛰어난 점에 착안하면 자폐 스펙트럼의 뇌, 지각 작용을 더 잘 이해할 수 있다는 생각은 마크램뿐 아니라, L. Mottron 등도 일찌감치 제창했었다. 주 54도 참조.

62. 인텐스 월드 이론은 지금까지 심리학이나 인지과학 분야 등에서 중심적으로 자폐 스펙트럼 연구를 이끌어왔던 연구자들 사이에서 평판이 좋지만은 않다. 지금까지 심리학에서 자폐 스펙트럼 당사자의 대인 관계나 커뮤니케이션 등 사회적, 심적 경험을 중심적인 주제로 연구를 해온 것에 비해, 인텐스 월드 이론에서는 감각 과민에 대해 뇌의 일종의 적응 메커니즘이라고 해석하고 있는 것과 관계 있을 것이다.

　　또한, 이 이론의 토대는 현 상태에서는 자폐증과 유사한 증상을 보이는 실험용 생쥐를 사용한 동물실험이다. 자폐 스펙트럼 실험용 생쥐는 화학물질로 만들 수 있다. 이런 것들 때문에 마크램 등은 임신 중의 모체가 화학물질의 영향이나 그 밖의 환경적 요인의 영향을 받았을 가능성도 제기하고 있다. 자폐 스펙트럼의 발현에는 유전이 관계되어 있다는 것은 알려져 있지만, 그것만으로 자폐 스펙트럼이 된다고 단언할 수는 없다는 점이 밝혀지고 있다.

비판이 있는 것은 사실이지만 자폐 스펙트럼 당사자 아바타들뿐 아니라, 자폐 스펙트럼 당사자나 부모들도, 인텐스 월드 이론은 자기들의 경험과 잘 맞는다고 생각하는 사람이 많은 듯하다. 예를 들어, 자폐증 당사자 블로그 Wrong Planet에 게재된, John Scott Holman에 의한 다음 기사를 참조. http://wrongplanet.net/interview-henry-and-kamila-markram-about-the-intense-world-theory-for-autism/

최근 15여 년간, 뇌신경과학자가 자폐 스펙트럼 연구 쪽으로 진출하는 일이 늘고 있다. 뇌과학이나 유전자 연구 일반이 놀라울 정도로 진전하면서, 자폐 스펙트럼 연구가 인간의 뇌에 대한 수수께끼를 풀 수 있는 열쇠로서 중요하다는 것이 잘 알려지게 되었다. 그런 흐름 속에서 종래의 자폐 스펙트럼 연구의 시각에 구속되지 않고, 감각 과민이나 신체감각의 문제와 자폐증의 심적, 사회적 경험과의 관계에 대해 연구하는 연구자가 늘어나고 있는 것은 긍정적이라고 할 수 있다.

63. Favre, Mônica R. et al. (2015).

64. Iriki, Atsushi (2006): 660-667; Iriki, A., and M. Taoka (2012): 10-23.

참고문헌

【영어 및 유럽어 문헌】

Academic Autistic Spectrum Partnership in Research and Education, 2016., "AASPIRE's use of 'person first language.'" Available from http://aaspire.org/?p=about&c=language

Agmon, Eran, and Randall D. Beer, 2013, The evolution and analysis of action switching in embodied agents, *Adaptive Behavior*, 22 (1): 3-20.

Ashwin, Emma, Chris Ashwin, Danielle Rhydderch, Jessica Howells, and Simon Baron-Cohen, 2009, Eagle-eyed visual acuity: An experimental investigation of enhanced perception in autism, *Biological Psychiatry* 65 (1): 17-21.

Asperger, H., 1944, Die 'Autistischen Psychopathen' im Kindesalter, *Archiv für Psychiatrie und Nervenkrankheiten*, 117:76-136.

_____, 1979, Problems of infantile autism, *Communication: Journal of the National Autistic Society*, 13.

Au, Wagner James, 2008, *The making of second life: Notes from the new world*, New York: Collins Business. (=2009, 井口 耕二・滑川 海彦訳『仮想コミュニティがビジネスを 創りかえる──セカンドライフ』日経BP 社.)

Autism Speaks, 2014, Virtual reality training improves social skills and brain activity. Available from: https://www.autismspeaks.org/science/science-news/virtual-realitytraining-improves-social-skills-and-brain-activity

Bagatell, Nancy, 2010, From cure to community: Transforming notions of autism, *Ethos*, 38(1).

Baggs, Mel, 2006, *Let's play assumption Ping-pong!* Available from: https://ballastexistenz.wordpress.com/2006/03/10/lets-play-assumption-ping-pong/

_____, 2016, *Ballastexistenz: About*, Available from: https://ballastexistenz.wordpress.com/about-2/

_____, 2016, *There is ableism somewhere at the heart of your oppression, no matter*

what your oppression might be. Available from: https://ballastexistenz.wordpress.
com

Bainbridge, William Sims, 2007, The scientific research potential of virtual worlds, *Science*: New York, 317 (5837), (July 27): 472-476.

Bainbridge, William Sims, ed. 2010. *Online worlds: Convergence of the real and the virtual*, New York: Springer-Verlag.

Barak, Azy, Meyran Boniel-Nissim, and John Suler, 2008, Fostering empowerment in online support groups, *Computers in Human Behavior*, 24 (5): 1867-1883.

Barak, Azy, and Yael Sadovsky, 2008, Internet use and personal empowerment of hearing-impaired adolescents, *Computers in Human Behavior*, 24 (5): 1802-1815.

Baron, Saskia, 2015, Neurotribes review: The evolution of our understanding of autism, *The Guardian* (August 23).

Baron-Cohen, Simon, 1995, *Mindblindness: An essay on Autism and Theory of Mind*, Cambridge, MA: MIT Press. (=2002, 長野敬・長畑正道・今野義孝訳『自閉症とマインド・ブラインドネス』青土社.)

_____, 2008, *Autism and Asperger Syndrome: The facts*, Oxford University Press. (= 2011, 水野薫・鳥居深雪・岡田智訳『自閉症スペクトラム入門—脳・心理から教育の治療まで の最新知識』中央法規出版.)

Baron-Cohen, Simon, Alan M. Leslie, and Uta Frith, 1985, Does the autistic child have a "theory of mind"?, *Cognition*, 21 (1): 37-46.

Baron-Cohen, Simon, Howard A. Ring, Sally Wheelwright, Edward T. Bullmore, Mick J. Brammer, Andrew Simmons, and Steve CR Williams, 1999, Social intelligence in the normal and autistic brain: An fMRI study, *European Journal of Neuroscience*, 11 (6): 1891-1898.

Baron-Cohen, Simon, H. Tager-Flusberg, and D. Cohen ed.,1993, *Understanding Other minds: Perspectives from Autism*, Oxford University Press.(=1997, 田原俊司監 訳『心の理論—自閉症の視点から(上)』八千代出版.)

Baron-Cohen, Simon, Sally Wheelwright, Richard Skinner, Joanne Martin, and Emma Clubley, 2001, The autism-spectrum quotient (AQ): Evidence from asperger syndrome/ high-functioning autism, malesand females, scientists and mathematicians, *Journal of Autism and Developmental Disorders*, 31 (1): 5-17.

Behrmann, Marlene, Cibu Thomas, and Kate Humphreys, 2006, Seeing it differently: Visual processing in autism, *Trends in Cognitive Sciences*, 10 (6): 258-264.

Bettelheim, Bruno,1967, *The Empty Fortress: Infantile Autism and the Birth of the Self*, Florence, MA: Free Press:125, 348.

Bird, G., G. Silani, R. Brindley, S. White, U. Frith, and T. Singer, 2010, Empathic brain responses in insula are modulated by levels of alexithymia but not autism, *Brain: A Journal of Neurology*, 133 (Pt 5), (May): 1515-1525.

Blakemore, Sarah-Jayne, Teresa Tavassoli, Susana Calò, Richard M. Thomas, Caroline Catmur, Uta Frith, and Patrick Haggard, 2006, Tactile sensitivity in asperger syndrome, *Brain and Cognition*, 61 (1): 5-13.

Blakeslee, Sandra, 2002, A boy, a mother and a rare map of autism's world, *New York Times*.

Blascovich, Jim, and Jeremy Bailenson, 2011, *Infinite reality: Avatars, eternal life, new worlds, and the dawn of the virtual revolution*, New York: Harper Collins.

Block, Ned, 2011, Perceptual consciousness overflows cognitive access, *Trends in Cognitive Sciences*, 15 (12): 567-575.

Blume, Harvey, 1997, Autistics Are Communicating in Cyberspace, *New York Times* (June 30).

_____, 1998, Neurodiversity: On the neurological underpinnings of geekdom, *The Atlantic* (September).

Boellstorff, Tom, 2008, *Coming of Age in Second life: An Anthropologist Explores the Virtually Human*, Princeton: Princeton University Press.

Boellstorff, Tom, Bonnie Nardi, Celia Pearce, and T. L. Taylor,2012, *Ethnography and Virtual Worlds: A handbook of method*, Princeton: Princeton University Press.

Bonfranceschi, Anna L., 2014, 5 simulazioni per capire il mondo dell' autismo (イタリア版 Wired 誌からの翻訳.「自閉症の世界を理解するための 5 つのシミュレーション」日本版「Wired」誌のウェブサイトより): Available from: http://wired.jp/2014/05/10/ autism-simulation/

Bonnel, Anna, Laurent Mottron, Isabelle Peretz, Manon Trudel, Erick Gallun, and AnneMarie Bonnel, 2003, Enhanced pitch sensitivity in individuals with autism: A signal detection analysis, *Journal of Cognitive Neuroscience*, 15 (2): 226-235.

Bor D., J. Billington, and S. Baron-Cohen, 2007, Savant memory for digits in a case of synaesthesia and Asperger syndrome is related to hyperactivity in the lateral prefrontal cortex, *Neurocase*, 13 (October): 311-319.

Borkman, Thomasina, 1999, *Understanding self-Help/Mutual aid: Experiential learning in the common*. New Brunswick: Rutgers University Press.

Boulos, Maged N. Kamel, Lee Hetherington, and Steve Wheeler, 2007, Second life: An overview of the potential of 3-D virtual worlds in medical and health education, *Health Information & Libraries Journal*, 24 (4): 233-245.

Bouvet, Lucie, Andrée-Anne Simard-Meilleur, Adeline Paignon, Laurent Mottron, and Sophie Donnadieu, 2014, Auditory local bias and reduced global interference in autism, *Cognition*, 131 (3): 367-372.

Bowker, Natilene, and Keith Tuffin, 2002, Disability discourses for online identities, *Disability & Society*, 17 (3): 327-344.

Bowling, Heather, and Eric Klann,2014, Shaping dendritic spines in autism spectrum disorder: MTORC1-dependent macroautophagy, *Neuron*, 83 (5): 994-996.

British Psychological Society (BPS), 2015, Can synesthesia be taught? colored letters, tasty sounds?, *ScienceDaily*.

Brown, W.A., K. Cammuso, H. Sachs, B. Winklosky, J. Mullane, R.Bernier, S. Svenson, D. Arin, B. Rosen-Sheidley, and S.E. Folstein, 2003, Autism-related language, personality, and cognition in people with absolute pitch: Results of a preliminary study. *Journal of Autism and Developmental Disorders*, 33(2): 163-167.

Brownlee, John, 2007, The natural language of autism?, *Wired*(January 30).

Buchen, Lizzie, 2011. "When Geeks meet", *Nature*, 479:25-27.

Buxbaum, Joseph D., and Patrick R. Hof., 2011, The emerging neuroscience of autism spectrum disorders, *Brain Research*, 1380: 1-2.

Canis, Major, 2012, *How do you Deal with Losing Games?*, Available from: http://wrongplanet.net/forums/viewtopic.php?t=208333

CBS, 60 Minutes, 2010, *Derek Paravicini's Extraordinary Gift*, Available from: http://www.cbsnews.com/news/derek-paravicinis-extraordinary-gift-12-03-2010/

Cedars-Sinai Medical Center, 2013, Neurons in brain's 'face recognition center' respond differently in patients with autism, *Medical Press*. Available from: http://

medicalxpress. com/news/2013-11-neurons-brain-recognition-center-differently. html

Charman, Tony, Catherine RG Jones, Andrew Pickles, Emily Simonoff, Gillian Baird, and Francesca Happé, 2011, Defining the cognitive phenotype of autism, *Brain Research*, 1380: 10-21.

Charmaz, Kathy,1983, Loss of self: A fundamental form of suffering in the chronically ill, *Sociology of Health & Illness*, 5(2): 168-195.

Collingwood, Jane, 2015, Synesthesia linked to autism, *Psych Central*. Available from: http:// psychcentral.com/news/2014/02/11/synesthesia-linked-to-autism/65721. html

Columbia University Medical Center Newsroom, 2014, Children with autism have extra synapses in brain. Available from:http://newsroom.cumc.columbia.edu/blog/2014/08/21/children-autism-extra-synapses-brain/

Conrad, P., and C. Stults, 2010, Internet and the experience of illness, in *Handbook of medical sociology, sixth edition.*, eds. C. Bird, P. Conrad, A. Fremont and S. Timmermans: 179-191. Nashville: Vanderbilt University Press.

Crane, L., L. Goddard, and L. Pring, 2009, Sensory processing in adults with autism spectrum disorders, Autism: *The International Journal of Research and Practice*, 13 (3) (May): 215-228.

Crespi, Bernard J., 2016, Autism as a disorder of high intelligence, *Frontiers in Neuroscience*, 10.

Cruise, Tom, 2003, Tom Cruise: My Struggle to Read, People (July 21), 60(3). Available from:http://www.people.com/people/archive/article/0,,20140587,00.html

Cruz, Joe, and Robert M. Gordon, 2003, Simulation theory, *Encyclopedia of Cognitive Science*.

Dakin, Steven, and Uta Frith, 2005, Vagaries of visual perception in autism, *Neuron*, 48 (3): 497-507.

Davidson, Joyce, 2008, Autistic culture online: Virtual communication and cultural expression on the spectrum, *Social & Cultural Geography*, 9 (7): 791-806.

Davies, Martin, and Tony Stone, eds. 1995, *Folk psychology: The theory of mind debate*, Hoboken: Wiley-Blackwell.

De Witt, John C.,1991, The role of technology in removing barriers, *The Milbank Quarterly*, 69: 313-332.

DiMaggio, Paul, Eszter Hargittai, W. Russell Neuman, and John P. Robinson.,2001, Social implications of the internet, *Annual Review of Sociology*: 307-336.

Donvan, John, and Caren Zucker, 2016, *In a different key: The story of autism*, New York: Crown Publishers.

Dovern, A., G. R. Fink, A. C. Fromme, A. M. Wohlschlager, P. H. Weiss, and V. Riedl, 2012, Intrinsic network connectivity reflects consistency of synesthetic experiences, *The Journal of Neuroscience: The Official Journal of the Society for Neuroscience*, 32 (22), (May 30): 7614-7621.

Drummond, Katie, 2013, Synesthesia might be more common in people with autism, *The Verge*, Available from : http://www.theverge.com/2013/11/20/5125888/synesthesiamight-be-more-common-in-people-with-autism

Ducheneaut, N., 2010, Massively multiplayer online games as living laboratories: Opportunities and pitfalls. in *Online worlds: Convergence of the real and the virtual.*, ed. William Sims Bainbridge, New York: Springer-Verlag: 135-146.

Edelson, Stephen M.,2014, Bernard Rimland's Infantile Autism: The book that changed autism, retrieved in 2016.

Eyal, Gil, 2013, For a sociology of expertise: The social origins of the autism Epidemic 1, *American Journal of Sociology*, 118 (4): 863-907.

Eyal, Gil, et al., 2010, *The autism matrix*, Cambridge: Polity Press.

Falkmer, Marita, Geoffrey W. Stuart, Henrik Danielsson, Staffan Bram, Mikael Lönebrink, and Torbjörn Falkmer, 2011, Visual acuity in adults with asperger's syndrome: No evidence for "eagle-eyed" vision, *Biological Psychiatry*, 70 (9): 812-816.

Favre, Mônica R., Deborah La Mendola, Julie Meystre, Dimitri Christodoulou, Melissa J. Cochrane, Henry Markram, and Kamila Markram, 2015, Predictable enriched environment prevents development of hyper-emotionality in the VPA rat model of autism, *Frontiers in Neuroscience*, 9.

Feinberg, Edward, and John Vacca, 2000, The drama and trauma of creating policies on autism critical issues to consider in the new millennium, *Focus on Autism and Other Developmental Disabilities*, 15 (3): 130-137.

Finch, David, 2009, Somewhere inside, a path to empathy, *The New York Times* (May 15).

Finn, Jerry,1999, An exploration of helping processes in an online self-help group focusing on issues of disability, *Health & Social Work*, 24 (3), (August): 220-231.

Freeth, Megan, Elizabeth Sheppard, Rajani Ramachandran, and Elizabeth Milne, 2013, A cross-cultural comparison of autistic traits in the UK, India and Malaysia, *Journal of Autism and Developmental Disorders*, 43 (11): 2569-2583.

Frith, Uta, 1989, *Autism: Explaining the Enigma*, Blackwell.

_____, 1991, Asperger and his Syndrome, *Autism and Asperger Syndrome*, Cambridge, UK: Cambridge University Press.

_____, 2003, *Autism: Explaining the Enigma, Second edition*, Wiley. (=2009, 冨田真紀・清水康夫・鈴木玲子訳『新訂 自閉症の謎を解き明かす』東京書籍.)

_____, 2008, *Autism: A Very Short Introduction*, Oxford University Press. (=神尾陽子監訳・華園力訳『ウタ・フリスの自閉症入門―その世界を理解するために』中央法規出版.)

_____, 2013, An Interview by Lance Workman: From art to autism on a journey through her collection of memories, *The Psychologist*, (December). Available from: https:// thepsychologist.bps.org.uk/volume-26/edition-12/art-autism

Frith, Uta, and Happé, F., 1994, Autism: Beyond "theory of mind", *Cognition*, 50. 115-132.

Gaigg, Sebastian B., 2012, The interplay between emotion and cognition in autism spectrum disorder: Implications for developmental theory, *Frontiers in Integrative Neuroscience*, 6 (113): 1-35.

Gallese, Vittorio, and Alvin Goldman, 1998, Mirror neurons and the simulation theory of mind-reading, *Trends in Cognitive Sciences*, 2 (12): 493-501.

Galton, F., 1880, Visualized numerals, *Nature*, 21 (543): 494-495.

Geddes, Linda, 2015, The big baby experiment, *Nature*, 527 (7576): 22-25.

Gerland, Gunilla, 1996, *A Real Person: Life on the Outside*, Tr. Joan Tate. (=1997, ニキ・リンコ訳『ずっと「普通」になりたかった』花風社.)

Gernsbacher, Morton Ann., 2010, Stigma from psychological science: Group differences, not deficits-introduction to stigma special section, *Perspectives on Psychological Science: A Journal of the Association for Psychological Science*, 5 (6), (November):

687.

Gernsbacher, Morton Ann, and Sarah R. Pripas-Kapit,2012, Who's missing the point? A commentary on claims that autistic persons have a specific deficit in figurative language comprehension, *Metaphor and Symbol*, 27 (1): 93-105.

Gernsbacher, Morton Ann, Jennifer L. Stevenson, Suraiya Khandakar, and H. Hill Goldsmith, 2008, Why does joint attention look atypical in autism?, *Child Development Perspectives*, 2 (1): 38-45.

Ginty, David, 2016, Understanding somatosensory deficits in autism spectrum disorder. Available from: https://sfari.org/funding/grants/abstracts/understandingsomatosensory-deficits-in-autism-spectrum-disorder

Gomot, Marie, and Bruno Wicker, 2012, A challenging, unpredictable world for people with autism spectrum disorder, *International Journal of Psychophysiology*, 83 (2): 240-247.

Gordon, Robert M., 1986, Folk psychology as simulation, *Mind & Language*, 1 (2): 158-171.

Gould, Judith, 2014, Lorna Wing obituary, *The Guardian* (June 22).

Grandin, Temple,1992, An Inside View of Autism, *High-Functioning Individuals with Autism*, Eric Schopler and Gary Mesibov, eds. New York, NY: Plenum Press: 105-125.

_____, 1996, *Thinking in Pictures: My Life with Autism*, New York, NY: Vintage Books:4. (=1997, カニングハム久子訳『自閉症の才能開発—自閉症と天才をつなぐ環』学習研究社.)

_____, 2006, The Way I See It: The Effect of Sensory and Perceptual Difficulties on Learning Styles, *Autism Asperger's Digest* (November/December).

_____, 2008, *The Way I See It: A Personal Look at Autism & Asperger's*, Future Horizons Inc. (=2010, 中尾ゆかり訳『自閉症感覚—かくれた能力を引きだす方法』NHK出版.)

Grandin, Temple and Sean Barron, 2005, *Unwritten Rules of Social Relationships: Decoding Social Mysteries Through the Unique Perspectives of Autism*, Future Horizons Inc. (=2009, 門脇陽子訳『自閉症スペクトラム障害のある人が才能を活かすための人間関係10のルール』明石書店.) =『자폐인의 세상 이해하기－사회적 관계에 관한 불문율』(템플 그랜딘·숀 배런 지음, 김혜리·정명숙·최현옥 옮김, 시그마프레스, 2014)

Grandin, Temple, and Catherine Johnson, 2006, *Animals in Translation: Using the Mysteries of Autism to Decode Animal Behavior*, Mariner Books. (=2006, 中尾ゆかり)訳『動物感覚―アニマル・マインドを読み解く』NHK出版.) =『동물과의 대화』(템플 그랜딘·캐서린 존슨 지음, 권도승 옮김, 언제나북스, 2021)

Grandin, Temple and Richard Panek, 2013, *The Autistic Brain: Thinking Across the Spectrum*. (=2014, 中尾ゆかり訳『自閉症の脳を読み解く―どのように考え 感じている のか』NHK出版.) =『나의 뇌는 특별하다-템플 그랜딘의 자폐성 뇌 이야기』(템플 그랜딘·리처드 파넥 지음, 홍한별 옮김, 양철북, 2015)

Grandin, Temple and Margaret M.Scariano,1986, *Emergence: Labeled Autistic*, Novato, CA: Arena Press: 91. (=1994, カニングハム久子訳『我、自閉症に生まれて』学習研究社.)

Grossenbacher, Peter G., and Christopher T. Lovelace, 2001, Mechanisms of synesthesia:, Cognitive and physiological constraints, *Trends in Cognitive Sciences*, 5 (1): 36-41.

The Guardian, 2016, Dating with autism: 'You have to find someone who understands'. Available from:http://www.theguardian.com/tmi/2016/apr/08/dating-with-autismyou-have-to-find-someone-who-understands

_____, 2016, Musical wicked to be adapted for autistic audiences. Available from: http:// www.theguardian.com/tmi/2016/apr/15/musical-wicked-to-be-adapted-for-autisticaudiences

Hackling, Ian, 2009, Autistic Autobiography, *Philosophical Transaction of the Royal Society*, 364, 1467-1473.

_____,2009, How we have been learning to talk about autism: A role for Stories, *Metaphilosophy*, 40. issue 3-4:499-516.

Hall, Stephen S., 2014, Solving the autism puzzle, *MIT Technology Review* (December 18).

Happé, Francesca,1999, Autism: cognitive deficit or cognitive style?, *Trends in Cognitive Sciences*, 3 (6), (June).

Happé, Francesca, Rhonda Booth, Rebecca Charlton, and Claire Hughes,2006, Executive function deficits in autism spectrum disorders and attention-deficit/hyperactivity disorder: Examining profiles across domains and ages, *Brain and Cognition*, 61 (1): 25-39.

Happé, Francesca, Stefan Ehlers, Paul Fletcher, Uta Frith, Maria Johansson, Christopher Gillberg, Ray Dolan, Richard Frackowiak, and Chris Frith,1996, 'Theory of mind' in the brain. Evidence from a PET scan study of asperger syndrome, *Neuroreport*, 8 (1): 197-201.

Happé, Francesca, and Uta Frith, 2006, The weak coherence account: Detail-focused cognitive style in autism spectrum disorders, *Journal of Autism and Developmental Disorders*, 36 (1): 5-25.

Happé, Francesca, and A. Ronald, 2008, The ' Fractionable Autism Triad': A Review of Evidence from Behavioural, Genetic, Cognitive and Neural Research, *Neuropsychology Review*, 18: 287-304.

Happé, Francesca, Angelica Ronald, and Robert Plomin, 2006, Time to give up on a single explanation for autism, *Nature Neuroscience*, 9 (10): 1218-1220.

Harris, Gordon J., Christopher F. Chabris, Jill Clark, Trinity Urban, Itzhak Aharon, Shelley Steele, Lauren McGrath, Karen Condouris, and Helen Tager-Flusberg, 2006, Brain activation during semantic processing in autism spectrum disorders via functional magnetic resonance imaging, *Brain and Cognition*, 61 (1): 54-68.

Hayley, N. Katherine, 1999, *How we became Posthuman: Virtual Bodies in Cybernetics, Literature, and Informatics*, Chicago: Chicago University Press.

Heaton, Pamela, 2003, Pitch memory, labelling and disembedding in autism, *Journal of Child Psychology and Psychiatry*, 44 (4): 543-551.

Heble, Ajay, Donna Palmateer Pennee, and JR Struthers,1997, *New contexts of Canadian criticism*, Peterborough, Ontario: Broadview Press.

Hertzberg, H., 2013, Tales of Hoffman, *New Yorker* (January 21).

Hubbard E.M. and V.S. Ramachandran, 2005 Neurocognitive mechanisms of synesthesia, Neuron, 48(3)(November):509-520 (=2003「数字に色を見る人たち 共感覚から脳を探る」,『日経サイエンス』8月号.)

Humphreys, Keith, and Julian Rappaport,1994, Researching self-help/mutual aid groups and organizations: Many roads, one journey, *Applied and Preventive Psychology*, 3 (4): 217-231.

Hupé, J.-M., C. Bordier, and M. Dojat, 2012, The neural bases of grapheme-color synesthesia are not localized in real color-sensitive areas, *Cerebral Cortex*, New York:

July,1991, 22(7): 1622-1633.

Hupé, J.-M., and Dojat, M.,2015, A critical review of the neuroimaging literature on synesthesia, Frontiers in Human Neuroscience, 9, 103. Available from: http://doi.org/10.3389/fnhum.2015.00103

Ikegami, Eiko, 2000, A Sociological Theory of Publics: Identity and Culture as Emergent Properties in Networks, *Social Research*, winter, 67(4).

_____, 2005, *Bonds of Civility: Aesthetic Networks and the Political origins of Japanese culture*, Cambridge: Cambridge University Press.

_____, 2006, My Sociological Practices and Commuting Identities, *Lessons from Sociology: Global Perspectives on Sociological Careers*. Edited by Mathieu Deflem, De Sitter Publications.

_____, 2013, Visualizing Networked Self: Agency, Reflexivity, and the Social Life of Avatars, *Social Research*, winter, 1155.

Ikegami, Eiko and Piet Hut, 2008, Avatars are for Real: Virtual Communities and Public Spheres:A Reflection on Two Virtual Networks in early modern Japan and Contemporary Digital Culture, *Journal of Virtual Worlds Research*, 1(1), (July).

Ikegami, Eiko, and Robert Proverb, 2014, Neuro-Typicals and Us: Identity and Disability in the Digital Ethnography of Autism in Second Life, Proceedings, Annual Meeting of American Sociological Association, (August).

Iriki, Atsushi, 2006, The neural origins and implications of imitation, mirror neurons and tool use, *Current Opinion in Neurobiology*, 16 (6): 660-667.

Iriki, A., and M. Taoka, 2012, Triadic (ecological, neural, cognitive) niche construction: A scenario of human brain evolution extrapolating tool use and language from the control of reaching actions, *Philosophical Transactions of the Royal Society of London*, Series B, Biological Sciences, 367 (1585), (January 12): 10-23.

Ito, Juichi, 1994, Cochlear implantation: Preoperative counselling and postoperative problems, *Auris Nasus Larynx*, 21 (2): 98-102.

Jiang, Kevin, 2014, Autism and intellectual disability incidence linked with environmental factors, *UChicago News* (March 13).

Kaland, Nils, Lars Smith, and Erik Lykke Mortensen, 2008, Brief report: Cognitive flexibility and focused attention in children and adolescents with asperger syndrome or highfunctioning autism as measured on the computerized version of the Wisconsin card sorting test, *Journal of Autism and Developmental Disorders*, 38 (6): 1161-1165.

Kalichman, Seth C., Eric G. Benotsch, Lance Weinhardt, James Austin, Webster Luke, and Chauncey Cherry, 2003, Health-related internet use, coping, social support, and health indicators in people living with HIV/AIDS: Preliminary results from a community survey, *Health Psychology*, 22 (1): 111.

Kandalaft, Michelle R., Nyaz Didehbani, Daniel C. Krawczyk, Tandra T. Allen, and Sandra B. Chapman, 2013, Virtual reality social cognition training for young adults with highfunctioning autism, *Journal of Autism and Developmental Disorders*, 43 (1): 34-44.

Kanner, Leo,1943, Autistic disturbances of affective contact, *Nervous Child*, 2, 217-250.

_____, 1949, Problems of nosology and psychodynamics of early infantile autism, *American Journal of Orthopsychiatry*, 19(3), (July), 416-426.

Kaplan, Melvin, 2006, *Seeing through new eyes: Changing the lives of children with autism, asperger syndrome and other developmental disabilities through vision therapy*, Jessica Kingsley Publishers.

Kashino, Makio, Makoto Yoneya, Shigeto Furukawa, and Hsin-I Liao, 2014, Reading the implicit mind from the body, *NTT Technical Review*, 12 (11): 1-6.

Katz, Alfred H., 1981, Self-help and mutual aid: An emerging social movement?, *Annual Review of Sociology*: 129-155.

Kedar, Ido, 2012, *Ido in Autismland: Climbing out of autism's silent prison*, Sharon Kedar.

Klin, Ami, and Warren Jones, 2006, Attributing social and physical meaning to ambiguous visual displays in individuals with higher-functioning autism spectrum disorders, *Brain and Cognition*, 61 (1): 40-53.

Koelsch, Stefan, 2014, Brain correlates of music-evoked emotions, *Nature Reviews Neuroscience*, 15 (3): 170-180.

Komeda, Hidetsugu, 2015, Similarity hypothesis: Understanding of others with autism spectrum disorders by individuals with autism spectrum disorders, *Frontiers in Hu-*

man Neuroscience, 9.

Komeda, H., H. Kosaka, D. N. Saito, Y. Mano, M. Jung, T. Fujii, and H. T. Yanaka, et al., 2015, Autistic empathy toward autistic others, *Social Cognitive and Affective Neuroscience*, 10 (2), (February): 145-152.

Kroll, T., R. Barbour, and J. Harris, 2007, Using focus groups in disability research, *Qualitative Health Research*, 17 (5), (May): 690-698.

Kühl, Stefan, 1994, *The Nazi Connection: Eugenics, American racism, and German national socialism*, Oxford University Press. (=1999, 麻生久美訳『ナチ・コネクション──アメリカの優生学とナチ優生思想』明石書店.)

Lawson, Wendy,1998, *Life Behind Glass: A Personal Account of Autism Spectrum Disorder*, Southern Cross University Press. (=2001, ニキ・リンコ訳『私の障害、私の個性』花風社.)

Lewis, M. B., 2003, Thatcher's children: Development and the thatcher illusion, *Perception*, 32 (12): 1415-1421.

Lin, I.F., Yamada, T., Komine, Y., Kato, N., Kashino, M.,2015 Enhanced segregation of concurrent sounds with similar spectral uncertainties in individuals with autism spectrum disorder, *Scientific Reports* (May) 22: 5.

Liu, K. Y., M. King, and P. S. Bearman, 2010, Social influence and the autism epidemic, AJS: *American Journal of Sociology*, 115 (5) (March): 1387-1434.

Lombardo, Michael V., Jennifer L. Barnes, Sally J., Wheelwright, and Simon Baron-Cohen, 2007, Self-referential cognition and empathy in autism, *PLoS One*, 2 (9): 883.

Luhrmann, Tanya M., 2012, *When God Talks Back: Understanding the American Evangelical Relationship with God*, New York, Vintage.

Maister, Lara, et al., 2014, Changing bodies changes minds: Owning another body affects social cognition, *Trends in Cognitive Sciences*, Volume 19, Issue 1.

Markram, Henry, Tania Rinaldi, and Kamila Markram, 2007, The intense world syndrome: An alternative hypothesis for autism, *Frontiers in Neuroscience*, 1: 6.

Markram, Kamila, and Henry Markram, 2010, The intense world theory: A unifying theory of the neurobiology of autism, *Frontiers in Human Neuroscience*, 4: 224.

Matsuzaki, Junko, Kuriko Kagitani-Shimono, Hisato Sugata, Masayuki Hirata, Ryuzo

Hanaie, Fumiyo Nagatani, Masaya Tachibana, Koji Tominaga, Ikuko Mohri, and Masako Taniike, 2014. Progressively increased M50 responses to repeated sounds in autism spectrum disorder with auditory hypersensitivity: A magnetoencephalo graphic study, *PloS One*, 9(7): e102599.

Mazumdar, Soumya, Marissa King, Ka-Yuet Liu, Noam Zerubavel, and Peter Bearman, 2010, The spatial structure of autism in California, 1993-2001, *Health & Place*, 16 (3): 539-546.

Mediati, Nick, 2012, Profiles in geekdom: Alex plank of wrong planet, *PCWorld* (June 7).

Meryman, Richard,1975, Playboy Interview: Dustin Hoffman, *Playboy*, 22 (4).

Mohan, Geoffrey, 2014, Is autism like a magic show that won't end?, *Los Angeles Times* (October 6).

Mondak, Phyllis, 2000, The Americans with disabilities act and information technology access, *Focus on Autism and Other Developmental Disabilities*, 15 (1): 43-51.

Mottron, L., L. Bouvet, A. Bonnel, F. Samson, JA. Burack, M. Dawson, P. Heaton 2013, Veridical mapping in the development of exceptional autistic abilities, *Neuroscience & Biobehavioral Reviews*, 37 (2),(February).

Mottron, Laurent, M. Dawson, I. Soulières, B. Hubert, and J. Burack, 2006, Enhanced perceptual functioning in autism: an update, and eight principles of autistic perception, *Journal of Autism and Developmental Disorders*, 36: 27-43.

Mukhopadhyay, Tito Rajarshi, 2000, *The Mind Tree: A Miraculous Child Breaks the Silence of Autism*, Arcade Publishing.

_____, 2008, *How Can I Talk If My Lips Don't Move?: Inside My Autistic Mind Autism*, New York, Arcade Publishing.

Murphy, Declan GM, Jennifer Beecham, Michael Craig, and Christine Ecker, 2011, Autism in adults: New biological findings and their translational implications to the cost of clinical services, *Brain Research*, 1380: 22-33.

Muskie,1998, Institute for the Study of the Neurologically Typical, Muskie. Available from: http://isnt.autistics.org/

Nakamura, Karen, 2006, *Deaf in Japan: Signing and the Politics of Identity*, Cornell University Press.

National Geographic Magazine, 2005, Mind Tree Poems. Available from:http://ngm. nationalgeographic.com/ngm/0503/feature1/online_extra.html

Nature Magazine, 2011, Editorial to the special issue, The Autism Enigma, (November): 479, 05.

Ockelford, Adam, 2009, *In the key of genius: The Extraordinary Life of Derek Paravicini*, New York: Random House.

Ouimet, Tia, Nicholas EV Foster, Ana Tryfon, and Krista L. Hyde, 2012, Auditory-musical processing in autism spectrum disorders: A review of behavioral and brain imaging studies, *Annals of the New York Academy of Sciences*, 1252 (1): 325-331.

Palmer, Colin J., Anil K. Seth, and Jakob Hohwy,2015, The felt presence of other minds: Predictive processing, counterfactual predictions, and mentalising in autism, *Consciousness and Cognition*, 36: 376-389.

Paravicini, Derek, (official website). Available from : http://www.sonustech.com/paravicini/

Parsons, Sarah, and Peter Mitchell, 2002, The potential of virtual reality in social skills training for people with autistic spectrum disorders, *Journal of Intellectual Disability Research*, 46 (5): 430-443.

Pitts-Taylor, Victoria, 2016, *The Brain's Body: Neuroscience and Corporeal Politics*, Duke University Press.

Plank, A., and D. Grover, 2004, Autistic Teens Create Website for People with Asperger's Syndrome, *PRWeb*, (July 1).

Preidt, Robert, 2013, People with autism may recognize faces in different way: Study, (November 20). Available from: http://consumer.healthday.com/cognitive-health-information-26/autism-news-51/people-with-autism-may-recognize-faces-in-differentway-study-682200.html

Putnam, Robert, 1993, Making Democracy Work: Civic Traditions in Modern Italy , Princeton University Press. (=2001, 河田潤一訳『哲学する民主主義—伝統と改革の市民的構造』NTT出版.)

_____, 2000, Bowling Alone: The Collapse and Revival of American Community, Simon &Schuster, New York. (=2006, 柴内康文訳『孤独なボウリング—米国コミュニテ

イの崩壊と再生』柏書房。) =『나홀로 볼링 – 사회적 커뮤니티의 붕괴와 소생』(로버트 D.
퍼트넘 지음, 정승현 옮김, 페이퍼로드, 2009)

Ramachandran, Vilayanur S., and Edward M. Hubbard, 2001, Synaesthesia: A window
into perception, thought and language, *Journal of Consciousness Studies*, 8 (12):
3-34.

Ramachandran, Vilayanur S., and Lindsay M. Oberman, 2006, Broken mirrors: A the-
ory of autism, *Scientific American* (November).

Regalado, Antonio, 2005, A hedge-fund titan's millions stir up research into autism,
The Wall Street Journal, (December 15).

Ridley, Matt, 2003, *Nature via Nurture: Genes, Experience and What Makes Us Hu-
man*, New York, Harper Collins Publishers. (=2014, 中村桂子・斉藤隆央訳『やわらか
な遺伝子』早川書房。)

Rimland, Bernard,1964, *Infantile Autism: The Syndrome and Its Implications for a
Neural Theory of Behavior*, Prentice Hall.

_____, 1986, Foreword, Grandin, Temple, and Margaret M. Scariane, *Emergence:
Labeled Autistic*, Novato, CA: Arena Press:3.

_____, 1989, Rain man and the savants 'secrets, The Editor's Notebook, *Autism Re-
search International Newsletter*, 3 (1): 3.

_____, 1994, The Modern History of Autism: A Personal Perspective, *Autism in Chil-
dren and Adults*, Johnny L. Matson, ed. Brooks/Cole:1.

Rossignol, D. A., S. J. Genuis, and R. E. Frye, 2014, Environmental toxicants and au-
tism spectrum disorders: a systematic review, *Translational Psychiatry*, 4(2), e360 -.

Rouse, Helen, Nick Donnelly, Julie A. Hadwin, and Tony Brown, 2004, Do children
with autism perceive second-order relational features? The case of the thatcher illu-
sion, *Journal of Child Psychology and Psychiatry*, 45 (7): 1246-1257.

Rouw, R. and Scholte, H.S., 2007, Increased structural connectivity in grapheme-color
synesthesia, *Nature Neuroscience*, 10: 792-797.

Rubenstein J.L, and M.M. Merzenich, 2003, Model of autism: increased ratio of exci-
tation/ inhibition in key neural systens, *Gebes, Brain and Behavior*, 2(5), (October):
255-267.

Sacks, Oliver,1995, *An Anthropologist on Mars: Seven Paradoxical Tales*, New York:

Knopf. =『화성의 인류학자: 뇌신경과 의사가 만난 일곱명의 기묘한 환자들』(올리버 색스 지음, 이은선 옮김, 바다출판사, 2005; 개정판 2015)

Sagiv, Noam, and Jamie Ward, 2006, Crossmodal interactions: Lessons from synesthe-sia, Progress in Brain Research, 155: 259-271.

Sample, Ian, 2015, Brain scans of premature babies reveal changes that may raise risk of autism, The Guardian (May 4).

Sandin, Sven, Paul Lichtenstein, Ralf Kuja-Halkola, Henrik Larsson, Christina M. Hultman, and Abraham Reichenberg, 2014, The familial risk of autism, The Journal of the American Medical Association, 311 (17): 1770-1777.

Sarris, Marina, 2014, Space invaders: Personal space and autism,(October 2). Available from: https://iancommunity.org/ssc/personal-space-autism

_____, 2015, Perfect pitch: Autism's rare gift,(July 2). Available from: https:// ian-community.org/ssc/perfect-pitch-autism-rare-gift

Savarese, Ralph James, 2010, More than a thing to ignore: An interview with Tito Ra-jarshi Mukhopadhyay, Disability Studies Quarterly, 30 (1).

ScienceDaily.com., 2016, Autism genes identified using new approach. Available from:https://www.sciencedaily.com/releases/2016/08/160801113827.htm

Scola-Streckenbach, Susan, 2008, Experience-based information: The role of web-based patient networks in consumer health information services, Journal of Con-sumer Health on the Internet, 12 (3): 216-236.

Scott-Van Zeeland, A. A., B. S. Abrahams, A. I. Alvarez-Retuerto, L. I. Sonnenblick, J. D. Rudie, D. Ghahremani, and J. A. Mumford, et al., 2010, Altered functional con-nectivity in frontal lobe circuits is associated with variation in the autism risk gene CNTNAP2, Science Translational Medicine, 2 (56), (November 3): 56ra80.

Seymour, Wendy, and Deborah Lupton, 2004, Holding the line online: Exploring wired relationships for people with disabilities, Disability & Society, 19 (4): 291-305.

Shapiro, Joseph P., 1994, No pity: People with disabilities forging a new civil rights movement, New York: Three Rivers Press.

Shinya, Yuta, Masahiko Kawai, Fusako Niwa, and Masako Myowa-Yamakoshi, 2016, Associations between respiratory arrhythmia and fundamental frequency of spontaneous crying in preterm and term infants at term-equivalent age, *Developmental Psychobiology*, (March 31).

Silberman, Steve, 2001, The geek syndrome, *Wired*, (December 1).

_____, 2015, *Neurotribes: The legacy of autism and the future of neurodiversity*, Penguin Publishing Group. =『뉴로트라이브: 자폐증의 잃어버린 역사와 신경다양성의 미래』 (스티브 실버만 지음, 강병철 옮김, 알마, 2018)

Silverman, Chloe, 2011, *Understanding Autism: Parents, Doctors, and the History of a Disorder*. Princeton University Press.

Simmons, David R., Ashley E. Robertson, Lawrie S. McKay, Erin Toal, Phil McAleer, and Frank E. Pollick, 2009, Vision in autism spectrum disorders, *Vision Research*, 49 (22): 2705-2739.

Simner, J., 2010, Defining synaesthesia, *British Journal of Psychology*, (February):103.

Sinclair, Jim, 1992, Social uses of fixations, *Our Voice*, The Newsletter of Autism Network International, 1(1).

_____, 1993, Don't mourn for us, *Autism Network International: Our Voice*, the newsletter of Autism Network International, 1(3). Online at: www.jimsinclair.org/dontmourn.htm

_____, 1996, Parent-professional partnerships: Who's missing in this picture? Presentation at Autism Treatment Services of Canada, Victoria, British Columbia, Canada.

_____, 2005, History of ANI (autism network international): The development of a community and its Culture. Available from: http://www.autreat.com/History_of_ANI.html

_____, 2013, Why I dislike "person first" language, *Autonomy: the Critical Journal of Interdisciplinary Autism Studies*, 1 (2).

Singh, Jennifer S., 2016, *Multiple Autisms: Spectrums of Advocacy and Genomic Science*, University of Minnesota Press.

Sinha, P., M. M. Kjelgaard, T. K. Gandhi, K. Tsourides, A. L. Cardinaux, D. Pantazis, S. P. Diamond, and R. M. Held, 2014, Autism as a disorder of prediction, *Proceedings of the National Academy of Sciences of the United States of America*, 111 (42), (October 21): 15220-15225.

Smith, Adam, 2009, The empathy imbalance hypothesis of autism: A theoretical approach to cognitive and emotional empathy in autistic development. *The Psychological Record*, 59 (2): 273.

Stanutz, S., J. Wapnick, and J. A. Burack, 2014, Pitch discrimination and melodic memory in children with autism spectrum disorders, *Autism: The International Journal of Research and Practice*, 18 (2), (February): 137-147.

Steinkuehler, Constance A., and Dmitri Williams, 2006, Where everybody knows your (screen) name: Online games as "third places", *Journal of Computer-Mediated Communication*, 11 (4): 885-909.

Stoddart, Kim, 2015, How does your garden grow?, *The Guardian*, (May 23).

Szalavitz, Maia, 2013, The boy whose brain could unlock autism. Available from: https:// medium.com/matter/the-boy-whose-brain-could-unlock-autism-70c3d64ff221#.ryyqku5qb

Tammet, Daniel, 2006, *Born on a Blue Day: Inside the Extraordinary Mind of Autistic Savant*, Free Press. (=2007, 古屋美登里訳『ぼくには数字が風景に見える』講談社.)

Tang, Guomei, Kathryn Gudsnuk, Sheng-Han Kuo, Marisa L. Cotrina, Gorazd Rosoklija, Alexander Sosunov, Mark S. Sonders, Ellen Kanter, Candace Castagna, and Ai Yamamoto, 2014, Loss of mTOR-dependent macroautophagy causes autistic-like synaptic pruning deficits, *Neuron*, 83 (5): 1131-1143.

Tavassoli, Teresa, Keziah Latham, Michael Bach, Steven C. Dakin, and Simon Baron-Cohen, 2011, Psychophysical measures of visual acuity in autism spectrum conditions, *Vision Research*, 51 (15): 1778-1780.

Taylor, C., 1992, The politics of recognition, in *Multiculturalism: Examining the Politics of Recognition*, A. Gutmann, ed., Princeton: Princeton University Press

Tocqueville, Alexis de., 1969, *Democracy in America*, ed. J.P. Maier, trans. George Lawrence Anchor Books. (= 2005; 2008; 松本礼二訳『アメリカのデモクラシー』第1巻(上・下) ; 第1巻(上・下), 岩波文庫.) =『미국의 민주주의 1』『미국의 민주주의 2』(알렉시스 드 토크빌 지음, 임효선 옮김, 한길사, 2002; 2009)

Tordjman, S., Somogyi, E., Coulon, N., Kermarrec, S., Cohen, D., Bronsard, G., and Xavier, J., 2014, Gene × Environment Interactions in Autism Spectrum Disorders: Role of Epigenetic Mechanisms, *Frontiers in Psychiatry*, 5:53.

Toulmin, H., C. F. Beckmann, J. O'Muircheartaigh, G. Ball, P. Nongena, A. Makropoulos, A. Ederies, et al., 2015, Specialization and integration of functional thalamocortical connectivity in the human infant, *Proceedings of the National Academy of Sciences of the United States of America*, 112 (20), (May 19): 6485–6490.

University of Cambridge and Science Daily, 2013, Synesthesia is more common in autism, Available from: https://www.sciencedaily.com/releases/2013/11/131119193908.htm

van der Aa, Christine PDM, Monique MH Pollmann, Aske Plaat, and van der Gaag, Rutger, 2014, Computer-mediated communication in adults with high-functioning autism spectrum conditions, (January), *ArXiv Preprint arXiv*:1410.1087.

Velázquez, José L. Pérez, and Roberto F. Galán, 2015, Information gain in the brain's resting state: A new perspective on autism, *Information-Based Methods for Neuroimaging: Analyzing Structure, Function and Dynamics*: 57.

Wakabayashi, A., Y. Tojo, S. Baron-Cohen, and S. Wheelwright, 2004, The autism-spectrum quotient (AQ) Japanese version: Evidence from high-functioning clinical group and normal adults, *Shinrigaku Kenkyu: The Japanese Journal of Psychology*, 75 (1), (April): 78–84.

Walker, Nick, 2015, Neurocosmopolitanism: Nick walker's notes on neurodiversity, autism, and cognitive liberty. Available from:http://neurocosmopolitanism.com/about-me/

Watson, Marcus R., Mark R. Blair, Pavel Kozik, Kathleen A. Akins, and James T. Enns, 2012, Grapheme-color synaesthesia benefits rule-based category learning, *Consciousness and Cognition*, 21 (3): 1533–1540.

Weintraub, Karen. 2011. Autism counts, *Nature*, 479 (7371): 22–24.

Whatisepigenetics.com., 2016, Epigenetics: Fundamentals. Available from: http://www.whatisepigenetics.com/fundamentals/

White, Sarah, Elisabeth Hill, Joel Winston, and Uta Frith, 2006, An islet of social ability in asperger syndrome: Judging social attributes from faces, *Brain and Cognition*, 61 (1): 69–77.

White, Sarah, Helen O'Reilly, and Uta Frith, 2009, Big heads, small details and autism, *Neuropsychologia*, 47 (5): 1274–1281.

White, M., and S. M. Dorman, 2001, Receiving social support online: Implications for health education, *Health Education Research*, 16 (6), (December): 693-707.

Williams, Deron, 2016, Father and son. Available from: http://deronwilliams.com/father/

Williams, Dona, 1992, *Nobody, Nowhere*, Random House. (=2000, 河野万里子訳『自閉症だったわたしへ』新潮社.) =『도나, 세상을 향해 뛰어』(도나 윌리엄스 지음, 차영아 옮김, 평단, 2005)

_____, 1994, *Somebody Somewhere*, Random House. (=2001, 河野万里子訳『自閉症だったわたしへII』新潮社.)

Williams, Justin HG, Andrew Whiten, Thomas Suddendorf, and David I. Perrett, 2001, Imitation, mirror neurons and autism, *Neuroscience & Biobehavioral Reviews* 25 (4): 287-295.

Wing, Lorna,1979, Mentally retarded children in Camberwell,: London. in H. Hafner, ed., *Estimating Needs for Mental Health Care*, Berlin: SpringerVerlag:107-112.

_____, 1981, Asperger's syndrome: A clinical account, *Psychological Medicine*, 11:115-12.

_____, 1988, The Continuum of Autistic Characteristics, *Diagnosis and Assessment in Autism* in Eric Schopler and Gary B. Mesibov, eds., New York, NY: Plenum Press.

_____, 1996, Autistic Spectrum Disorders, *British Medical Journal* (February 10).

_____, 1996, *The Autistic Spectrum: A guide for parents and professionals*, Constable. (=1998, 久保紘章・佐々木正美・清水康夫監訳『自閉症スペクトル─親と専門家のためのガイドブック』東京書籍.)

_____, 1997, Editorial; Asperger's syndrome: Management requires diagnosis, *Journal of Forensic Psychiatry*, 8:253-257.

_____, 2000, Past and future research on Asperger syndrome, in A. Klin, F. Volkmar, & S. Sparrow eds., *Asperger Syndrome*, New York: Guildford Press.

_____, 2003, Foreword. Tito Mukhopadhyay, The Mind Tree. (Retrived from NationalGeographic, OnlineExtra. http://ngm.nationalgeographic.com/ngm/0503/ feature1/online_extra.html

_____, 2005, Problems of categorical classification systems, in F. Volkmar, A. Klin and R. Paul, eds., *Handbook of Autism and Pervasive Developmental Disorders(3rd ed.)*, New York: Wiley.

_____, 2005, Reflections on opening Pandora's box, *Journal of Autism and Developmental Disorders*, 35 (2): 197-203.

Wing, Lorna, and Gould J., 1979, Severe Impairments of Social Interaction and Associated Abnormalities in Children, Epidemiology and Classification, *Journal of Autism and Developmental Disorders*, 29: 327-332.

Wired Staff, 2001, Take the AQ test, *Wired Magazine*, (December 1).

Wolman, David, 2008, The truth about autism: Scientists reconsider what they think they know, *Wired*, (February 25).

Wolpaw, Jonathan R., Niels Birbaumer, Dennis J. McFarland, Gert Pfurtscheller, and Theresa M. Vaughan, 2002, Brain-computer interfaces for communication and control, *Clinical Neurophysiology*, 113 (6): 767-791.

Wright, Bob(2016), *The Wright Stuff: from NBC to Autism Speaks, written with Diane Mermigas*, RosettaBooks.

Yatziv, Tal, and Hilla Jacobson, 2015, Understanding visual consciousness in autism spectrum disorders, *Frontiers in Human Neuroscience*, 9.

Yizhar, O., L.E.Fenno, M.Prigge, F.Schneider, T.J.Davidson, D.J.O'Shea, V.S.Sohal, I.Goshen, J.Finkelstein, J.T.Paz, K.Stehfest, R.Fudim, C.Ramakrishnan, J.R.Huguenard, P.Hegemann, and K.Deisseroth, 2011, Neocortial excitation/inhibition balance in information processing and social dysfunction, Nature, (July 27), 27;477 (7363): 171-178.

Yoshida, Kyoko, Nobuhito Saito, Atsushi Iriki, and Masaki Isoda, 2011, Representation of others, action by neurons in monkey medial frontal cortex, Current Biology, 21 (3): 249-253.

Zeliadt, Nicholette, 2016, Artificial intelligence project could yield clues about autism. Available from: https://spectrumnews.org/news/artificial-intelligence-project-couldyield-clues-about-autism/

【일본어 문헌】
青木省三・村上伸治編, 2015『大人の発達障害を診るということ——診断や対応に迷う症例から考える』医学書院.
綾屋紗月・熊谷晋一郎, 2008『発達障害当事者研究——ゆっくりていねいにつながりたい』医学

書院.

_____, 2010『つながりの作法──同じでもなく違うでもなく』NHK 出版.

池上英子, 2000『名誉と順応──サムライ精神の歴史社会学』(森本醇訳) NTT 出版.

_____, 2005『美と礼節の絆──日本における交際文化の政治的起源』NTT 出版.

伊藤亜紗, 2015『目の見えない人は世界をどう見ているのか』光文社.

内海健, 2015『自閉症スペクトラムの精神病理──星をつぐ人たちのために』医学書院.

浦河べてるの家, 2005『べてるの家の「当事者研究」』医学書院.

NPO 法人筋痛性脳脊髄炎の会, 2016,「ME とは」, 以下を参照: https://mecfsj.wordpress.com/me とは/

大隅典子, 2016『脳から見た自閉症──「障害」と「個性」のあいだ』講談社.

_____, 2010『脳の発生・発達──神経発生学入門』朝倉書店.

太田邦史, 2013『エピゲノムと生命── DNA だけでない「遺伝」のしくみ』講談社.

柏野牧夫, 2016「身体と知能──スポーツや自閉症スペクトラムの脳科学からの視点」『NTT 技術ジャーナル(NTT Technical Review)』28(4): 29-32.

_____, 2014「身体から潜在的な心を解読するマインドリーディング技術」『NTT 技術ジャーナル』, 26(9): 32-36.

柏野 牧夫・米家 惇・古川 茂人・Hsin-I Liao, 2016「眼から読み取る心の動き──Heart-Touching-AI のキー技術」『NTT 技術ジャーナル』28(2): 22-25.

加藤進昌, 2012『大人のアスペルガー症候群』講談社.

神尾陽子編, 2012『成人期の自閉症スペクトラム 診療実践マニュアル』医学書院.

北村紗衣編, 2016『共感覚から見えるもの──アートと科学を彩る五感の世界』勉誠出版.

黒木登志夫, 2016『研究不正──科学者の捏造, 改竄, 盗用』中央公論新社.

黒田洋一郎, 木村 ― 黒田純子, 2014『発達障害の原因と発症メカニズム──脳神経科学からみた予防・治療・療育の可能性』河出書房新社.

小泉英明, 2011『脳の科学史──フロイトから脳地図, MRI へ』角川書店.

子安増生・大平英樹編, 2011『ミラーニューロンと〈心の理論〉』新曜社.

佐々木裕之, 2005『エピジェネティクス入門──三毛猫の模様はどう決まるのか』岩波書店.

澁谷智子, 2009『コーダの世界──手話の文化と声の文化』医学書院.

白石雅一, 2013『自閉症スペクトラムとこだわり行動への対処法』東京書籍.

鈴木俊隆, 2012『禅マインド ビギナーズ・マインド』松永太郎訳, サンガ出版.=『선심초심: 어떻게 선 수행을 할 것인가』(스즈키 순류 지음, 정창영 옮김, 김영사, 2013)

千住淳, 2014『自閉症スペクトラムとは何か──ひとの「関わり」の謎に挑む』, 筑摩書房.

曽和利光, 2016「面接官は「動作」を見ている キーワードは太極拳」日本経済新聞, (2月10日).

田邊宏樹, 2010「ヒト脳機能イメージングの歴史と現状」『教育研究』(52): 81-87.

長井志江・秦世博・熊谷晋一郎・綾屋紗月・浅田稔, 2015「自閉スペクトラム症の特異な視覚とその発生過程の計算論的解明──知覚体験シミュレータへの応用」日本認知科学学会(第32回大会)発表.

仲野徹, 2014『エピジェネティクス──新しい生命像をえがく』岩波書店.

ニキ・リンコ, 2005『俺ルール──自閉は急に止まれない』花風社.

ニキ・リンコ・藤家寛子, 2004『自閉っ子、こういう風にできてます!』花風社.

野波ツナ, 宮尾益知監修, 2011『旦那(アキラ)さんはアスペルガー──みつけよう笑顔のヒント』コスミック出版.

東田直樹, 2007.『自閉症の僕が飛びはねる理由──会話のできない中学生がつづる内なる心』エスコアール.

平岩幹男, 2012『自閉症スペクトラム障害──療育と対応を考える』岩波書店.

藤井直敬, 2009『つながる脳』NTT出版.

藤家寛子, 2004『他の誰かになりたかった──多重人格から目覚めた自閉の少女の手記』花風社.

古川茂人・山岸慎平・Hsin-I Liao・米家惇・大塚翔・柏野牧夫, 2015「身体反応に現れる「聞こえ」とそのメカニズム」『NTT技術ジャーナル』27(9). 13-16.

星野仁彦・さかもと未明, 2014『まさか発達障害だったなんて──「困った人」と呼ばれつづけて』PHP研究所.

宮尾益知監修, 2015『女性のアスペルガー症候群』講談社.

宮岡等・内山登紀夫, 2013『大人の発達障害ってそういうことだったのか』医学書院. 村上靖彦, 2008『自閉症の現象学』勁草書房.

茂木健一郎, 2007『脳と仮想』新潮社.

山口真美, 2016『発達障害の素顔──脳の発達と視覚形成からのアプローチ』講談社.

山下聖美, 2016「日本文学における共感覚──宮沢賢治と尾崎翠を中心に」『共感覚から見えるもの』勉誠出版.

김경화

미디어 인류학자. 서울대 인류학과를 졸업하고 한국일보 기자를 거쳐 2000년대 초반 네이버, 다음, 오마이뉴스저팬 등 초창기 인터넷 기업에서 일했다. 일본 도쿄대에서 박사학위(학제정보학)를 받고 도쿄대 조교수, 간다외국어대학 부교수를 지냈다. 디지털미디어와 인터넷 문화를 주로 연구하며 현재는 한국에 거주하며 강연과 저술 활동을 하고 있다. 저서로 『21세기 데모론』(공저), 『모든 것은 인터넷에서 시작되었다』, 『같은 일본 다른 일본 』 등이 있다.

자폐 스펙트럼과 하이퍼월드

1판 1쇄 찍음 2023년 5월 12일
1판 1쇄 펴냄 2023년 5월 19일

지은이   이케가미 에이코
옮긴이   김경화
펴낸이   정성원·심민규
펴낸곳   도서출판 눌민

출판등록   2013. 2. 28 제2022-000035호
주소   서울시 강북구 인수봉로37길 12, A-301호 (01095)
전화   (02) 332-2486   팩스   (02) 332-2487
이메일   nulminbooks@gmail.com
인스타그램·페이스북 nulminbooks

한국어판 ⓒ 도서출판 눌민 2023

Printed in Seoul, Korea

ISBN 979-11-87750-65-9 03300